马建荣　等◎编著

新时代高校课程思政建设的创新实践

Innovative Practice of Curriculum-Based Ideological and
Political Construction for Colleges and Universities in the New Era

ZHEJIANG UNIVERSITY PRESS
浙江大学出版社
·杭州·

图书在版编目(CIP)数据

新时代高校课程思政建设的创新实践 / 马建荣等编
著. -- 杭州：浙江大学出版社，2024.6. -- ISBN 978-
7-308-25096-2

Ⅰ. G641

中国国家版本馆 CIP 数据核字第 2024UZ5118 号

新时代高校课程思政建设的创新实践
马建荣　等 编著

责任编辑	金佩雯
文字编辑	王怡菊
责任校对	陈　宇
封面设计	雷建军
出版发行	浙江大学出版社
	（杭州市天目山路 148 号　邮政编码 310007）
	（网址：http://www.zjupress.com）
排　　版	杭州星云光电图文制作有限公司
印　　刷	广东虎彩云印刷有限公司绍兴分公司
开　　本	710mm×1000mm　1/16
印　　张	16
字　　数	287 千
版 印 次	2024 年 6 月第 1 版　2024 年 6 月第 1 次印刷
书　　号	ISBN 978-7-308-25096-2
定　　价	88.00 元

前　言

　　党的二十大报告强调："育人的根本在于立德。全面贯彻党的教育方针,落实立德树人根本任务,培养德智体美劳全面发展的社会主义建设者和接班人。"①新时代新征程上,思想政治教育面临新形势新任务,高校要不断开创新时代思想政治教育新局面,培养肩负强国建设、民族复兴重任的时代新人。

　　在 2016 年全国高校思想政治工作会议上,习近平总书记提出,"要用好课堂教学这个主渠道,思想政治理论课要坚持在改进中加强","其他各门课都要守好一段渠、种好责任田,使各类课程与思想政治理论课同向同行,形成协同效应"②;在 2018 年全国教育大会上,习近平总书记强调,"要把立德树人融入思想道德教育、文化知识教育、社会实践教育各环节,贯穿基础教育、职业教育、高等教育各领域"③;在 2019 年 3 月 18 日召开的学校思想政治理论课教师座谈会上,习近平总书记强调,"要坚持显性教育和隐性教育相统一,挖掘其他课程和教学方式中蕴含的思想政治教育资源,实现全员全程全方位育人"④。2020 年 5 月,为深入贯彻落实习近平总书记关于教育的重要论述和全国教育大会精神,贯彻落实中共中央办公厅、国务院办公厅《关于深化新时代学校思想政治理论课改革创新的若干意见》,把思想政治教育贯穿人才培养体系,全面推进高校课程思政建设,发挥好每门课程的育人作用,提高高校人才培养质量,教育部特制定《高等学校课程思政建设指导纲要》。课程思政作为"大思政"教育体系的关键一环,其重要性日益凸显,进一步推动课程思政高质量发展成为高校落实立德树人根本任务的关键之举。

　　浙江万里学院作为一所"公办高校实行新的管理模式和运行机制"的新型高

　　①　《中国共产党第二十次全国代表大会文件汇编》,人民出版社,2022,第 28 页。
　　②　习近平:《习近平谈治国理政(第二卷)》,外文出版社,2017,第 378 页。
　　③　习近平:《论党的宣传思想工作》,中央文献出版社,2020,第 351 页。
　　④　习近平:《习近平谈治国理政(第三卷)》,外文出版社,2020,第 331 页。

校,充分发挥体制新、机制活的优势,守正创新,积极探索学校党建与思想政治工作新路子,成为21世纪初全国较早提出"大思政"教育教学理念的高校之一。学校党委坚持"党建引领、思政铸魂"的指导方针,强化思想政治理论课在大学生思想政治教育中的主渠道、主阵地的作用,推动思想政治理论课教育教学改进创新,在深化思想政治理论课教学内容和教学方式方法改革的同时,积极开展思想政治理论课课外强化途径的探索,挖掘和统筹全校思想政治教育资源,在实践中形成了思政课程、课程思政、日常思政、生活思政相协同的"大思政"育人体系,开创了全员、全程、全方位育人局面,为开展课程思政建设创造了良好校园环境和基本条件。

浙江万里学院的课程思政建设在浙江省内高校中起步较早。2016年,学校的法学院、文化与传播学院、外语学院、设计艺术与建筑学院等多个学院的专业课程融入思想政治教育,开始了课程思政教育探索;2017年,学校启动"课程思政"建设试点,成立学校课程思政教育教学改革工作小组;2018年1月,学校党委下发《浙江万里学院全面推进课程思政"六个一"项目实施方案》,通过"一个学院一个培养模式、一个专业一个课程体系、一位教师一门示范课程"的"六个一"特色课程思政项目,把思想政治教育融入教育教学全过程。自2018年第一批"六个一"项目实施起,至2020年第三批"六个一"项目实施,学校涌现了一大批课程思政示范学院、示范专业、示范课程。2021年学校课程思政教学研究中心入选浙江省高等学校课程思政教学研究示范中心,2022年学校入选浙江省课程思政示范校。

课程思政是一种教学理念,是一种教学实践,是一门教学艺术与学问,更是高校以习近平新时代中国特色社会主义思想铸魂育人、落实立德树人根本任务的战略举措和重要抓手。本书意在梳理浙江万里学院几年来课程思政研究与实践的一些成果和思考,在总结中提炼经验,在研究中升华认识。本书在编著过程中,坚持理论与实践相结合,一方面,阐明课程思政的基本理论问题,体现习近平总书记关于思想政治教育、课程思政的重要论述,以及党中央、国家有关部委关于课程思政的文件精神,同时也努力反映理论界对课程思政研究的最新成果;另一方面,总结和展现学校几年来课程思政建设的历程、创新实践及成果。本书在行文上力求深入浅出,辅之以适当案例解读,便于广大师生和其他教育工作者、研究者阅读和理解,为进一步推进课程思政建设提供思路与指导,为各位高校同仁提供有益参考与启示。

浙江万里学院党委副书记、副校长

目　录

第一章 缘起:新时代高校课程思政建设的现状

当前,世界百年未有之大变局加速演进,世界进入新的动荡变革期。世界范围内各种思潮交流、交融、交锋,国内各种矛盾和热点问题叠加出现,这些都对正处于价值观塑造关键时期的青年大学生产生着潜移默化的影响。面对复杂多变的国内与国际形势,高校要坚守意识形态阵地,坚持社会主义办学方向和正确的发展道路,用习近平新时代中国特色社会主义思想铸魂育人,培养堪当民族复兴大任的时代新人。课程思政即是高校回应时代期待、完善育人格局、培育时代新人的重要举措。什么是课程思政? 为什么要开展课程思政建设? 课程思政的建设与研究现状如何? 课程思政建设还面临哪些困境? 这些问题直指课程思政的基础理论研究,而对"课程思政"基本内涵的精准把握是新时代高校全面推进课程思政建设的逻辑起点。

第一节 新时代高校课程思政建设的基础理论

可以说,"课程思政"并不是一个新的理念,其思想可在中国传统教育与德育思想中溯源;也可以说,"课程思政"是新概念,顺应了新时代高校思想政治教育的新诉求,是新时代我们党和国家针对高校育人工作提出的新要求、新标准。其主旨在于提高高校人才培养质量,完善和优化思想政治教育体系,让所有高校、所有教师、所有课程都承担好育人责任,使各类课程与思政课程同向同行,将显性教育和隐性教育相统一,形成协同效应,构建全员、全过程、全方位育人大格局。

一、课程思政的基本内涵

什么是课程思政? 对"课程思政"基本内涵的准确把握是新时代高校全面推进课程思政建设的逻辑起点。

　　课程思政不是课程思政化。课程思政是新时代我国高等教育领域在探索思想政治教育工作创新实践中诞生的新事物,它的内涵兼容并蓄,不能简单地从字面上直接将其理解为"课程＋思政",否则内容或形式易生拼硬凑,造出一个不伦不类的"四不像",无法真正发挥出思想政治教育的实际作用,最终只能产生"1＋1＜2"的效果。推进课程思政建设首先要尊重原有课程知识体系,从教育规律出发,将价值塑造、知识传授和能力培养三者融为一体,实现专业课程和思政元素的有机融合。

　　课程思政的基本内涵有广义和狭义之分。简单地说,课程思政就是通过高校课程建设和课堂教学来对大学生进行的思想政治教育。这里的"课程"一词具有广、狭两种含义:广义的课程指的是包括思想政治理论课在内的全部课程,狭义的课程指的是思想政治理论课之外的其他课程。因此,"课程思政"也有广义与狭义之分。广义的课程思政,是相对于高校的全面思想政治体系而言的,或者说是相对于"非课程"的思想政治教育而言的[1]。高校思想政治工作是一个全面的体系,其工作途径或渠道是多方面的。2017 年 12 月,中共教育部党组印发《高校思想政治工作质量提升工程实施纲要》,提出了包含课程育人、科研育人、实践育人、文化育人、网络育人、心理育人、管理育人、服务育人、资助育人、组织育人在内的"十大"育人体系。这里的"课程育人",其实就是课程思政,是相对于其他九个"非课程"育人而言的。在广义的课程思政中,又有思想政治理论课的思政和其他课程的思政之分。其中,思想政治理论课是培养青年大学生树立坚定理想信念和社会主义接班人的主战场,在培养肩负实现中华民族伟大复兴重任的时代新人中发挥着无可替代的重要作用,是高校思想政治教育的"主渠道""主阵地"。正因如此,党和国家高度重视高校思想政治理论课的建设与发展。习近平总书记在 2019 年3 月主持召开的学校思想政治理论课教师座谈会上,更是明确提出"思政课是落实立德树人根本任务的关键课程"[2]。但大学生世界观、人生观、价值观的塑造与形成是一个复杂的系统工程和动态过程,仅仅靠几门思想政治理论课是远远不够的,需要其他课程的支持和协同,要关注除思想政治理论课之外的其他各类各门课程在"铸魂育人"方面的作用。相比于"思想政治理论课"这一固定说法,"其他课程""其他各类各门课程"就需要一个统一正式的提法,"课程思政"一词应运而生。在这样的情况和语境下,课程思政就重点指称其他课程的思想政治教育功能。由此,"课程思政"的含义也由广义转向狭义:把思想政治理论课之外的其他课程利用起来,发挥其在育人方面的思想政治教育功能。本书即立足狭义的"课程思政"来探讨新时代高校课程思政建设的创新实践。

　　基于以上的论述,对"课程思政"基本内涵的理解可以概括总结为:课程思政作为高校思想政治教育课程体系建设的核心理念，其实质不是增开一门课，也不是增设一项活动，而是要把高校思想政治教育融入课程教学和改革过程的各阶段、各方面，实现立德树人、润物无声。新时代高校全面推进课程思政建设，就是要结合时代特点、办学特色和课程规律，在坚持以思想政治理论课为核心的基础上，通过对教育内容和模式进行改革创新，拓展思想政治教育渠道，将思想政治教育渗透到其他各类课程中去，挖掘专业课程的思想政治教育资源，推动显性教育与隐性教育的有机融合，构建所有教育主体协同育人新格局，将价值引领寓于知识传授和能力培养当中，最终实现全员、全过程、全方位育人。

二、课程思政的鲜明特征

与思想政治理论课相比，课程思政有哪些鲜明特征？把握好课程思政的鲜明特征，有助于我们更精准、更有针对性地开展课程思政建设实践。

1. 广泛性

与思想政治理论课相比，课程思政所具有的广泛性是比较明显的，这主要是因为高校课程中 80％都是专业课程，专业课程在学科门类数量方面占据着天然优势。尽管思想政治理论课在党中央治国理政战略全局中的地位日益凸显，体系也有所壮大，但总的课程门数依然是非常有限的。目前在本科阶段，高校思想政治理论课主要包括"思想道德与法治""中国近现代史纲要""马克思主义基本原理""毛泽东思想和中国特色社会主义概论""习近平新时代中国特色社会主义思想概论""形势与政策"六门，在整个高校课程体系中可以说只占很小的一部分；而思想政治理论课之外的其他课程数量庞大，覆盖面广泛。由于课程思政的宗旨就是要利用其他课程来发挥思政元素的育人作用，所以其他课程所具有的这种广泛性，自然而然地就会在思政元素与其他课程的融合过程中被吸纳进来，继而成为课程思政所具有的鲜明特征。应注意的是，这种广泛性对课程思政来说是一把双刃剑：如果利用得好，就拓宽了思想政治教育的渠道，能够将其他课程的课堂也变成开展思想政治教育的优质阵地，形成一个以思想政治理论课为核心的包括其他课程在内的思想政治教育系统，源源不断地产出更加强大的思政感染力和影响力，在引导学生进行理想、信念的塑造时起到事半功倍的效果；而如果利用得不好，其他课程在面对思政元素的融入时表现得"消极""被动"或"无动于衷"，与思想政治理论课之间也没能建立良好的协作关系，那就很难产生令人满意的教学效果，严重时还可能会产生反向的消解作用，削弱思想政治教育的育人作用。

2. 多样性

课程思政的多样性,与其广泛性有着紧密的联系。正是因为它涉及的课程非常广泛,所以它才具备了丰富多样的可能性。但广泛性与多样性又有所不同:前者更多体现在课程数量上,课程思政涉及的课程越多,其广泛性就越强,可用于传播思政元素的课堂渠道就越多;而后者则更多体现在课程类型上,课程类型越丰富,就越能吸引更多学生加入。在我国,思政元素与其他课程相结合之后产生了很多不同类型的课程思政,如数学、外语、物理、体育、美术……很多都取得了值得借鉴的优秀成果。这让我们了解到无论是专业课程还是通识课程,都可以成为课程思政建设的载体。也正是这些课程彼此之间的差别,造就了课程思政的发散性结构,大大增强了思政元素的传播力度。比如,在美术课程中,教师可以从一位知名艺术家为梦想努力奋斗的经历切入,讲述其如何在逆境中不退缩、不放弃,并最终取得成功的事迹,以此感染和激励学生,同时带领学生"身临其境",让学生亲自动手尝试艺术作品的制作,在实践中深化学生对执着追求理想信念、努力实现人生价值的理解;在外语课程中,教师可以选取能体现社会主义现代化建设成果的阅读材料,增强学生的民族自信心和自豪感;等等。因为每门课都有其独有的特点与优势,课程思政也就变得更加多样化,这使思想政治教育更加富有趣味性和感染力,有效避免学生因课程内容单一而导致精神疲劳。但也要注意把握好相应的条件和尺度,不能因过度追求多样化而忽视课程内容的设计,否则有可能会出现思政元素与专业知识技能之间比重失衡、喧宾夺主的现象,影响教育的最终成效。

3. 隐蔽性

课程思政之所以具有隐蔽性,是因为隐性教育的存在。思想政治教育本身即为显性教育与隐性教育的有机统一。"显性"和"隐性"的区别,主要体现在教育信息的显现程度上。按此标准,传统思想政治理论课采用的往往是显性教育,而课程思政采用的则多为隐性教育。如思想政治理论课教师授课时,因课程性质的缘故,通常都会将对学生的思想启发、道德熏陶、价值观引领等教育信息清楚地展现出来,这些教育信息带有明显的思想性和政治性。简单来说,就是教师在教学的各个环节,通过文字、图片、行为等各个方面的展示,让学生清楚感知到该课程"教"的就是蕴含着思政元素的内容,注重的也是思想政治教育的成效,这些是显性教育的特点。专业课教师授课时利用所授课程开展思想政治教育的过程是在潜移默化中完成的,专业课教师是将思政元素融入专业知识技能当中,并采用恰当的方式将其悄然传递给学生,使学生在学习专业知识技能的同时自然而然地接受其中蕴含的主流价值观念,陶冶个人情操、坚定理想信念、提升自身修养。这就是隐性教育。在课程思政实践中,经常有学生在课后表示其在上课时并未注意到老师在讲授专业知识时"夹带"了思政方面的内容,但通过整节课的认真学习,感觉自己的思想不知不觉就在轻松愉悦的氛围中有所升华,对很多人生问题有了更深层次的思考。这种感觉是合情合理的——与显性教育相比,隐性教育因为更加隐蔽而显得更有温度,就像一位贴心的小伙伴,能够细致入微地体察到学生的情感反应,在潜意识里或无意识状态下唤起学生更多的情感共鸣,消除部分学生对思想政治理论课"专于说教"的抵触情绪。因此,在课堂教学活动中采用隐性教育对学生进行思想上的引导与塑造更容易被学生接受,能够起到"润物细无声"的教学效果。

4.依附性

在我国,高校课程设置越来越精细,每门课的授课范围都相对独立,也非常明确。相应地,教师的工作职责也就更加清晰。绝大多数高校按照学科方向对专任教师的教学工作进行合理安排,尽量确保大家都能够专业对口、各司其职、各尽所能。所以,即便在新时代背景下,课程思政有了进一步向前探索的优渥条件,思政元素的外延机会更多、教育信息的传播渠道更广,思想政治理论课与其他课程之间的界线也依然不会消失。高校绝不能为了更好地完成思想政治教育任务,就混淆专业课教师与思想政治理论课教师的职责,或把专业课当成思想政治理论课来上。此外,我国的课程思政建设也要求专业课教师必须依附一定的、可控的课程,将专业知识技能中蕴含的思政元素传递给学生,并与其形成良好的双向互动。这就是说,专业课教师在任何时候,都只能依靠一定的载体,即专业课程,将专业知识技能中蕴含的思政元素巧妙地释放,从而将思想政治理论植入学生的心灵,使其在无意识状态下自然而然地接受主流价值观的熏陶,取得更好的教育效果;而不是为了课程思政实现"角色转型",弃本职教学工作于不顾,在课堂上大谈特谈思想政治理论,像思想政治理论课教师一样直接对学生进行价值观引导和理想、信念的塑造。由此可知,思政元素只有依附某一课程,才能有效发挥其育人作用。自成体系或大包大揽不符合课程思政的建设要求。所以依附性成了课程思政的一项重要特点。承担课程思政建设任务的专业课教师只有充分意识到这一特点的存在并将其牢牢把握好,才能在教学活动中找准自己的定位,设计出既合理融入思政元素又体现专业知识技能水平的教学内容,从而提升课程思政的吸引力、感召力、渗透力,增强思想政治教育的实效性。

5.创新性

课程思政与思想政治理论课一样注重与时俱进,而与时俱进的实质就是创新。课程思政的创新性体现在把思政元素和职业素养融入专业课堂、通识课程等或者挖掘专业课教学内容中的思政元素,从而达到"全面思政教育、立体思政教育、创新思政教育"的教育新理念。近年来,在理论层面,专家学者们一直没有停下对课程思政的理论研究,对课程思政的内涵、特征、结构、要素、成效、现状、趋势等各个方面都进行了比较翔实的分析和论证,也一直努力推动思政元素与各类课程在思想理念上的有机融合,相关的论文、专著数量逐年递增,品质也越来越高。在实践层面,党和国家不断出台新政策,不断加大对课程思政建设的扶持力度,各大高校也都努力整合优质教育资源,依托各自的办学特色,在教学实践中系统挖掘专业知识背后的精神内涵、价值内核、思想内蕴等多方面的思政元素,着力打造层次鲜明、内容丰富、结构立体的课程思政育人体系,力求实现思想政治教育与大学生成长成才需求的深度融合。虽说是新兴事物,但课程思政的"新"非但没有成为其放缓脚步的理由,反而成了激励其前行的动力。

三、课程思政的要素构成

有效推进课程思政建设实践,需要哪些要素构成?课程思政教学体系应当至少包括下列四个要素。

1.思想政治素养过硬的专业课教师

专业课教师在课程思政建设中发挥着主导作用,教师只有熟练掌握和运用思政元素,才能在专业知识的讲授过程中实现知识传授与价值引领相映生辉。因此,教师必须树立牢固的育人意识、切实担起育人职责,把教书与育人结合起来。尤其是,专业课教师因其课程性质的缘故,与学生的接触往往更多,交往也更深,更容易在课上营造轻松的教学氛围和在课下与学生结下深厚的师生情谊。他们的一言一行、一颦一笑,都会更加长久地烙印在学生的脑海中,对学生的世界观、人生观、价值观产生深刻的影响。如果专业课教师的思想政治素养不达标,那么课程思政很有可能走上弯路,甚至歪路。因此,在选择课程思政的任课教师时,必须慎之又慎。要按照"四有"好老师的标准,选择有理想信念、有道德情操、有扎实学识、有仁爱之心的专业课教师参与到课程思政建设队伍中来,不仅要注重教师的知识水平,更要按以德为先的原则进行选择。

2.精心设计的思政内容

这里所说的思政内容,与传统思想政治理论课的内容不同——课程思政重在思政元素的隐性渗透,而不是思政知识的显性传递,所以并不要求将与思政有关的内容都摆在明面上,或在每一部分都紧密安排课程思政,而是要安排得错落有致,将思政元素与专业知识有机结合。教师可以在切入、引导、思考、讨论等多个环节加以巧妙的设计,使课程体系中蕴含的思政元素与专业知识技能自然融合在一起,将思政元素"基因式"植入教学过程,使学生于无形之中领略到思想政治教育的育人作用,将潜移默化中获得的爱国情怀、民族自豪感、社会责任、文化自信等要素转化为自己的思想品质、道德准则。这无疑是一个巨大的挑战。所以,承担课程思政建设任务的教师应当练好专业基本功,同时加强自身对中国特色社会主义理论体系和中华优秀传统文化的系统性学习,找到自己擅长的学科领域与思想政治教育之间的最佳结合点,促进思政元素与专业知识技能之间的交叉互联,努力使思政内容变得更加丰富和生动,争取使渗透式教学的效果达到最优。

3.较高主体性的学生

学生是教学活动的主体,在课程思政建设中理应自觉树立起"主人翁"意识,积极发挥"主人翁"作用。特别是新一代青年大学生,新时代包容、开放的社会大环境使他们思维活跃,视野开阔,在学习方面具备更高的悟性,有更大概率培养出较强的思考、分析、表达能力。而学生的思想意识,则是影响其"主人翁"作用在课程思政实践中发挥力度的重要因素之一——任课教师再优秀,教学内容再精彩,若学生不发挥主体作用,不积极参与课堂,课程思政建设就无法顺利推进,思想政治教育功能就难以实现。因此,必须激发出大学生在课程思政方面的主观能动性,引导其自动地、自发地参与到学习中来,找到适合自己的思维模式和学习方法,积极配合教师完成课程思政的育人工作。

4.科学合理的考核评价体系

高校课程思政的建设,不仅需要教育制度的高效保障、教育主管部门的顶层设计、各高校党委的统筹规划,以及任课教师的高度参与,而且离不开科学合理的激励评价考核制度为其提供源源不断的内在动力[3]。要构建科学合理的考核评价体系,充分挖掘蕴藏在各门课程当中的思政元素,并可通过课堂观摩、同行听课、公开示范、学生评教、教师互评等多种方式建立起规范化的教学评价模式,加强课程思政教学过程的监督与把控。这有助于优化教学内容、提高教学效果、提升教师水平,能有效促进思政元素与专业知识的融合,从而高质量推动课程思政建设。

四、课程思政的价值意蕴

新时代高校为什么要推进课程思政建设？深刻领悟课程思政的价值意蕴是新时代全面推进课程思政建设的内生动力。

1.落实立德树人根本任务的战略举措

《礼记·大学》开篇的第一句话就指出："大学之道,在明明德,在亲民,在止于至善。"立德树人是教育的根本任务,人才培养是高校的职责所在。当前,高校教育面临着复杂变幻的国内外环境,教育对象不断更迭,各类思想观念和多元文化的相互碰撞带来更多的挑战。对于高校来说,这既是发展过程中的机遇,也会在一定程度上带来冲击。学生的思想会受到所接受的教育的影响,可变性与可塑性很强。他们在学校会接受主流思想的教育和深刻领悟社会主义核心价值观,在校外的社会思潮当中也会受到一些偏激的言论和带有误导性的价值观的影响。这就需要高校和教师不仅要承担起传授知识和培养能力的责任,也要积极完成引领学生思想、帮助其塑造正确的价值观的任务。"落实立德树人根本任务,必须将价值塑造、知识传授和能力培养三者融为一体、不可割裂。"[4]思想政治理论课和专业课都是教育展开的具体形式,共同肩负树人重任。其中,思想政治理论课是落实立德树人的关键课程;专业课蕴含立德树人的思政元素,对实现立德树人这一根本任务起到同向同行的作用,可与思想政治理论课形成合力。课程思政建设就是把教育教学作为最基础、最根本的工作,深入挖掘各类课程和教学方式中蕴含的思想政治教育资源,让学生通过学习,掌握事物发展规律,通晓天下道理,丰富学识,增长见识,提升品格,努力成为德智体美劳全面发展的社会主义建设者和接班人。

2.全面提高人才培养质量的重要抓手

人无德不立,国无德不兴。高校人才培养是育人和育才相统一的过程,且育人是本。育人的根本在于育德。想要办好具有中国特色的高等教育,无论什么样的课程,教师都应该围绕着"培养德智体美劳全面发展的社会主义建设者和接班人"来进行教学目标、教学内容的设计,以及教学实践的实施。如果上述目标能够顺利实现,则证明该课程在培养优秀人才方面具有重要推动作用;反之,则意味着该课程在人才培养方面的效能有待进一步提高。在长期的高等教育发展历程中,曾经不止一次出现过"课程"与"思政"相脱节的现象,这在思维和行动上限制了高校人才培养能力的提升。所以,高校要建设高水平人才培养体系,必须将思想政治工作体系贯通其中,必须抓好课程思政建设,解决好专业教育和思政教育"两张皮"问题[4]。整体上看,"人才培养体系涉及学科体系、教学体系、教材体系、管理体系等,而贯通其中的是思想政治工作体系"[5]。"课程思政"因能够满足高校人才培养体系的内在要求,其"贯通其中"的价值意义更加凸显,已经上升为高校全面提高人才培养能力的重要突破口,同时也成为高校检验人才培养能力的重要指标。在人才培养过程中,各高校推动专业课程与思政元素紧密结合,将课程思政贯穿人才培养的全过程,不断强化育人意识、找准育人角度、提升育人能力,就一定能够"用专业课程之体,铸思想政治教育之魂",充分发挥思想政治教育的育人作用,全面提高人才培养质量。

3. 实现"三全育人"目标的重要载体

"三全育人"即全员育人、全程育人、全方位育人,是新时代高校落实立德树人根本任务的关键举措。这一举措要求高校在开展教学过程中,必须保持一致的育人理念,协同育人目标,整合育人资源。该举措是对高校育人现实问题的有力回应,擘画了新形势下高校新的育人格局。高校思想政治教育的本质,归根结底就在于"育人"二字,特别是对在校大学生理想信念的有力塑造。因此,首先担起"育人"重任的,自然是能起到价值观引领作用的思想政治理论课。它既是贯彻落实立德树人根本任务的关键课程,也是育人工作走向成功的关键之举。然而,新时代的思想政治教育,应当能够对全体学生形成立体式的、全方位的、多层次的影响。思想政治教育若单纯依靠思想政治理论课,必然要受到授课时间、地点、时长、频率、形式等方面的限制,其实效性削弱。这就要求我们在实施思想政治教育的过程中,不断拓展思路、拓宽渠道,将其他各类课程与思政元素有机结合起来,构建高校思想政治教育课程体系。而课程思政正是实现两者结合的有效路径——它坚持以马克思主义为指导,紧紧围绕全面育才这个核心点,凸显所有高校课程的育人功能,既可以整合思想政治理论课程和专业课程,使各类课程与思想政治理论课程同向同行,又可以有效贯通课堂教学和实践教学,将显性教育和隐性教育相统一。由此构建起来的"大思政"教育教学体系,不仅在学科建设上体现出更加强大的协同性和包容性,还可以在师资团队上吸纳更多的思想政治理论课教师、专业课教师、优秀辅导员以及高校管理人员,使资源整合度获得整体性的提升,为"三全育人"目标的实现发挥出重要的载体作用。

4. 坚持社会主义办学方向的必然要求

思想政治工作关系"培养什么人、怎样培养人、为谁培养人"的教育根本问题,是教育引导广大师生巩固马克思主义思想基础、坚定理想信念,引领正确的价值导向,弘扬社会主义核心价值观的主要渠道。在 2018 年 9 月全国教育大会上,习近平总书记强调："我国是中国共产党领导的社会主义国家,这就决定了我们的教育必须把培养社会主义建设者和接班人作为根本任务。"[6]社会主义教育事业所要培养的人才,是拥护中国共产党领导和中国特色社会主义制度、全心全意为人民服务的、德智体美劳全面发展的社会主义建设者和接班人。如果忽视或弱化对社会主义办学方向的始终坚持,在培养人的问题上走偏了,那么我们为之奋斗的社会主义现代化事业就会偏离未来方向和现实目标。想要办好具有中国特色、世界领先的现代教育,至关重要的就是在事关办学方向的问题上毫不动摇、站稳立场。《高等学校课程思政建设指导纲要》明确指出,全面推进课程思政建设作为落实立德树人根本任务的战略举措,"影响甚至决定着接班人问题,影响甚至决定着国家长治久安,影响甚至决定着民族复兴和国家崛起"[4]。基于这一深刻认识,课程思政已成为教育主管部门和高校进一步加强和改进新形势下思想政治教育工作的重要着力点,我们应将课程思政作为全面深化课程改革的重要抓手,坚持不懈传播马克思主义科学理论,坚持不懈高举中国特色社会主义伟大旗帜,坚持不懈培育和弘扬社会主义核心价值观,保证社会主义办学方向不动摇,"我们建设教育强国的目的,就是培养一代又一代德智体美劳全面发展的社会主义建设者和接班人,培养一代又一代在社会主义现代化建设中可堪大用、能担重任的栋梁之才,确保党的事业和社会主义现代化强国建设后继有人"[7]。

5. 教师教书育人水平的重要体现

教书育人是教师的天职,"为党育人、为国育才"是教师的初心使命。育人成效取决于教师,是衡量教师教书育人水平的标尺。教师是实施课程思政的主体力量,课程思政最终需要靠教师来实施,靠课程来承载。在课程思政建设中,教师需要将知识传授、能力培养和价值引导相融合,这就对其综合能力提出了新的挑战。教师的思想政治素养、知识储备、挖掘思政元素能力、授课技巧等都影响着课程思政建设成效。对于教师来说,在授课过程中既要最大程度上将课程所包含的专业知识传递给学生,提高学生的知识水平;又要在最高层次上传达课程当中所蕴含的正确的世界观、人生观和价值观,引导学生形成崇高的理想信念和良好的道德品质,履行教书与育人的双重职能,既当"经师",又为"人师"。即便不同学科的教师在研究方向、教学内容、讲授方式上必然有所差别,但在育人要求上具有鲜明的一致性。从这一点上看,课程思政能够驱动教师自觉履行人才培养中的使命,深入挖掘课程的整体育人功能,以先进的价值观念激发学生对知识认知和内化的自觉,对"教书"和"育人"的融合作出科学把握。

第二节　新时代高校课程思政建设的实践探索

我们党和国家一直都高度重视高校思想政治教育的育人作用，近年来不断加强顶层设计，细化工作要求，积极推动德育与学科教学的深度融合。课程思政是高校在新时代构建全员全过程全方位育人格局，全面落实立德树人根本任务的战略举措，体现了我国高等教育领域在新时代高校育人工作理念、机制、模式等方面进行的探索与创新。然而，任何理论的形成都不是一蹴而就的，都是要从缘起走向成熟，并在实践中得到检验，课程思政也不例外——它是新提法，但不是新话题。高校课程思政理念的提出和生动实践经历了缘起萌芽、探索试点、蓬勃发展等阶段。

一、新时代高校课程思政建设的缘起萌芽

改革开放之初，课程思政的萌芽就已经出现。20 世纪 80 年代以来，我们党在梳理高等教育的发展状况时，已经意识到要改进高等教育思想政治工作，提出应当"把思想政治教育与业务教学工作结合起来"的工作原则。这一时期，"高等学校在探索改进和加强思想政治工作方面，作了许多努力，是有成绩的"[8]70。但此时，受客观现实条件制约，高校思想政治教育以"进行马克思主义理论教育和形势政策教育"以及"引导学生参加社会主义实践"为主，方法和途径比较少，形式也比较单一，从中央到地方在思想战线上还存在着软弱混乱现象。为此，中共中央于1987 年 5 月 29 日印发《关于改进和加强高等学校思想政治工作的决定》，围绕"进一步明确办学指导思想，坚持高等教育的社会主义方向""努力改进学校思想政治工作的内容、形式和方法""加强教职工队伍的思想建设，大力提倡教书育人、服务育人""建设一支坚强的马克思主义理论队伍和思想政治工作队伍""提高高等学校领导班子的思想政治水平，加强和改善对思想政治工作的领导""全党全社会都应当关心青年学生的健康成长"六个方面作出部署，为这一时期的高校思想政治改进工作提供了遵循依据。

党的十三届四中全会后，以江泽民同志为核心的党中央从巩固党的执政地位、完成党的历史任务的高度，提出坚持"两手抓、两手都要硬"，切实加强和改进思想政治工作，是摆在全党面前的一项重大而紧迫的任务。1994 年 8 月 31 日，中共中央印发《关于进一步加强和改进学校德育工作的若干意见》，文件包含 25 条具体内容，从目标要求、内容途径、管理体制、学科建设、队伍建设、组织保障等方

面整体规划学校德育体系,这是"深化改革、扩大开放、加快建立社会主义市场经济体制新形势下加强和改进学校德育工作的纲领性文件"[8]148。紧接着,1995 年颁布的《中国普通高等学校德育大纲》强调"要发挥各科教学中的德育功能,结合教学相关内容和各个环节,有机地对学生实施德育"。

党的十六大后,以胡锦涛同志为核心的党中央从时代、战略和全局高度,作出加强和改进大学生思想政治教育的重大决策。2004 年,中共中央、国务院印发《关于进一步加强和改进大学生思想政治教育的意见》,这是改革开放以来党中央印发的首个专门针对大学生思想政治教育的文件。该文件强调:"要深入发掘各类课程的思想政治教育资源,在传授专业知识过程中加强思想政治教育,使学生在学习科学文化知识过程中,自觉加强思想道德修养,提高政治觉悟。"2004 年到2009 年,围绕贯彻落实中央《关于进一步加强和改进大学生思想政治教育的意见》,有关部委共制定了 30 多份配套文件。可以说,在制定文件政策的层面,相关工作于这一时期达到一个巅峰,为课程思政概念的形成提供了重要的理论依据。

党的十八大以来,以习近平同志为核心的党中央从进行伟大斗争、建设伟大工程、推进伟大事业、实现伟大梦想的战略高度,把高校思想政治工作摆在突出位置,作出一系列重大决策部署,明确提出"把立德树人作为教育的根本任务"。这一命题是站在新的历史方位上对教育的根本性质、根本任务作出的最新概括,为我国高等教育发展指明了前进的方向,使课程思政认识得以产生和逐步深化。

二、新时代高校课程思政建设的探索试点

高校课程思政建设的探索试点起始于上海,大体可细分为三个阶段。

1. 第一阶段

2005 年起,启动实施"两纲教育",推进以"学科德育"为核心理念的课程改革。这一阶段上海先后出台了《上海市学生民族精神教育指导纲要》和《上海市中小学生生命教育指导纲要》(简称"两纲教育")。"两纲教育"的一个核心理念就是"学科德育"理念,把德育的核心内容有机分解到每一门课程,充分体现每一门课程的育人功能、每一位老师的育人责任。通过这一阶段的探索,明确了在过去十余年上海德育课程改革经验的基础上,想要进一步提升德育实效性,必须将社会主义核心价值观作为核心内容,整体、科学、有序地融入各学段、各学科。

2. 第二阶段

2010 年起,承担国家教育体制改革试点项目"整体规划大中小学德育课程",聚焦大中小学德育课程一体化建设。在这个阶段,大中小学德育课程衔接主要聚

焦高校思想政治理论课与中学阶段思想政治课程的衔接，重点解决大中小学德育课程知识简单重复、层次递进不明、与学生身心发展匹配度不够等问题，以切实提升大中小学德育实施的有机整体性。

3. 第三阶段

2014年起，将德育纳入教育综合改革重要项目，逐步探索从思想政治理论课程到课程思政的转变。核心就是坚持"育人为本、德育为先"，把"立德树人"作为教育的根本任务，把培育和践行社会主义核心价值观有机融入整个教育体系，全面渗透到学校教育教学全过程，充分体现在学校日常管理之中，在落小、落细、落实上下功夫。经过前两个阶段的积累，在这一阶段的探索中，上海逐步形成"课程思政"理念，推出了《大国方略》等一批"中国系列"课程，选取部分高校作为试点，发掘专业课程思想政治教育资源。例如，在上海中医药大学的"人体解剖学"课程中，专业课教师以理性的结构呈现"人体解剖学第一课"的框架，并将其作为情感的引导线索，增强学生体验的现场感，让学生用心灵去感受什么是"大爱、大义、奉献的崇高精神"。2017年1月，《中国高等教育》刊发的高德毅、宗爱东撰写的《从思政课程到课程思政：从战略高度构建高校思想政治教育课程体系》一文，首次旗帜鲜明地提出课程思政概念，是国内第一篇系统介绍课程思政理念的文献。同年6月，教育部在上海召开了高校思想政治理论课教学质量年上海调研片会暨高校"课程思政"现场推进会，标志着课程思政已成为当前新一轮高校课程改革的重要内容。上海进一步明确改革思路，实施课程思政教育教学体系建设专项计划，按照"统筹布局、分步实施、滚动发展"的思路，启动整体试点校12所、重点试点校12所、一般试点校36所，实现"课程思政"建设全面推广铺开。2019年，上海实施高校课程思政改革领航计划，全市选树了10所整体改革领航高校、25所重点改革领航学院及一批特色改革领航团队和精品改革领航课程，课程思政建设再次掀起新的热潮。

三、新时代高校课程思政建设的蓬勃发展

"上海经验"对全国高校开展课程思政实践起到了优秀的示范作用，带动了全国高校课程思政的规范建设和蓬勃发展。

一方面，相关部门出台了系列政策文件，规范指导课程思政建设。2019年10月，教育部印发《关于一流本科课程建设的实施意见》，指出建设适应新时代要求的一流本科课程，要"深入挖掘各类课程和教学方式中蕴含的思想政治教育元素"，要"推动课程思政的理念形成广泛共识，构建全员全程全方位育人大格局"。

2020 年 4 月 22 日教育部等八部门联合印发《关于加快构建高校思想政治工作体系的意见》,该文件按照学科专业特点,提出文学、历史学、哲学类,经济学、管理学、法学类,教育学类,理学、工学类,农学类,医学类,艺术学类七大类专业课程的"课程思政"建设构想,为高校专业课教师在"课程思政"建设中找准自己的角色、干出自己的特色指明了方向。2020 年 6 月,教育部印发的《高等学校课程思政建设指导纲要》清晰谋划了"全面推进课程思政建设"的战略布局,进一步落实了"门门讲思政、人人讲育人"的工作目标,指出"落实立德树人根本任务,必须将价值塑造、知识传授和能力培养三者融为一体、不可割裂",明确提出要"结合专业特点分类推进课程思政建设"。2022 年 7 月,教育部等十部门联合印发《全面推进"大思政课"建设的工作方案》,提出要"全面推进课程思政高质量建设"。这一系列政策文件的出台,对合力推进高校课程思政建设走向深入、落到实处意义重大。

另一方面,各高校积极推进课程思政建设创新实践,形成了各具特色的建设模式。近年来,各地各高校深入贯彻落实习近平总书记关于教育的重要论述、全国教育大会精神,以及相关政策文件精神,结合各自办学特色,将课程思政建设要求融入人才培养方案、一流课程建设、课程教学大纲、课堂教学设计等中,课程思政建设实践开展得有声有色,其速度、力度和质量都持续提升,各高校创新探索出一些宝贵的经验和做法。例如:北京体育大学以融入体育思政元素为发展特色,构建了学科与术科、教室与场馆、课内与课外相结合的体育特色课程思政建设新模式;湖南农业大学植物保护专业以学科建设为重要支撑、以专业建设为主要载体、以优质课程为核心要素,构建课程思政育人模式;复旦大学构建了覆盖所有医学生教育的"课程体系-跨学科队伍-学术研究-实践基地-案例库建设"等"五位一体"的医学课程思政体系;厦门大学打造了以"校院统筹同心圆""课程育人同心圆""示范辐射同心圆""立德树人同心圆""考核评价同心圆"五个"同心圆"为一体的课程思政体系;东北大学坚持一体化推进,实施"思业融合燎原计划",建设十个示范专业、打造百门校级示范课程、覆盖数千教师、惠及数万学生,形成"一体化推进、两中心并重、三路径结合、四维度建构"的课程思政建设模式;浙江万里学院通过聚焦立德树人根本任务、聚焦教育使命担当、聚焦"大思政"内涵建设、聚焦师德师风建设、聚焦学生发展等"五个聚焦",构建思政课程、课程思政、生活思政、日常思政"四位一体"的"大思政"工作格局……

课程思政的实践探索表明:课程思政作为高校思想政治教育工作的创新性发展,经历了从理念走向实践、从萌芽走向壮大、从雏形走向体系、从试点走向全面的不断探索的过程。从上海开始在"点"上独具特色的实践探索,到教育部印发《高等学校课程思政建设指导纲要》在"面"上的整体推进,课程思政建设已经实现了从外延到内涵的模式转变,并由个别地区部分院校的个案探索扩展为全国范围所有高校的共同实践,基本形成了"课程门门有思政、教师人人讲育人"的总体格局。通过不断实践探索,各高校一致认为,加强高校思想政治教育工作需要全面推进高校课程思政建设,推动课程思政高质量发展,从高等教育"育人"本质出发,着力于立德树人根本任务,充分挖掘各门课程思想政治教育资源,将思想政治教育贯穿教育教学全过程,发挥所有课程育人功能,落实所有教育主体育人职责,构建全员全程全方位育人大格局,为党育人、为国育才。

第三节 新时代高校课程思政建设的研究现状

截至 2023 年 7 月 7 日,在中国知网上以"课程思政"为篇名进行精确搜索,共搜到 4.25 万条记录,其中学术期刊论文 3.3 万篇,学位论文 653 篇,会议文章 1384 篇,报纸 136 篇,图书 2 部。从时间和数量上看,最早的论文发表于 2000 年,共 3 篇;2000—2005 年论文发表数量较少,每年只有 1～3 篇,总数不足 10 篇;2006 年开始,数量逐渐增多,并保持逐年增长的发展趋势,于 2017 年首次过百并开始加速增长,高峰时达到每年 1.29 万篇之多,研究成果的分布也逐步均衡化。可见,经过多年发展,课程思政已经逐渐由学界"小透明"上升为学术研究的热点问题之一。在对课程思政的相关研究成果进行整理之后,可以看出国内学界的专家学者们对课程思政的研究主要集中在课程思政的基本内涵、"课程思政"与"思政课程"的关系、课程思政的建设价值、课程思政的建设路径、课程思政建设的制约因素与问题与不足等几大方面。

一、关于课程思政基本内涵的研究综述

专家学者们对课程思政展开深入探讨一般从界定其基本内涵开始。目前,学界对课程思政的基本内涵还没有形成完全统一的认识,专家学者们从不同角度进行了多元解读,主要有以下几种。

1.课程思政是一种整体的课程观

课程思政的本质不在于新的课程建设,而是一种课程观。例如,高德毅和宗爱东[9]认为"课程思政实质是一种课程观,不是增开一门课,也不是增设一项活动,而是将高校思想政治教育融入课程教学和改革的各环节、各方面,实现立德树人润物无声"。闵辉[10]同样认为,"'课程思政'是一种整体性的课程观,有助于突

破思想政治理论教育集中于思想政治理论课的瓶颈，缓解思想政治理论课'孤岛化'的现实困境"。

2.课程思政是思想政治教育的一种方式方法、一种思想理念

课程思政不是一种"实体思政课程"，而是作为一种全课程育人理念，融入专业教学全过程。例如，吴月齐[11]认为"课程思政"既是一种教育理念，表明任何课程教学的第一要务是立德树人，也是一种思维方法，表明任何课程教学都肩负德育的责任。何玉海等[12]同样认为"课程思政"是思想政治教育的一种方式方法，也是一种思想理念。说它是一种教育的方式方法，是因为它需要运用整个课程来进行思想政治教育，以此来指导使学生形成过硬的思想政治素质；说它是一种思想理念，是因为它能够使高校思想政治教育更加"理性化"，催生更加丰富的理性认识，有助于从育人角度形成观念体系，促进理想价值的实现。

3.课程思政是"非思政课"教师开展隐性思想政治教育的形式

目前，对于课程思政的"课程"，绝大多数专家学者理解为"非思政课"的专业课、通识课。例如，许硕等[13]认为，"课程思政"强调的是思想政治理论课之外的各门课程也必须承担思想教育的任务，通过课程教学达到对学生进行思想教育的目的。徐兴华等[14]同样认为，"将课程思政定义为通过'非思政课'任课教师以'非思政课'的隐性教育形式，以全新的探索、思路和理念展开对新时代大学生的思想政治教育之路，是为了达到与思政课程同向同行，并最终共同担负起培养新时代中国特色社会主义建设者和合格接班人的历史重任"。

可见，关于课程思政基本内涵的解读，专家学者们侧重的角度不同，给出的内涵界定就各异。现有的研究虽然不能为我们明确指出哪一种阐释最科学、最准确，但至少可以使我们对课程思政基本内涵的理解更加接近本质，帮助我们排除掉那些不科学、不准确的理解，同时筛选出那些有助于精准把握课程思政内涵的关键点：一是课程思政的基本内涵极其丰富，不能机械地将其理解为"课程"与"思政"在字面意义上的简单叠加；二是现有研究表明，课程思政可以被理解为一种教育理念、一种实践活动、一种课程论、一种方法论或一种育人体系，但绝不能被理解为一门新课；三是经过大量的理论与实践研究，可以确定的是课程思政必然包含思政元素的融入，必然要以课程作为载体，必然要与思想政治理论课协同发展。

二、关于"课程思政"与"思政课程"关系的研究综述

从参考文献上看，专家学者们对"课程思政"与"思政课程"关系的研究基本上都围绕两者之间的一致性和差异性展开。

1．"课程思政"与"思政课程"具有一致性

对两者关系一致性的阐述主要聚焦两个关键词——同向同行和协调发展。其中，既有非常直接的文字表述，也有比较间接的描述。例如，许硕等[13]认为，加强"思政课程"与"课程思政"工作是新时代改进和加强高校思想政治教育的必然要求，具有价值指向的一致性和思想政治教育的协同性。石书臣[15]认为，课程思政与思政课程的核心内涵都是育人，二者都是高校思想政治工作的内在要求，二者的本质联系主要体现在任务和目标上的共同性、方向和功能上的一致性、内容和要求上的契合性等方面。邱仁富[16]将"课程思政"与"思政课程"关系的着力点放在阐释同向同行育人方向上，"从'同向'角度看，首先政治方向必须保持一致，其次对文化的认同要保持统一，最后把握育人方向的一致性；从'同行'角度看，要达成相互促进、互为补充、步调一致、共享发展的目标"。王景云[17]认为，"思政课程"与"课程思政"之所以能够逻辑互构，主要基于"思政课程"引领"课程思政"的政治方向、思想价值和教学方法，"课程思政"拓展"思政课程"的师资力量、课程载体和教育资源，二者交相呼应、相得益彰。

2．"课程思政"与"思政课程"具有差异性

对两者关系差异性的阐述主要聚焦两者的地位、特点展开。例如，王丽华[18]认为，思政课程具有特殊的政治属性，其地位是其他任何课程不能替代的；思政课程自身具有一套独立的课程体系，在全课程育人中发挥着独特的作用；课程思政是立德树人的必要补充。石书臣[15]认为，课程思政与思政课程二者的侧重点不同，主要体现在课程内容、课程地位、课程特点和思政优势等方面。韩喜平等[19]则表示，"要充分了解并区分出思政课程和课程思政在教学方法与课程内容上的多样性和差异性，不能产生'将课程思政与思政课程等同起来'的思想误区"。

综上，区别于研究课程思政基本内涵时"百花齐放、百家争鸣"的场面——在"课程思政"与"思政课程"关系这一研究方向上，各位专家学者的思想理念相对来说比较一致，他们基本上对两者在任务和目标上的共同性、方向和功能上的一致性、内容和要求上的契合性，共同发挥同向同行、协调发展的作用表示了认可；对两者在课程地位、课程内容、课程特点和教学方法上的多样性和差异性表示尊重。对于二者的关系，我们既要深度了解其本质联系又要划分出二者明显的区别，在尊重课程教育教学规律的基础上，展现各自育人优势和育人功能，形成协同效应，充分发挥育人合力。

三、关于课程思政建设价值的研究综述

通过对文献梳理发现,专家学者们对于新时代高校全面推进课程思政建设的价值意蕴都持肯定态度,但他们研究的角度有所不同,揭示出的课程思政建设的价值也不同。

1. 从政治价值的角度分析课程思政的建设价值

高校思想政治工作关系高校培养什么人、怎样培养人以及为谁培养人的根本问题,也是事关中国特色社会主义事业后继有人的重大政治任务和战略工程。为此,习近平总书记提出了教育的"四为服务"方针,并强调"党委要保证高校正确办学方向,掌握高校思想政治工作主导权,保证高校始终成为培养社会主义事业建设者和接班人的坚强阵地"[20]379。我国高校是中国共产党领导下的具有中国特色社会主义性质,为社会主义建设培养输送各类有用人才的高校。新时代高校全面推进课程思政建设是坚持社会主义办学方向的必然要求。例如,邱伟光[21]认为,"'课程思政'是高校思想政治工作的重要组成部分,体现了社会主义大学的办学特色,坚持了社会主义大学的育人导向,通过课程体系建设,挖掘各门课程的价值意蕴,把教书育人落到实处,确保社会主义大学培养目标顺利实现"。张大良[22]认为,课程思政是新时代党和国家对高等教育提出的新要求、解决高校人才培养问题的根本举措,以及高校实现高质量发展的必然要求。

2. 从教育价值的角度分析课程思政的建设价值

一方面,课程思政建设有助于社会主义教育总目标的实现。教育的根本目的在于育人,育人之本在育德。"课程思政"在本质上是一种教育,高校进行"课程思政"建设追求的根本目标是立德树人。"课程思政"教育教学改革正是使知识传授与价值引领相结合,使教育的本身实现最大化的延伸。例如,胡术恒[23]从罗素的教育目的观来分析"课程思政"的教育价值,认为教育本身的目的在于使"适应社会发展的知识技能"和"促进人类成长的价值观念"形成社会发展的双重驱动力,要培养出具有理想品格的自由人,科学教育和人文教育在教育进行的过程中实现了知识与价值的融合,这一切都要在特定时代的文化习俗、社会规范、道德信念的影响下进行,知识的传授就是社会对人才培养的要求。另一方面,课程思政建设有助于高校思想政治教育的现代化发展,推进思想政治教育的现代转型。例如,闵辉[10]认为,在"课程思政"导向下,不同学科知识、理论和方法的引入,将在更深、更广层次上推进思想政治教育突破传统教育理念局限,使其逐步摆脱单向灌输等传统教育方式的路径依赖,不断增进其内容的知识性、学理性以及方法的多样性,

从而形成更为科学、系统的思想政治教育体系,实现思想政治教育的现代化发展。

3. 从主体价值的角度分析课程思政的建设价值

学生既是课程思政建设的受益对象,也是课程思政建设的实践主体,学生参与课程思政建设的积极性、主动性和创造性,直接影响课程思政建设成效。新时代大学生应该是有理想、敢担当、能吃苦、肯奋斗的好青年,是德才兼备、全面发展的时代新人。课程思政是培育时代新人的现实需要和必然选择。例如,刘鹤[24]认为,"作为一种新的教育理念和教学实践,课程思政是彰显中国特色社会主义大学特征的重要内容,是培养德智体美劳全面发展的社会主义建设者和接班人的现实需要,是保障'三全育人'实现的必然选择"。徐蓉[25]认为,"全面推进课程思政建设就是从挖掘各门课程本身所具有的思想元素和价值基因入手,坚定教育的政治立场、开拓知识教学的宽度,培养学生理性思维、提升修养,不断塑造其成为具有思想深度的人才,从而实现高等教育育人、育才、育德的统一"。聂迎娉等[26]认为,"'课程思政'要求所有课程虽然在学科专业层面进行分化但在思想教育层面寻求'思政'价值方向的统一,澄清了课程在意义生成过程中回归大学生精神成长的内在价值诉求"。这些专家学者都是从学生成人成才的角度,来阐述"课程思政"所能给予学生的更深刻的核心价值以及发挥的最大限度的德育功能。除学生外,教师也是实施课程思政的主体力量。课程思政建设同样有利于促进教师的全面发展,既当"经师"又当"人师",是教师践行教书育人职能的重要体现。

四、关于课程思政建设路径的研究综述

"课程思政"对于目前高校教育的重要性已经成为普遍的共识,探索创新课程思政的建设路径是十分重要的实践问题和理论问题。近年来,专家学者们围绕课程思政的建设路径进行了多方位、多层次的思考,这些思考既有宏观层面、中观层面的,也有微观层面的。

1. 在宏观层面探讨课程思政的建设路径

宏观层面的研究主要侧重在课程思政的指导原则、体制机制等方面探讨建设路径。例如,高燕[27]认为,"高校'课程思政'应将坚持强化价值引领、推动理论建设、构建协同育人机制、优化体制机制创新作为改革的重点来进行,总体把握构建'大思政'的新格局"。孙杰等[28]认为"课程思政"建设的战略出发点应始终坚持党的领导,"课程思政"建设的难点在于基层组织的育人功能的优化提升,我们应将思想价值的引领功能作为"课程思政"建设的着力点,将教师党员的模范引领作用视为"课程思政"建设的关键点,将搭建联动工作机制作为"课程思政"建设的切入

点。肖香龙等[29]则主张应该从"发展理念、平台建设、机制建设等几方面系统推进"。

2. 在中观层面探讨课程思政的建设路径

中观层面在研究主要侧重在课程思政的教学方法、师资建设、平台建设等方面探讨建设路径。例如,刘鹤等[24]从四个角度对"课程思政"的建设路径进行深入研究,首先学校管理要突出顶层设计与协同效应,其次教育要突出德育元素与红色资源,第三要提升教师的认同,以名师带动全员参与,最后要改良教学方法,突出结合现代技术与创新。陈始发等[30]从教师的角度出发,认为教师在"课程思政"的建设中担负重要任务,教师应增强自觉意识、自省意识、自强意识,整合教学资源、破解教学难题、拓宽教学路径、增强执行能力,借助科学的评价体系和激励机制提升自身对"课程思政"建设的支撑能力。夏增民等[31]则进一步从思想政治理论课教师参与课程思政建设的角度来探讨,指出"高校应建立起思想政治理论课教师与专业课教师协同育人体制机制,着力解决二者的组织协同、合作模式问题;支持思想政治理论课教师参与专业课程教学的课程设计,探索集体备课、合作开发专题项目以及日常随访监督等方式方法;鼓励思想政治理论课教师介入专业院系课程的教学过程,在尊重学生主体性、互鉴教学方法的同时,及时发现并消除专业课教师在教学上可能出现的对思政教育的偏见;推动思想政治理论课教师参与课程思政的教学评价,以过程性评价、定性与定量相结合、发展性评价为原则,形成多元主体共同参与的评价格局"。李羽佳[32]从网络平台教育的角度对"课程思政"的建设路径进行研究,指出"要以'课程思政'理念为指引,坚持以三全育人为宗旨的创建多维培养建设格局;明确并提升与高校专业人才培养目标相匹配的路径设计;开展并优化网络平台的人才培育和合理的激励机制;探索形成'互联网＋教育'创新育人体系"。

3. 在微观层面探讨课程思政的建设路径

微观层面的研究主要侧重对某具体课程推进课程思政建设的实施路径展开实证研究。发表这些成果的学者主要以高校教师为主,他们从自己所讲授的专业课的课程思政建设实践出发,总结提炼课程思政建设路径的实践经验。例如,王清梅等[33]从我国高校体育课程思政角度,提出优化课程思政建设路径。纪纲等[34]以高校财务管理课程作为研究对象,探究在"课程思政"理念下管理类专业课程教学模式改革的路径。黄小梅[35]结合《大学英语思政导学教程》,分析课程思政在英语专业课堂的状况,探究利于促进课程思政与专业英语课堂教学有机融合的路径。王春鸽[36]以高等数学课程为切入点探索,认为高等数学课程教师应主要围绕数学之史、数学之美、数学之思、数学之用,社会主义核心价值观,以及唯物主义辩证法三条主线寻找丰富的思政元素,将"思政寓课程、课程融思政"贯穿教学始终,并给出丰富案例,实现专业教育与思想政治教育的"双育人"目标。

理论是实践的总结,更是思想和行动的先导。总的来说,学界关于"课程思政"建设路径的研究,无论是理论研究还是实证研究,对新时代高校进一步推进课程思政建设高质量发展都具有参考价值,对推动"思政课程"向"课程思政"转变也具有非常积极的现实意义。

五、关于课程思政建设制约因素与问题不足的研究综述

"课程思政"作为一种新的思想政治教育的思想理念和方式方法,其建设还处在不断探索当中,且还存在一些因素对课程思政建设形成了制约,并导致了其现有的一些问题与不足。专家学者们从不同角度对课程思政建设过程中面临的制约因素、存在的问题与不足进行了多维度的分析。

1.分析课程思政建设面临的制约因素

课程思政建设是一项系统工程,涉及全员、全过程、全方位,这导致其制约因素具有综合性、多元性、复杂性。对此,罗仲尤[37]站在专业课教师的角度分析了课程思政建设面临的主要障碍,包括"课程思政实施主体的认知障碍、整体建设的融合障碍、把握规律的能力障碍,以及评价效果的制度障碍"。杨建超[38]则从综合层面论述课程思政建设的制约因素有"高校推进课程思政教育改革在意识层面模糊不清、在师资力量方面比较薄弱、在制度建设方面不够完善"。胡洪彬[39]认为"摆在建设高校'课程思政'面前的现实问题分为四个方面,资源问题、能力问题、理念问题、协作问题"。

2.分析课程思政建设存在的问题不足

高德胜[40]从贯彻落实课程思政建设的角度,指出各高等院校"课程思政"的落实情况不是很理想,没有具体落实到相关责任主体,各专业院系存在着"业务落实缺乏主动性,业务执行'心有余而力不足',同时还缺乏必要的指导与培训"等问题。有些学者则从宏观和微观两个层面对课程思政建设存在的问题与不足进行了分析,指出其在体制、机制、制度、教师、课程等方面还存在一些缺陷,并提出了一些建设性意见。例如,汤苗苗等[3]认为,当前高校课程思政建设中存在部分任课教师对思政育人认知不足、部分课程对思政元素的挖掘不够充分、课堂教学效果不尽如人意、考核评价制度缺失等亟待解决的问题,各高校应紧扣《高等学校课程思政建设指导纲要》的要求,以教师队伍为"主力军",以课程建设为"主战场",以课堂教学为"主渠道",同时以科学合理的考核评价体系为"主动力",完善高校

课程思政建设,推动立德树人根本任务的落实。杨光云[41]认为,从"思政课程"走向"课程思政"存在的问题主要集中在教师素质有待提升、教学原则尚未明确、教学方法相对单一、课程体系有待完善这四个方面。李旭芝[42]认为,在课程思政建设推行过程中还存在着部分学科任课教师的德育意识不强且思政能力不足、部分课程的育人资源挖掘不充分等问题解决。

通过对以上五个方面研究成果的梳理,可知近些年我国课程思政建设在理论研究层面进步较快,高等教育领域对课程思政的认识更加科学,也更加深入。但整体上看,我国课程思政建设研究依然还存在着一些不足。

一是高质量研究成果有待进一步增加。虽然前文数据统计显示中国知网平台上以"课程思政"为篇名的研究文献已有 4.25 万之多,但来源权威、质量过硬的仍属极少数,且部分文献来源于发行量较低的小众行业期刊,其传播力和影响力都相对较弱,难以引起大众重视。此外,大部分文献的下载量在 100 人次以下,绝大多数文献的引用率在 10 人次以下甚至为 0。这意味着课程思政理论研究成果向现实转化的可能性较小,理论支持的根基相对薄弱,现有成果很难在课程思政的深入探索中发挥出应有的作用,难以为各地高校的课程思政建设实践提供强有力的指导。

二是系统化研究成果有待进一步整合。当前,总的来看,我国学界的专家学者们的确对课程思政进行了全方位的研究,也形成了几个比较集中的研究方向,但整体化、系统化的研究仍然比较匮乏,多数都只是从某一研究角度出发去进行研究,或只研究课程思政的某一方面,并且对课程思政的重点、难点、痛点等抓得不深、不牢,缺少对课程思政整体上的理解与把握,尚没有形成一套结构完整、逻辑清晰的理论体系。

三是实证性研究成果有待进一步丰富。开展课程思政理论研究,主要还是为了能够将先进理论应用于高校课程思政建设实践,贯彻落实立德树人根本任务,实现"三全育人"目标,为国家和社会培养出一批又一批的高质量人才。所以,课程思政理论研究应当与高校课程设置同步,能够跟随高校各类课程的发展进程而不断取得新的理论成果,及时形成对课程思政建设实践成效的客观评价和有效反馈,并以此推动对理论和实践的进一步完善。而当前成果大多侧重理论研究,其中高质量的实证性成就成果较少,很多文献仅从理论层面作出设想或设计,没有真正付诸实践或与实践联系不够密切。此类设想或设计在课程思政建设中的可行性就无法得到证实。

第四节　新时代高校课程思政建设的现实困境

坚持问题导向,是马克思主义的重要品质,是习近平新时代中国特色社会主义思想的鲜明风格。人类认识世界、改造世界的过程,就是一个发现问题、解决问题的过程。由于课程思政是新时代诞生的一种全新的教育教学理念,课程思政建设是一项系统工程,目前新时代高校课程思政建设理论与实践体系的广度、深度还远远不够。近年来,高校课程思政改革在取得一定成效的同时,无论是在思想认识还是建设实践领域,都还存在着一些现实困境。

一、新时代高校课程思政建设的认识困境

1. 对"什么是课程思政"的把握不够精准

从时间脉络和发展状况上看,课程思政建设目前仍处于探索阶段,部分高校和教师对"什么是课程思政"还没有形成精准的认识。有的高校一看到"思政"字眼,就将其自动划归到思想政治理论课范畴,认为所谓课程思政建设不过就是新开设一门在内容、性质或形式上与"思想道德与法治""中国近现代史纲要""马克思主义基本原理""毛泽东思想和中国特色社会主义理论体系概论""习近平新时代中国特色社会主义思想概论""形势与政策"等思想政治理论课程相似或相近的新课,再不然,就是把思政元素"插"到其他课程当中,把专业知识和思政内容混合着讲。抱着这样的心态,很容易形成课程思政"其实很简单、特别好操作"的错误认识,以致极少数高校在课程思政建设方面生搬硬套,出现了"课程思政化"的不良趋势——不管是什么课,都上成似是而非的思想政治理论课,到最后专业知识没讲好,思政元素的育人作用也没发挥出来。此外,一些专业课教师对课程思政的认识也不深,大多是凭借自己的知识和经验简单地进行字面上的理解,形成一个粗浅的印象,而没有办法清楚、完整地回答"什么是课程思政"这一问题。他们对概念尚不清楚,一旦涉及课程思政的关键问题,就更加难以精准把握和科学实践。

2. 对"是否要建设课程思政"的认识不够到位

客观来说,课程思政建设是一个大工程。因为实践当中,既要在"授业"中"传道",又要"润物细无声",这使它的难度在一定程度上甚至超越了传统思想政治理

论课改革。这对任课教师来说,也是一项相当严峻的挑战——有经验的专业课教师在单纯讲授专业知识时往往轻车熟路,但若想承担起课程思政建设任务,就必须主动挖掘专业课中潜在的思政元素,将其融入专业学习的各个环节;同时还要精心设计教学内容,尽量以比较自然的形式将思政元素渗透到教学、科研和社会服务等各个方面,避免生拼硬凑。在这个过程中,面对思想和行动上的双重考验,有些专业课教师不由自主地就会产生畏惧、退缩的心理,认为最好是"专业的人做专业的事",与"思政"二字有关的教学当然还是应该交给思想政治理论课教师才最合理,不愿意参与到课程思政的实际建设中来。另外还有极少数老师,育人意识淡薄,本身没有意识到课程思政建设的重要性,且怕累、怕麻烦,本着"可上可不上""多一课不如少一课"的心理,拒绝参与课程思政建设实践,或在实践中草草应对,用"水课"敷衍了事。这些都是相关认识有所缺失的表现,不利于课程思政的进一步发展。

二、新时代高校课程思政建设的能力困境

专业课教师能力水平不足以致影响课程思政的建设质量,是高校课程思政建设实践中出现频率略高且必须加以重视的问题。专业课教师是高校教学队伍中的主要群体,也是开展课程思政建设的核心力量,他们在教学活动中具有天然的优势。专业课教师是高校中与学生接触最多、相处最久的教师群体,有机会更深入地接触和了解学生,通过言传身教对学生形成更加深刻的影响。同时,因为在专业课教育教学活动中,他们所传授的知识与就业有着密切联系,能够满足学生"掌握专业技能、增加个人本领、实现个人价值"的需求,看上去非常"实用",所以更容易提高学生的学习热情。相较之下,专业课教师更有条件通过课堂潜移默化地将思政元素渗透给学生,引导学生形成正确的世界观、人生观、价值观,将课程思政的育人作用充分体现出来。

但客观而言,专业课教师的能力水平总是具有一定的差异性,在面对课程思政这样一项新兴事物时,他们不仅要将专业知识进行整合,提炼出其中的思政元素,还要与时俱进,将时政资讯、社会热点、新闻焦点以及学生感兴趣的各类问题与专业知识技能有机融合,创造出新颖的教学方案,这在教学内容和教学方式上都是一项重大的创新,需要任课教师付出更多的时间、精力和耐心去进行打磨。而在课程思政实践中,少数专业课教师的责任意识、知识储备、授课能力等与党和国家的政策要求、课程思政建设的本质要求以及学生的殷切期待的理想状态还有一定的距离,这些教师通常对课程思政的认识不够深刻透彻、把教学当作教书、教

书与育人脱节;或者对课程思政的把握不够精准到位、不会挖掘思政元素、方式方法刻板僵硬、缺乏持续创新动力,等等。之所以会产生这些问题,一方面可能是该教师本身能力有所欠缺,且用心不足、努力不够;另一方面则可能是该教师的相关经验少,需要高校对其加强课程思政建设方面的指导和培训。无论是哪种原因,一旦出现以上现象,对课程思政建设来说都是非常不利的。如若不及时改善的话,势必会给建设实践带来阻碍,进而影响到课程思政的总体建设。

三、新时代高校课程思政建设的实践困境

1. 课程思政实践方案不够完善

课程思政在实践中所采取的形式是无声之教,是比较典型的"隐性教育",但"无声"并不等于"无用"——建设课程思政,教师就应当想办法在向学生渗透思政元素时做到"无声胜有声",使思想政治教育的育人作用不知不觉地发挥出来。因此,所有课程的教师都应树立教学目标与教学内容高度集成与融合的思政教学观,承担起挖掘知识育人功能的责任,提炼课程中蕴含的文化基因和价值范式。然而,部分高校在制定课程思政实践方案的时候,过度追求速度、效率、数量,习惯性采用"简单粗暴"的方式完成思政元素的融入,这难免导致实施方案设计不足,出现内容上"过度饱和"、脱离专业谈思政,有温度却没深度、有广度却没厚度;框架不完整、内容不丰满等不尽如人意的现象。实施这样的方案,很难获得理想的教学成效。

2. 激励评价考核制度长期缺失

高校课程思政建设的成功,离不开科学高效的教育制度和执行落实、主管部门的顶层设计和统筹规划、任课教师的高度参与和积极创新,以及公平合理的激励评价考核制度。近年来,其他几个方面的不足渐渐得到改善,而在激励评价考核制度这一方面,却仍存在诸多问题:一是教师课程思政教学能力评价体系有缺失,部分高校虽然按规定开展了课程思政,但并未对教师把控课程思政实践的能力、进行课程思政评价的能力和把握学生思想状况的能力加以关注,也没有将能力养成情况量化并反馈给任课教师,并督促教师进行自我提升;二是高校思想政治教育水平评价体系有缺失,在课程思政教学过程中,教师默认学生已经通过隐性教育接受了思政元素的熏陶,在对其的价值观引领上取得了成效,而没有进行相应的考核,以致无法了解学生思想政治水平的真实情况;三是高校课程思政建设评价体系有缺失,部分高校对课程思政建设部署、建设项目、任课教师、参与人员、内容设计、方案实施等方面的相关信息掌握得不够清楚,并且缺少对课程思政实践全过程的监督和引导,以至于弱化了任课教师在教学过程中起到的育人作用,也没有形成畅通、

高效的反馈渠道,无法对课程思政的实际建设情况进行合理、中肯的评价和提出建设性意见。

3.协同效应尚未真正形成

新时代教育发展背景下,"思政课程"与"课程思政"虽紧密相连,但在授课内容、育人方式、作用效果等方面也都有所差别。想要尽早实现从"思政课程"向"课程思政"的转变,就要使二者形成"协同":一方面,保证二者能够同向同行;另一方面,保证二者能够在彼此的助力下共同进步。自课程思政概念提出以来,我们一直追求的就是能够使思政课程与课程思政形成协同效应,通过良性互动促进二者同频共振、协同育人。这样既有助于提升高校思想政治教育的质量,又有利于促进大学生成长成才。然而,在实践当中,也有部分高校由于思想认识不到位、主体责任不明确、运行机制不通畅、协同方式不丰富、保障制度不完备等,其课程思政建设过程中出现了分工不明确、合作不协调、落实不到位的状况,这对"思政课程"与"课程思政"的协同发展造成了一定的冲击甚至阻碍,影响了二者之间协同效应的有效构建。

第二章　破局:新时代高校课程思政建设的着力点

《高等学校课程思政建设指导纲要》明确提出课程思政建设的目标要求:"课程思政建设工作要围绕全面提高人才培养能力这个核心点,在全国所有高校、所有学科专业全面推进,促使课程思政的理念形成广泛共识,广大教师开展课程思政建设的意识和能力全面提升,协同推进课程思政建设的体制机制基本健全,高校立德树人成效进一步提高。"新时代高校课程思政应该如何建设? 当前课程思政建设的现实困境该如何破局? 对这些问题的深入思考并找准新时代高校课程思政建设的着力点是实现这一目标要求的关键。

第一节　掌握课程思政建设的方法论

教学有法,教无定法,贵在得法。课程思政作为新时代高校开展思想政治工作的理念创新和实践创新,蕴含其独有的方法论。教师开展课程思政,关键在于掌握科学的方法论,并用科学的方法论指导课程思政建设实践。教师要深刻领会课程思政方法论的具体内涵和内在要求,不断提高开展课程思政的本领,才能真正提升课程思政建设成效。

一、坚守课程思政建设的政治方向

党的二十大报告指出,"教育是国之大计、党之大计。培养什么人、怎样培养人、为谁培养人是教育的根本问题"[43]28。古往今来,培养人,从来都是学校的天职。但是,所要培养之人的内涵从来都不是抽象的,而是极为具体的。任何国家、任何社会,都有其人才培养的目标要求。古今中外,关于教育和办学,思想流派繁多,理论观点各异,但在教育必须培养社会发展所需要的人这一点上是有共识的。新时代我国高校是要培养一代又一代拥护中国共产党领导和我国社会主义制度、立志为中国特色社会主义奋斗终身的有用人才。这决定了课程思政建设应牢牢把握教学改革政治方向,落实立德树人根本任务。

1.教育并非一个价值中立的事业

"每一种教育制度都有其道德目标,它总是试图占据并影响教育的全部课程,它要创造出一种特定的人。"[44]"教育并非一个价值中立的事业,就教育制度的本质而言,无论教育工作者是否意识得到,他们已经被卷入了一项政治活动。"[45]1 教育绝不仅仅是一种谋生的职业,它也是一份神圣的事业。教育之所以是一份崇高、神圣的事业,原因就在于,对于个体而言,它"文明其精神",塑造人的精神生命,造就人的第二天性,培养一代新人,使人成为"人",使每一个个体都按照"美的规律"来设计自己的生活,促进每一个个体"自由而全面"发展;对于类主体而言,它通过精神遗产的不断传承与更新,通过一代又一代新人的培养,延续人类文明、促进社会进步与变革,使人类社会迈向理想的共产主义社会。事实上,东汉许慎在《说文解字》中对"教"和"育"有着极为精辟的解释,他说:"教,上所施,下所效也;育,养子使作善也。"用今天的话来解释,教育就是对人施加善意的影响并使人产生好的变化的一种人类行为。教育不仅在于"教"更在于"育",而育人离不开知识性传授,更离不开价值性获得。

2.价值问题是课程思政建设绕不开的根本问题

一切被称为教育的活动,都必然把"引人向善"作为其最为根本的价值取向。因此,承载着育人使命的课程知识必然内在地含有对受教育者的善良意图,而这个善良意图毋庸置疑地应成为判定课程知识选择合法性的道德标准。对于高校来说,育人是高校的职责,高校思想政治工作的起点和终点都是为了育人。全面推进课程思政建设,就是要寓价值观引导于知识传授和能力培养之中,帮助学生塑造正确的世界观、人生观、价值观,这是人才培养的应有之义,更是必备内容。教师要"把教书和育人结合起来",正如习近平总书记所强调的,"一个优秀的老师,应该是'经师'和'人师'的统一,既要精于'授业'、'解惑',更要以'传道'为责任和使命"[46]。"教师不能只做传授书本知识的教书匠,而要成为塑造学生品格、品行、品味的'大先生'。"[47]全面推进课程思政建设是我国高校落实立德树人根本任务的战略举措,这一战略举措,关系到社会主义事业后继有人的根本大计,关系到国家长治久安,关系到民族复兴和国家崛起。因此,我们不能将课程思政建设仅仅理解为一种教学方式、教学模式、教学内容、教学手段的变革,它更是一种教育理念、教育思想、教育者责任的变化。全面推进课程思政建设既是高校教师的职业要求,也应该是高校教师的政治自觉。

3.课程思政建设要牢牢把握社会主义政治方向

在某种程度上可以说,课程虽然是人们认为的"知识精华"的集合,但"课程组织不是一个价值中立的过程,任何课程组织模式总是受特定的课程价值观的支配,必定折射或体现出特定的课程价值观"[48]。2016 年 12 月,习近平总书记在全国高校思想政治工作会议上就明确指出,"我国高等教育肩负着培养德智体美全面发展的社会主义事业建设者和接班人的重大任务,必须坚持正确政治方向","我国高等教育发展方向要同我国发展的现实目标和未来方向紧密联系在一起,为人民服务,为中国共产党治国理政服务,为巩固和发展中国特色社会主义制度服务,为改革开放和社会主义现代化建设服务"[49]。2018 年 5 月,习近平总书记在北京大学师生座谈会上的讲话又进一步指出,"培养社会主义建设者和接班人,是我们党的教育方针,是我国各级各类学校的共同使命","'国势之强由于人,人材之成出于学。'培养社会发展所需要的人,说具体了,就是培养社会发展、知识积累、文化传承、国家存续、制度运行所要求的人。所以,古今中外,每个国家都是按照自己的政治要求来培养人的,世界一流大学都是在服务自己国家发展中成长起来的。我国社会主义教育就是要培养社会主义建设者和接班人"[50]。在全面推进课程思政建设中,我们要着眼于实现中华民族伟大复兴战略全局,始终扎根中国大地办大学,坚持马克思主义指导地位,牢牢把握政治方向,全面落实立德树人根本任务,始终不忘为党育人、为国育才的使命,坚持"四个服务"的办学方向,自觉增强培育强国先锋的崇高使命感。

二、明确课程思政建设的价值旨趣

全面推进课程思政建设要从"现实的个人"——学生的需求和发展出发,对其进行知识传授、能力培养和价值塑造,最终实现人的自由而全面发展。"现实的个人"的需求和发展是课程思政建设的价值旨趣。

1.每个人都是"现实的人"

纵然马克思强调人的本质是"社会关系的总和",但马克思也极其重视和尊重个人的价值,指出每个人都是"现实的人",都是现实社会中的个体。"社会,即联合起来的单个人"[51]。单个人为什么会联合?是因为生存和发展的实践需要。"各个人的出发点总是他们自己,不过当然是处于既有的历史条件和关系范围之内的自己,而不是……'纯粹的'个人"[52]571,人的根本就是人本身,"现实的人只有以利己的个体形式出现才可予以承认"[52]46,且"在社会历史领域内进行活动的,是具有意识的、经过思虑或凭激情行动的、追求某种目的的人;任何事情的发生都不是没有自觉的意图,没有预期的目的的"。人们总是通过"每一个人追求他自己的、自觉预期的目的来创造他们的历史"的,而这许多"按不同方向活动的愿望及其对外部世界的各种各样作用的合力"[53]就是真实的历史。历史不过是追求着自己目的的人的活动而已。

2.每个人都有自己的需求和利益

道德虽然是人类精神的自律,但就人的社会现实性而言,"利益是道德的基础","人们自觉地或不自觉地,归根到底总是从他们阶级地位所依据的实际关系中——从他们进行生产和交换的经济关系中,获得自己的伦理观念"[54]。人的思想意识并不是与其现实生活过程无关的、"纯粹的","意识在任何时候都只能是被意识到了的存在"而"人们的存在就是他们的现实生活过程"[52]525。生活决定意识和思想观念,"'精神'从一开始就很倒霉,受物质的'纠缠'"[52]533。现实中的个体的本质规定是社会性的,但也有自我的一面。人的社会现实性决定每个人都有自己的需求和利益,尤其在"以物的依赖性为基础的人的独立性"的现阶段,一般个体多是从自我出发进行社会活动的,表现为"自我"的这一面很是明显。

3.意识形态教育不能脱离人的现实需求和利益

人的社会现实性是意识形态教育的境域。纵然社会性是人的本质规定,将人视为孤立的原子化个体无疑是错误的,从道德伦理上讲,我们必须坚持集体主义原则,使个人私利符合集体利益和社会利益,个人利益与集体利益发生冲突时个人利益服从于集体利益应当是人们所崇尚的正当道德理念。但是,每一个人都是现实的个体,现实的个体是有现实需求的,也就是说,在现实生活中,个体行为是有功利性价值取向的,历史不过是追求着自己目的的人的活动而已。我们反对行为的利己主义,但不能将个体行为的功利性价值取向等于"利己主义",更不能将其视为"人性的堕落",个体行为的功利性价值取向具有伦理学上的正当性与合理性。[55]人的思想观念的建构,与人所处的日常生存处境密切关联。人是有需求的理性主体,生活决定意识,每个人都是从自身的现实处境出发,按照自己的需求满意程度来谋划其需求与理想,理性地选择自己的行为准则、建构自己的价值观念和生活意义的。意识形态的内化,总是一定主体根据自身需要来进行的,意识形态教育不能脱离人的现实需求和利益。先进的观念要得到学生认同,必须基于他们的现实状况。换句话说,意识形态教育要真正实现规范行为和价值引领,不能脱离生活实际,必须从"天上"回归"人间"、从抽象转向现实,必须基于人的生存和发展的现实及需要。若只宣传抽象的理论原则和信仰,过于注重公共性的价值理念而忽视学生个体现实生活境况,这种教育实际上是将教育对象仅看作实现理想化目标的工具,无异于将自己当成掌控"抽象真理的智者"向他人颁发超验的价值原则和行为准则。这不仅会导致"'今天'被摆上了'明天'的祭坛,'今日之我'成为'明日之我'的'祭品',因而也必然意味着人的现实生活被虚无化"[56]。也必然会导致学生的价值迷失和信仰迷茫,那样,高尚理想的目标也只能是"完美的乌托邦",也只能仅仅存在于美好的臆想中。

4.课程思政建设以实现人的自由而全面的发展为旨趣

虽然马克思主张"现实的人只有以利己的个体形式出现才可予以承认""'思想'一旦离开利益,就一定会使自己出丑",但马克思明确反对只用"利己心"来解释人们的奋斗行为。对此,马克思1842年5月在《第六届莱茵省议会的辩论(第一篇论文)》(关于新闻出版自由和公布省等级会议辩论情况的辩论)中曾明确指出:"有一种心理学专门用细小的理由来解释大事情。它正确地猜测到了人们为之奋斗的一切,都同他们的利益有关,但是它由此得出了不正确的结论:只有'细小的'利益,只有不变的利己的利益。"马克思用"贪杯过度是要跌破自己的脑袋的"来嘲讽"这些聪明人对人和世界的了解首先就是糊里糊涂地跌破自己的脑袋"。稍后,1842年10月马克思在《第六届莱茵省议会的辩论(第三篇论文)》(关于林木盗窃法的辩论)中又指出私人利益非常狡猾,"自私自利用两种尺度和两种天平来评价人,它具有两种世界观和两副眼镜,一副把一切都变成黑色,另一副把一切都变成彩色。当需要牺牲别人来充当自己的工具时,当需要粉饰自己的不正当的手段时,自私自利就戴上彩色眼镜,这样一来,它的工具和手段就呈现出一种非凡的灵光;它就用温柔而轻信的人所具有的那种渺茫、甜蜜的幻想来哄骗自己和别人。它脸上的每一条皱纹都呈现出善良的微笑。它把自己敌人的手握得发痛,但这是出于信任。但是,突然问题涉及了自身的好处,涉及要在舞台幻影已经消失的幕后仔细地检查工具和手段的效用了。这时,精通人情世故的自私自利便小心翼翼、疑虑重重地戴上深谙处世秘诀的黑色眼镜,实际的眼镜。自私自利像老练的马贩子一样,把人们仔仔细细、毛发不漏地打量一遍,以为别人一个个也像它一样渺小、卑鄙和肮脏"。显然,马克思在此明确指出了利益虽然是所有人类行为(含道德行为)的出发点,但不能用自私自利来作为道德的前提,更不能用私人利益来评价一切并作为道德原则来加以倡导。更何况"私人利益本身已经是社会所决定的利益,而且只有在社会所设定的条件下并使用社会所提供的手段,才能达到"。

毛泽东也曾指出:"唯物主义者并不一般地反对功利主义,但是反对封建阶级的、资产阶级的、小资产阶级的功利主义,反对那种口头上反对功利主义、实际上抱着最自私最短视的功利主义的伪善者。"[57]因此,学校教育决不能放弃最崇高、最高尚的使命——培养具有共产主义远大理想和中国特色社会主义理想、具有"爱国、励志、求真、力行"精神品质的时代新人——而不是将学生培养成为"犬儒主义者"乃至"精致的利己主义者"。全面推进课程思政建设就是为实现这一最崇高、最高尚的使命任务的重要举措。

三、把握课程思政建设的基本内核

课程思政的基本内核是知识教育。任何课程都具有自成体系的专业知识、个性独特的学科归属,知识专业性是课程与课程之间相区别的内核,也是确证其存在合理性与教育价值性的根本。课程思政并不是要否认或抵消专业课自身的价值,而是要凸显专业课程的育人价值,使学生透过专业知识了解其背后所潜隐的价值理念、人文精神、家国情怀、责任担当等思政元素。教师在传授知识的同时,可采用学生喜闻乐见、易于接受的话语叙事,帮助学生吸收、内化专业知识背后所蕴含的思政元素。也正是如此,有学者将课程思政中的"思政"理解为"育人"[58]。课程思政当如盐在水,强调的便是要将专业课程与思政元素有机融合,甚或是使两者产生"化学反应",在教学中实现知识传授、能力培养、价值塑造。要落实课程思政的"育人"之义,则需以知识传授为内核。

1.知识是具有价值负载的传播中介

从知识社会学的角度来看,课程作为传授知识的一种方式,它是权力主体用来保持自己主体意志的强有力的政治手段。知识的选择和组织是权力主体在意识形态意义上的抉择过程。课程知识是对人类公共知识的选择,课程教学在使受教育者掌握不同的课程知识、技能和相应规范的同时,不断地生成符合目的的群体规范、价值取向或伦理诉求。在课程知识教育中,"进入学校的知识和现在进入学校的知识不是任意的,它围绕着一系列原则和价值观进行选择和组织"[45]73。具体而言,课程知识应该被视为具有价值负载的传播中介,隐含在课程知识背后的意识形态和价值观念,通过课程知识的组织与建构在教育教学实践中得以实践与传递[59]。知识导向不能没有价值作为支撑,从一定意义上说,知识导向就是价值导向[60],价值内蕴着知识的元素。价值观的引导、政治信仰的引领、思想品德的塑造,都需要知识作为基础。即便是从具体课程的知识教育来说,如具体的理工类学科知识教育,从本质上来说,内在蕴含着的是一种规则教育、知识教育,它需要让学生了解规则的内容及其背后的缘由,即便那种不被学生认识、理解和接受的刚性强制,也包含着对规则内容的基本要求。也就是说,专业素养教育首先意味着专业知识的教导。知识和理论是用概念来表达的。概念是反映事物特有属性的思维形态,它以语词的形式表达思想的内容。

古今中外许多学者都论证了知识内在之善的道德价值。查尔斯·珀亚·斯诺坚信:"发现真理的愿望"在本质上是道德的,科学活动是道德的源泉,而这一源泉的名字就是科学知识。皮特·莫尔也肯定了科学内在之善对人们正确行为的意义,在他看来,"客观知识(即科学)"是善,它在任何情况下都比愚昧和偏见更有价值。他还指出,对科学知识的掌握,是作出正确抉择的基础,故科学知识具有伦理意义的"善",是真与善的统一。约翰·齐曼则从科学为什么受大众欢迎的角度,阐明了科学内在之善的道德价值。他指出,科学是探索宇宙奥秘以满足人类好奇心的高尚的、迷人的事业,科学发现能扩大和丰富人类精神财富;科学只有远离"功利主义",才能受到广大民众的尊敬[61]。中国古代科学家徐光启以欧几里得的《几何原本》为例,从中国传统文化视角,对科学内在之善的道德价值作出了诠释:"此书为益,能令学理者祛其浮气、练其精心;学事者资其定法、发其巧思,故举世无一人不当学。故学此者,不至增才,以德基也。"[62]中国近代心理学家唐钺也从整体上探讨了科学与善的密切关系,他指出:"科学固无直接进德之效,然其陶冶性灵培养德慧之功,以视美术,未遑多让。"[63]

2.知识是能力和素质的基础

从能力培养的角度来说,理解无疑是人的一种能力,但"所有的理解都包含着认知上的成就"[64]。理解的本质是对知识的理解,没有知识,何来理解?对此,列宁曾指出,范畴是人们认识世界的"网上纽结",范畴的现实性决定了"全部发展就在这个萌芽中"。人们正是借助范畴的分析框架,而对某一思想的科学体系形成总体界定并把握其范式变革思路。此外,获得1977年诺贝尔化学奖的比利时科学家伊利亚·普利高津的耗散结构理论也可以为我们将知识教育作为课程思政的内核提供理论支持。耗散结构理论是普利高津在1969年的国际会议上提出的,简单说来就是:一个远离平衡态的非线性的开放系统(物理的、化学的、生物的乃至社会的、经济的系统)通过不断地与外界交换物质和能量,当系统内部某个参量的变化达到一定的阈值时,通过涨落,系统可能发生突变即非平衡相变,由原来的混沌无序状态转变为一种在时间上、空间上或功能上的有序状态。由于这种在远离平衡的非线性区形成的新的稳定的宏观有序结构,需要不断与外界交换物质或能量才能维持,因此它被称为"耗散结构"。

事实上,人的思想、认识的发展,也是新的耗散结构形成的过程。人们新的思想、新的认识的形成,是人们在原有认知、原有知识的基础上,通过不断学习来实现的,也就是不断地与外界进行信息交换,当交换的信息量达到一定的阈值,新的思想、认知就会突然出现,这就是我们常说的"顿悟"。就知识、能力与素质的关系来说,知识教育也应该是课程思政的基本内核。科技是第一生产力、人才是第一资源、创新是第一动力。新时代,没有高素质的人才,我国的社会主义现代化建设、我国的富强、民主、文明、和谐、美丽的社会主义现代化强国的建设目标将是一句空话。纵然素质的表现是能力,但素质的载体是知识,尤其是那些现代自然科学和社会科学、现代技术知识,因为正确行动路径的选择来自对事物本质的深刻认识。1920 年 10 月 2 日,列宁在俄国共产主义青年团第三次代表大会上指出:"我们不需要死记硬背,但是我们需要用对基本事实的了解来发展和增进每个学习者的思考力,因为不把学到的全部知识融会贯通,共产主义就会变成空中楼阁,就会成为一块空招牌,共产主义者也只会是一些吹牛家。你们不仅应该掌握知识,而且应该用批判的态度来掌握这些知识,不是用一堆无用的垃圾来充塞自己的头脑,而是用对一切事实的了解来丰富自己的头脑,没有这种了解就不可能成为一个现代有学识的人。"[65]其中他强调要"把学到的全部知识融会贯通",很明显地指出了知识对一个人、对共产主义事业的重要作用。

知识是人类对真实存在的客观摹写,是人类对客观外部规律的总结,它不是自带某种鲜活或死寂的特点。认为"知识教学必然意味着机械接受、被动掌握"的人混淆了知识与知识的传递两个不同层次的问题。教学是以专门的知识和经验为基础,逐步形成的认识问题的过程。教育意味着使受教育者获得知识与理解力,并与认知洞见相关联。人的全面发展是指德智体美劳全面发展,其中以德为统领,社会主义建设人才的培养,要重视对学生世界观、人生观及价值观的塑造,知识的传播需要价值的引领。但我们必须明白的是,育人需要知识来承载其价值,能力和素质的提升要以知识为基础。历史学家蒋廷黻曾说:"人与人的竞争,民族与民族的竞争,最足以决胜负的,莫过于知识的高低。"[66]

四、坚持课程思政建设的问题导向

"坚持问题导向"是习近平新时代中国特色社会主义思想的世界观和方法论之一。在新时代高校意识形态建设问题上,同样要坚持问题导向。意识形态要有话语权、有吸引力,需要从理想信念、价值关怀等方面打动人,也需要从把握社会规律、解决现实问题等方面说服人,真正的科学的意识形态必须紧扣时代,直面问题,坚持问题导向,掌握马克思主义的话语权,不能停留在抽象的理论教条上,只有能够解决问题的"主义"才具有合理性,才能够说服人,进而民众才能认同它。

当今世界正经历百年未有之大变局,新科技革命与生产方式的深刻变革不仅带来了全球共同发展的新机遇,同时霸权主义、强权政治等意识形态,也对公平正义世界秩序的构建提出了严峻挑战。西方资本主义国家坚持"丛林法则""零和博弈"的霸权主义思维，对中国采取敌视态度，宣扬"中国威胁论""中国崩溃论"，这些都影响着当代中国形象的塑造。西方不断发起对中国的意识形态挑战，制造了诸如新自由主义、"普世价值""意识形态终结论"等种种错误思潮，他们的目的在于以文化和价值虚无的方式渗透、冲击社会主义核心价值观和中国人民共同理想信念，以实现政治颠覆[67]。"新时代的中国青年，更加自信自强、富于思辨精神，同时也面临各种社会思潮的现实影响，不可避免会在理想和现实、主义和问题、利己和利他、小我和大我、民族和世界等方面遇到思想困惑"[68]，更加需要教师给予深入细致的解答引导。学生的疑惑就是思政课要讲清楚的重点。增强问题意识，是思想政治理论课的本质要求，是其有效引领学生健康成长、服务党和人民事业的内在必然。虽然这是针对思想政治理论课来讲的，但这作为方法论原则，对课程思政仍具有指导意义。

习近平总书记指出："如果不能及时研究、提出、运用新思想、新理念、新办法，理论就会苍白无力，哲学社会科学就会'肌无力'。"[69]针对现实中的问题，专业课教师要作出正确的学理性解释。譬如，基于互联网的普及与发展，西方一些学者提出"数字民主"，并认为数字民主是一种不受时间、地点和其他物理条件限制而实行的民主，数字化最直接的作用就是提高投票率，为实现直接民主提供新的可能性。针对这种新情况、新问题，相应的专业课教师在讲授相关课程内容时，就必须正确剖析这种观念的错误本质和根源[70]。再如，在相应课程教师讲授西方供给学派理论时，要讲明其错误内涵，并借此阐明我国供给侧结构性改革的本质意蕴，阐明我国供给侧结构性改革与西方供给学派的根本性区别。如此等等。

马克思指出："每一个时代的理论思维，包括我们这个时代的理论思维，都是一种历史的产物，它在不同的时代具有完全不同的形式，同时具有完全不同的内容。"[71]任何理论思维和心理行为模式都承载着其所处时代社会文化的内涵，并折射于日常生活中人们对各类事物的喜怒哀乐中。高校思想政治工作实际上是一个解疑释惑的过程，宏观上是回答，培养什么样的人、怎样培养人、为谁培养人的问题，微观上是为学生解答人生应该在哪用力、对谁用情、如何用心、做什么样的人的过程。我们要坚持问题导向，关注学生的所思、所想、所惑，"要及时回应学生在学习生活社会实践乃至影视剧作品、社会舆论热议中所遇到的真实困惑"[47]，同时，"我们一定要以我国改革开放和现代化建设的实际问题、以我们正在做的事情为中心，着眼于马克思主义理论的运用，着眼于对实际问题的理论思考，着眼于新的实践和新的发展"[72]。我们要在解决问题中辨别是非、澄清认识，推进课程思政建设。

五、运用课程思政建设的有效手段

高校意识形态教育的关键是要聚焦青年学生积极向上的价值取向的确立和坚定正确的政治信仰的塑造。新时代,由于大学生"自我中心"的个体意识较为强烈,因此他们更注重关注相互之间的平等对话。他们作为学习的主体,更会立足自身的立场与价值判断,对教育内容进行主动判断和选择。因此,课程思政建设的有效手段只能是教师主导地位前提下的真诚对话。

1. 思想就其本质来说是对话性的

当今大学生都具有"前见",有自己的"信息茧房",每一个体都具有丰富的内在心理结构,都形成了一个完整的主观世界,每个人都带着自己的"真理"、自己的生活立场;但从根本上说,大学生也会按照真善美的规律来规划自己的生活,也会追求高尚和解放。并且,从认知心理学的角度看,价值观是生成性、进化性的;从感性到知性再到理性,"只有通过交流,人的生活才具有意义。只有通过学生思考的真实性,才能证实教师思考的真实性"[73]。对话式教学的双方主体基于各自既有的"认知结构"——某一价值观念和价值信仰——积极展现自己的思想认知,通过追问、切磋、研讨、辨析等思想砥砺和理性沟通而形成某种价值观念和价值信仰的体认和感悟,达成一种理解基础上的"视界融合",即形成共识。对话不只是言语上的交流,更是情感体验和理性认知的分享。其本质是学生通过对话交流获取新的信息以修正自己内化空间,从而达到意识形态教育的目的。对话式教学的目的就是要将教师和学生从"驯化式教育"的教学模式中解放出来,它具有从"消极"转向"积极"的价值取向,体现和渗透着以生为本的伦理理念。对话式教学既具有工具性价值,又具有目的性价值。它是一种富有"道德性"的教学策略。

2. 对话式教学的对话,是教师主导地位前提下的对话

语言是思想的实践、价值的载体。在课程思政教育教学实践中,教师开展对话式教学的目的是借助语言符号和言语交流,用情感及其所裹挟的逻辑力量,将马克思主义意识形态的思想内涵融入其思想认识,引导学生价值认同、确证观念、坚守观念、建构意义,并在这个基础上,使学生确定思想和行动上的有效原则或目标,形成马克思主义的信仰。因此,在对话式教学中,教师的主导地位不能削弱。

3. 对话式教学要以诚恳和尊重为前提

不同于虚伪的客套、争吵和诡辩,"坚持原则,尊重不同"是对话的前提;"基于情感,秉持理性"是对话的方法;"澄清认识,确立信念"是对话的目的。对话式教

学表达的是个人的真实认识和观点,关注的是个体在现实中的被承认。对话双方只有真诚、真实和相互尊重,才会有真正的对话和沟通,才会走向"视域融合",才会形成统一的认知目标。

　　课堂教学是高校教育教学最基本的组织形式,是高校师生互动交流的主要平台,具有信息传递量大、知识传授系统全面等优势,是大学生学习知识和技能的主要渠道,自然也是高校开展思想政治工作的主渠道。在课堂上,教师能够及时了解学生思想状况、成长需求和期待,从而增强高校思想政治教育的针对性,同时,学生时刻接受教师的政治素养、道德修养等个人魅力"潜移默化"的感染和影响,这比灌输式的理论教育更深刻、更有效。毛泽东在《关于正确处理人民内部矛盾的问题》中明确提出,"我们不能用行政命令去消灭宗教,不能强制人们不信教。不能强制人们放弃唯心主义,也不能强制人们相信马克思主义"。2019 年 3 月 18 日,习近平总书记在学校思想政治理论课教师座谈会上进一步强调,思想政治理论课教师要创新课堂教学,给学生深刻的学习体验;思想政治理论课改革创新要坚持教师的主导性和学生的主体性相统一,运用小组研学、情景展示、课题研讨、课堂辩论等方式教学,让学生来讲,发挥学生主体性作用[74]。同时,以往经验证明,外在强制性"灌输"的意识形态教育必然只能获得人们表面的消极赞同,而不是积极的内在认同,更谈不上在现实生活中践行。也就是说,意识形态教育不能是干瘪空洞的理论说教,更不能是高高在上的道德训诫。空洞的意识形态话语灌输,可能也很艰辛,但因其机械的形而上学性,必然导致本质上教师和学生共同话语的缺失,学生在意识形态教育话语空间中的"缺场",使思想政治的理论教育话语意义式微。

　　在课程思政教育教学实践中,实施"教师主导地位前提下的尊重与对话",最为关键的是要做到两点。一是在马克思主义意识形态的教育教学中,师生都应秉持"批判性"思维:双方都应对"对话"中观点追问"为什么";二是双方对"为什么"的论证应从"实然"和"应然"两个方面思考:"实然"状况怎样? 为什么会出现这种状况?"应然"应该是怎样的? 为什么应该是这样的"应然"? 这样的"对话式"阐释才是"应然"与"实然"的统一,双方才能达到对命题的理性认知基础上的认同。

第二节　明确课程思政建设的内容重点

　　站在新时代的历史方位,着眼中华民族伟大复兴的时代诉求、办好人民满意的教育的发展要求、培养德智体美劳全面发展的社会主义建设者和接班人的现实需求，全面推进课程思政建设，"要紧紧围绕坚定学生理想信念，以爱党、爱国、爱社会主义、爱人民、爱集体为主线，围绕政治认同、家国情怀、文化素养、宪法法治意识、道德修养等重点优化课程思政内容供给，系统进行中国特色社会主义和中国梦教育、社会主义核心价值观教育、法治教育、劳动教育、心理健康教育、中华优秀传统文化教育"[4]。以政治引导、思想引领、道德熏陶等为重点内容全面推进课程思政建设。

一、政治引导

习近平总书记在学校思想政治理论课教师座谈会上指出："政治引导是思政课的基本功能。"[74]政治引导也是课程思政建设的首要核心内容。"对大学生进行政治引导，就是教育引导他们以马克思主义为根本立场去观察、分析政治问题和处理政治关系，从而保障我国的意识形态安全。政治引导是大学生思想政治教育的核心内容。"[75]牢牢把握正确政治方向，才能确保社会主义办学方向不动摇。新时代，坚持政治引导，就是要坚持不懈用习近平新时代中国特色社会主义思想铸魂育人，引导学生了解世情国情党情民情，增强对党的创新理论的政治认同、思想认同、理论认同、情感认同，坚持中国特色社会主义道路自信、理论自信、制度自信、文化自信。

1.世情国情党情民情教育

党的二十大报告指出："青年强，则国家强。当代中国青年生逢其时，施展才干的舞台无比广阔，实现梦想的前景无比光明。"[43]58其中的"时"是什么样的"时"？"舞台"是什么样的"舞台"？准确认识和善于把握"时"与"势"，是实现梦想的基础前提。毛泽东曾指出，"中国革命斗争的胜利要靠中国同志了解中国情况"，新时代新征程，要取得"以中国式现代化全面推进中华民族伟大复兴"的伟大胜利，同样需要青年大学生"了解中国情况"——了解世情国情党情民情。

新时代高校课程思政建设就是要寻找专业知识教育与世情国情党情民情教育的契合点，深入挖掘专业知识蕴含的思政元素，润物无声地引导学生深入了解"世界怎么了""人类向何处去"的时代之题，准确把握新时代的历史方位和我国社会主要矛盾的变化，正确认识新时代以来党情的变化、党领导人民取得的历史性成就，以及发生的历史性变革，全面把握人民对美好生活的追求，深刻领悟"我们怎么办"的中国方案、中国智慧、大国担当。

2.政治立场和政治认同教育

高校课程思政建设的内容须在事关办学方向的问题上站稳立场。立场问题，是根本性问题，决定人们思维与实践活动的方向，甚至决定个人、社会、国家的前途命运，站稳教育的政治立场、坚持社会主义办学方向是高校课程思政建设价值目标的起点。在新形势下，坚持社会主义办学方向面临新挑战，国内外各种敌对势力总是企图让我们丢掉对马克思主义的信仰，丢掉对社会主义、共产主义的信念。"我们有些人甚至党内有的同志却没有看清这里面暗藏的玄机，认为西方'普世价值'经过了几百年，为什么不能认同？西方一些政治话语为什么不能借用？接受了我们也不会有什么大的损失，为什么非要拧着来？有的人奉西方理论、西方话语为金科玉律，不知不觉成了西方资本主义意识形态的吹鼓手。"[76]西方的错误思潮一定程度上使一些人在社会主义办学方向上出现了认识模糊。为此，习近平总书记多次强调必须在事关办学方向的问题上站稳立场，我国是中国共产党领导的社会主义国家，我们办的是社会主义教育，要坚持以马克思主义为指导，坚持社会主义办学方向。在这个问题上，我们必须头脑清醒、立场坚定、态度鲜明，不能有丝毫含糊。高校课程思政建设要以"四为服务"为指导编写人才培养方案、教材、教学计划、教案和考核标准。

高校课程思政建设内容须有助于增强政治认同。政治认同是指"人们在社会政治生活中产生的一种感情和意识上的归属感。它与人们的心理活动有密切的关系。人们在一定社会中生活，总要在一定的社会联系中确定自己的身份，如把自己看作是某一政党的党员、某一阶级的成员、某一政治过程的参与者或某一政治信念的追求者等等，并自觉地以组织及过程的要求来规范自己的政治行为"[77]。政治认同，最基本的是对中国特色社会主义的认同，最核心的是对中国共产党领导的认同，最根本的是对人民立场的认同。对中国特色社会主义的认同，就是要认同中国特色社会主义的道路、理论、制度、文化；对中国共产党领导的认同，就是要认同马克思主义信仰，增强对马克思主义理论尤其是对马克思主义中国化时代化理论成果的认同，发自内心地认同习近平新时代中国特色社会主义思想的政治立场、政治价值，深刻领悟"两个确立"的决定性意义，树牢"四个意识"，坚定"四个自信"，做到"两个维护"；对人民立场的认同，就是要坚持发展为了人民、发展依靠人民、发展的成果人民共享的唯物史观。学生的政治认同素养对其政治观念的树立具有直接影响，关乎其理想信念的确立和未来成长的方向。"高校大学生的政治认同程度，直接反映出国家政治体系的发展水平。因此，做好高校政治认同教育显得异常重要。"[78]

3.家国情怀教育

人的一生不能没有情怀，最大的情怀就是家国情怀。"家国情怀，是个人对家国的归属情结、情感认同和自觉担当,是一种深层的文化心理密码,是个人与国家休戚与共的格局和气质,是对国家和民族的忠诚与贡献。"[79]中华民族历来崇尚家国大义,国家与家庭、社会与个人是密不可分的整体。孟子曾言:"天下之本在国,国之本在家,家之本在身。"千百年来,家国观念始终流淌在中华儿女的血脉之中,是中华民族代代相传的精神基因。家国情怀,是中华儿女对家国最真挚的情感认同,是中华儿女将个人命运融入国家命运的赤胆忠诚,也是中华民族能够在一次次危难中屹立不败的精神动力。霍去病、岳飞、辛弃疾、文天祥、林则徐、周恩来、钱学森、黄旭华等无数优秀中华儿女,用他们深厚的家国情怀,以忠诚和担当、智慧和才能、奉献和牺牲,谱写了中华民族爱国主义的恢宏篇章和壮丽史诗。作为中华优秀传统文化的基本内涵之一,家国情怀始终贯穿中华民族的文明进程。如今,中华民族迎来了伟大复兴的光明前景。我们必须以深厚的家国情怀为根基,砥砺敢为人先的创新精神,不断提升实现中华民族伟大复兴的责任感与使命感。

弘扬爱国精神,厚植家国情怀是新时代高校课程思政建设的重要内容。新时代的家国情怀教育就是要引导学生爱党、爱国、爱社会主义、爱人民、爱集体,传承家国天下的精神基因、维系家国一体的情感纽带、秉持家国共兴的价值追求,其核心要义是以爱国主义为精神内核,提倡爱家爱国相统一;以家庭建设为重要基点,注重家庭家风家教;以人民至上为价值指向,倡导为国担当、为民奋斗精神。高校全面推进课程思政建设,要将中华优秀传统文化、革命英雄故事、科学家故事、习近平总书记的为民情怀等案例,融入专业课程中,开展爱国主义教育、优良家风教育,引导大学生厚植家国情怀、践行使命担当。

二、思想引领

清代袁枚在《续诗品·尚识》中指出:"学如弓弩,才如箭镞。识以领之,方能中鹄。"意思是说学问的根基犹如弓弩,才华犹如箭头,还要有洞见的引领,箭才能射中目标。由此可见思想引领的重要性。思想是行动的先导,从一定意义来看,个体的行为是在一定思想的指导下发生的,大学生的思想观念,直接影响其行为。在庆祝中国共产主义青年团成立 100 周年大会上,习近平总书记号召,"新时代的广大共青团员,要做理想远大、信念坚定的模范,带头学习马克思主义理论,树立共产主义远大理想和中国特色社会主义共同理想,自觉践行社会主义核心价值观,大力弘扬爱国主义精神"[80]。为此,新时代高校课程思政建设需着力对大学生进行思想引领,坚持马克思主义的指导地位,将理想信念教育、中华优秀传统文化教育、宪法法治教育等寓于知识传授和能力培养之中,使学生在获得专业知识和提升专业技能的基础上,坚定理想信念,传承发展中华优秀传统文化,树立法治意识。

1.马克思主义理论教育

党的二十大报告指出:"马克思主义是我们立党立国、兴党兴国的根本指导思想。实践告诉我们,中国共产党为什么能,中国特色社会主义为什么好,归根到底是马克思主义行,是中国化时代化的马克思主义行。拥有马克思主义科学理论指导是我们党坚定信仰信念、把握历史主动的根本所在。"[43]14

一方面,高校课程思政建设要坚持以马克思主义为指导。"问题之研究,须以学理为根据。因此在各种问题研究之先,须为各种主义之研究。"[81] "一个试图逃避意识形态教化的人只可能是自然存在物,而不可能是社会存在物,也就是说,掌握一种意识形态正是人们在任何特定的社会中从事任何实践活动的前提。"[82] 并且历史经验证明,一个国家或民族如果失去统一的价值目标,这个民族和其民众就会丧失共同的理想、信念和精神凝聚力。因为,"如果一个社会政治体系不能争取人们信仰某些原则、观点、共同关心的事情,甚至信仰某些联结一个民族的神话,那么这个社会政治体系就不能巩固它的基础"[83]。有什么样的课程理念,就有什么样的课程设计与实施,也就有什么样的课程效能,因此,科学合理的课程理念至关重要。我国是中国共产党领导的社会主义国家,马克思主义是我国大学最鲜亮的底色,也是我国教育改革发展的旗帜和灵魂。社会主义教育必须坚持以马克思主义为指导。否则,我们的教育就会失去灵魂、迷失方向。2016年,习近平总书记在哲学社会科学工作座谈会上明确指出:"坚持以马克思主义为指导,是当代中国哲学社会科学区别于其他哲学社会科学的根本标志,必须旗帜鲜明加以坚持。"[69] 不仅哲学社会科学要坚持以马克思主义为指导,各门各类课程都要毫不动摇地坚持以马克思主义为指导。新时代高校课程思政建设就要用马克思主义的"识"去辨别和引领各专业理论的"知"。各高校要在保证课程学术深度的基础上,彰显其鲜明的意识形态底色,引导学生加深对中国语境下的学科特色的把握、理解和认同。

另一方面,高校课程思政建设要坚持不懈传播马克思主义科学理论。习近平总书记曾一针见血地指出,在对待坚持以马克思主义为指导的问题上,社会上也存在一些模糊甚至错误的认识。有的认为马克思主义已经过时,中国现在搞的不是马克思主义;有的说马克思主义只是一种意识形态说教,没有学术上的学理性和系统性。实际工作中,在有的领域中马克思主义被边缘化、空泛化、标签化,在一些学科中"失语"、教材中"失踪"、论坛上"失声"。为此,他提出,"坚持以马克思主义为指导,首先要解决真懂真信的问题"[69],我们的高校"要坚持不懈传播马克思主义科学理论,抓好马克思主义理论教育,为学生一生成长奠定科学的思想基础"[49]。只有真正弄懂了马克思主义,才能真正信仰马克思主义。开展课程思政建设的教师,要加强对马克思主义理论的学习,认真学习马克思主义经典著作,原原本本学、全面系统学、联系实际学、融会贯通学,真正弄懂学通马克思主义的立场观点方法。并在真懂真信的基础上积极主动自觉传播马克思主义,抓好马克思主义理论教育,深化学生对马克思主义历史必然性和科学真理性、理论意义和现实意义的认识,教育他们学会运用马克思主义立场观点方法观察世界、分析世界,真正搞懂我们面临的时代课题,深刻把握世界发展走向,认清中国和世界发展大势,让学生深刻感悟马克思主义的真理力量,进而真懂真信真用马克思主义,用马克思主义这一科学理论去抵御各种错误思潮的侵蚀。

习近平新时代中国特色社会主义思想是当代中国马克思主义、21世纪马克思主义,是中华文化和中国精神的时代精华。推进习近平新时代中国特色社会主义思想进教材进课堂进头脑,不仅是思想政治理论课教育教学的重要任务,也是课程思政教育教学的主要内容,教师要引导学生深入系统学、及时跟进学,把握好习近平新时代中国特色社会主义思想的世界观和方法论,坚持好、运用好贯穿其中的立场观点方法,做到学思用贯通、知信行统一。

2. 理想信念教育

理想信念是人的"精神之钙",是中国共产党人的精神支柱和政治灵魂。2012年,习近平总书记在十八届中共中央政治局第一次集体学习时指出:"坚定理想信念,坚守共产党人精神追求,始终是共产党人安身立命的根本。对马克思主义的信仰,对社会主义和共产主义的信念,是共产党人的政治灵魂,是共产党人经受住任何考验的精神支柱。形象地说,理想信念就是共产党人精神上的'钙',没有理想信念,理想信念不坚定,精神上就会'缺钙',就会得'软骨病'。"[84]2013年,习近平总书记在同各界优秀青年代表座谈时指出,"理想指引人生方向,信念决定事业成败。没有理想信念,就会导致精神上'缺钙'"[85]。心中有信仰,脚下有力量。崇高的理想,坚定的信念,永远是共产党人最强大的精神力量。"如果没有这么一批勇往直前、舍生忘死的红军将士,红军怎么可能冲出敌人的封锁线,而且冲出去付出了那么大的牺牲,还没有溃散。靠的是什么?靠的正是理想信念的力量!"[86]理想信念之火一经点燃,就永远不会熄灭。在中央苏区建立和长征途中,党和红军就是依靠坚定的理想信念和坚强的革命意志,一次次绝境重生,愈挫愈勇,最后取得了胜利,创造了难以置信的奇迹。今天,在新长征路上,我们要战胜来自国内外的各种重大风险挑战,夺取中国特色社会主义新胜利,依然要靠全党全国人民坚定的理想信念和坚强的革命意志。

　　青年的理想信念关乎国家未来。青年理想远大、信念坚定，是一个国家、一个民族无坚不摧的前进动力。"历史和现实都告诉我们，青年一代有理想、有担当，国家就有前途，民族就有希望，实现我们的发展目标就有源源不断的强大力量。"[85]一百多年前，一群觉醒年代的青年先进分子选择了马克思主义作为自己的信仰，选择了共产主义作为自己的远大理想，创建了中国共产党；一百多年来，在伟大建党精神的感召下，无数青年把人生理想融入国家和民族的事业中，将芳华绽放在民族独立、人民解放、卫国戍边、科研攻关、脱贫攻坚、抗疫救灾等祖国和人民最需要的每一个地方，谱写着不愧于时代、不愧于人民的青春华章。"青年的人生之路很长，前进途中，有平川也有高山，有缓流也有险滩，有丽日也有风雨，有喜悦也有哀伤。心中有阳光，脚下有力量，为了理想能坚持、不懈怠，才能创造无愧于时代的人生。"[87]新时代的中国青年要树立对马克思主义的信仰、对中国特色社会主义的信念、对中华民族伟大复兴中国梦的信心，到人民群众中去，到新时代新天地中去，让理想信念在创业奋斗中升华，让青春在创新创造中闪光。

　　加强理想信念教育是新时代高校课程思政建设的重要内容。在2018年全国宣传思想工作会议上，习近平总书记强调，培养担当民族复兴大任的时代新人，重中之重是要以坚定的理想信念筑牢精神之基，坚定对马克思主义的信仰，对社会主义和共产主义的信念，对中国特色社会主义道路、理论、制度、文化的自信。高校课程思政建设要立足专业，结合学科、专业和特色，从专业的历史沿革、现状陈述、前沿探寻的讲解中，从中国近现代史、中国革命史、中国共产党党史、改革开放史、中华民族发展史等教育教学中，教育引导大学生树立正确的世界观、人生观、价值观，坚定对马克思主义的信仰、对共产主义的信念和对中国特色社会主义的信心，牢固树立与时代主题同心同向的理想信念，志存高远，脚踏实地，勇做时代的弄潮儿，将人生理想融入国家和民族复兴伟大事业中，将道德品质追求与理想信念转化为具体行动，在实现中国梦的生动实践中放飞青春梦想，在为人民利益的不懈奋斗中书写人生华章。

3.中华优秀传统文化教育

　　中国文化源远流长，中华文明博大精深。中华优秀传统文化是中华民族的"根"和"魂"，代表中华民族的基因，根植在中国人内心，潜移默化影响着中国人的思想方式和行为方式，是中华民族的宝贵精神财富。党的二十大报告指出："中华优秀传统文化源远流长、博大精深，是中华文明的智慧结晶，其中蕴含的天下为公、民为邦本、为政以德、革故鼎新、任人唯贤、天人合一、自强不息、厚德载物、讲信修睦、亲仁善邻等，是中国人民在长期生产生活中积累的宇宙观、天下观、社会观、道德观的重要体现,同科学社会主义价值观主张具有高度契合性。"[43]15 2023年6月,在文化传承发展座谈会上,习近平总书记进一步指出,中华优秀传统文化有很多重要元素,共同塑造出中华文明的连续性、创新性、统一性、包容性、和平性等突出特性。在新的历史起点上,建设文化强国,建设社会主义现代文明,就要坚定文化自信、秉持开放包容、坚持守正创新,坚持马克思主义中国化时代化,传承发展中华优秀传统文化,不断培育和创造新时代中国特色社会主义文化。中华民族几千年来形成的博大精深的优秀传统文化,我们党带领人民在革命、建设、改革过程中锻造的革命文化和社会主义先进文化,都为课程思政建设提供了深厚力量。

加强新时代大学生对中华优秀传统文化认知和理解,既是当务之急,也是百年大计。深入学习贯彻习近平总书记关于弘扬中华优秀传统文化的重要论述,对我们落实立德树人的根本任务,引导青年学生增强文化自信,传承和发展中华文脉、提升文化素养、保证国家文化安全、维护和提升国家文化软实力都具有关键的战略意义和深远的时代价值。2013年,习近平总书记在中央党校建校80周年庆祝大会暨2013年春季学期开学典礼上指出:"中国传统文化博大精深,学习和掌握其中的各种思想精华,对树立正确的世界观、人生观、价值观很有益处。古人所说的'先天下之忧而忧,后天下之乐而乐'的政治抱负,'位卑未敢忘忧国'、'苟利国家生死以,岂因祸福避趋之'的报国情怀,'富贵不能淫,贫贱不能移,威武不能屈'的浩然正气,'人生自古谁无死,留取丹心照汗青'、'鞠躬尽瘁,死而后已'的献身精神等,都体现了中华民族的优秀传统文化和民族精神,我们都应该继承和发扬。"[88] 2021年,习近平总书记在清华大学考察时强调,广大青年要"自觉用中华优秀传统文化、革命文化、社会主义先进文化培根铸魂、启智润心,加强道德修养,明辨是非曲直,增强自我定力,矢志追求更有高度、更有境界、更有品位的人生"[89]。新时代高校课程思政建设要结合学科、专业和课程特点,大力弘扬以爱国主义为核心的民族精神和以改革创新为核心的时代精神,教育引导学生深刻理解中华优秀传统文化中讲仁爱、重民本、守诚信、崇正义、尚和合、求大同的思想精华和时代价值,教育引导学生传承中华文脉,富有中国心、饱含中国情、充满中国味,使学生从身体感官到思想意识都感受到中华优秀传统文化无上的凝聚力和独特的延续力,深刻领悟其内在的思想精髓,增强文化自觉、坚定文化自信,促进中华优秀传统文化创造性转化、创新性发展。

4. 宪法法治教育

"坚持全面依法治国"是习近平新时代中国特色社会主义思想的基本方略之一。党的二十大报告指出:"全面依法治国是国家治理的一场深刻革命,关系党执政兴国,关系人民幸福安康,关系党和国家长治久安。必须更好发挥法治固根本、稳预期、利长远的保障作用,在法治轨道上全面建设社会主义现代化国家。"[43]33 全面依法治国建设需要深入开展法治宣传教育,增强全民法治观念,弘扬社会主义法治精神,传承中华优秀传统法律文化,引导全体人民做社会主义法治的忠实崇尚者、自觉遵守者、坚定捍卫者,努力使尊法学法守法用法在全社会蔚然成风。

青年的法治观念和法治意识直接影响着全面依法治国的实现成效以及国家未来社会的法治水平。高校培养的人才最终要融入社会,为国家经济社会发展做贡献,而遵纪守法的公民才能够为社会发展和民族进步贡献更多积极的力量。同时,大学生守法意识的提升,可以降低大学生的犯罪率,也为其日后走入社会奠定了良好的基础。党的十八大以来,习近平总书记深切关注青年法治思维和法治意识的教育,并寄语广大青年"从现在起就应该形成良好的思想政治素质、道德素质、法治素质",法学专业广大学生要"德法兼修、明法笃行,打牢法学知识功底,加强道德养成,培养法治精神,而且一辈子都坚守,努力用一生来追求自己的理想"[90]。2020年11月,习近平总书记在中央全面依法治国工作会议上强调,"特别是要加强青少年法治教育,不断提升全体公民法治意识和法治素养,使法治成为社会共识和基本准则"[91]。

以习近平法治思想为指导加强大学生法治教育是新时代高校课程思政建设的重要内容。课程思政教师要充分挖掘专业知识所蕴含的宪法法治元素,通过知识传授和能力培养,教育引导学生学思践悟习近平法治思想,深化对法治理念、法治原则、重要法律概念的认知,提高运用法治思维和法治方式维护自身权利、参与社会公共事务、化解矛盾纠纷的意识和能力,牢固树立法治观念,坚定走中国特色社会主义法治道路的理想和信念。例如在计算机专业专业课程教学中,教师在讲授专业知识的同时,要强调网络安全法律法规的要求,告诫学生利用所学知识窃取个人信息、商业机密,利用网络"翻墙"危害国家安全、泄露国家机密都是严重的违法行为。

三、道德熏陶

人才培养是育人和育才相统一的过程,而育人是本。育人的根本在于育德。新时代高校课程思政建设,不仅要传授知识,更要开展道德教育。要把立德树人贯穿教育教学全过程,开展社会主义核心价值观教育、科学技术伦理教育,以及科学家精神、劳动精神、劳模精神和工匠精神等教育,把其中蕴含的社会公德、职业道德、家庭美德、个人品德等元素渗透到专业课程中,实现知识教育与道德熏陶相融合,真正做到以文化人、以德育人,引导学生锤炼品德修为,培育践行社会主义核心价值观,遵守伦理规范、弘扬科学家精神、劳动精神、劳模精神和工匠精神,做到明大德、守公德、严私德。

1. 社会主义核心价值观教育

社会主义核心价值观是一种德。2014年,习近平总书记在北京大学师生座谈会上提出,"核心价值观,其实就是一种德,既是个人的德,也是一种大德,就是国家的德、社会的德"[92]。核心价值观是一种德,引领着当今社会的道德建设。社会主义核心价值观是人们对社会主义价值最根本的看法和观点,是具有社会主义性质的道德。它阐明的是社会主义国家、社会、公民三个层面的价值目标和行为准则,涵盖了社会公德、职业道德、家庭美德和个人品德等,回答了我们要建设什么样的国家、建设什么样的社会、培育什么样的公民的重大问题。社会主义核心价值观是立足时代的概括和提炼,是新时代我国道德体系之本、之纲,是一种引领国家、社会、公民方向之德,是一种汇聚引领民族精神和时代精神之德,是一种当今中国普遍呼唤之德。

社会主义核心价值观是立国之基、民族之魂。核心价值观承载着一个民族、一个国家的精神追求,体现着一个社会评判是非曲直的价值标准。习近平总书记曾明确指出,"如果一个民族、一个国家没有共同的核心价值观,莫衷一是,行无依归,那这个民族、这个国家就无法前进。这样的情形,在我国历史上,在当今世界上,都屡见不鲜"[92]。社会主义核心价值观是当代中国精神的集中体现,凝结着全体人民共同的价值追求。培育和弘扬社会主义核心价值观,有效整合社会意识,是凝魂聚气、强基固本的基础工程,是社会系统得以正常运转、社会秩序得以有效维护的重要途径,也是国家治理体系和治理能力的重要方面[93]。

教育引导是培育和践行社会主义核心价值观的基本途径。教育是塑造灵魂、塑造生命和塑造人的工作,任何教育都内在地具有价值观引领作用。将社会主义核心价值观贯穿各类课程教育教学全过程,体现了新时代中国特色社会主义教育的本质要求,也从价值观角度回答了培养什么人、怎样培养人、为谁培养人这个根本问题。2014年五四青年节,习近平总书记在北京大学师生座谈会上专门向广大青年系统阐释了社会主义核心价值观,用"扣扣子"的比喻形象生动地说明了青年时期养成正确价值观的极端重要性。他说:"我为什么要对青年讲讲社会主义核心价值观这个问题?是因为青年的价值取向决定了未来整个社会的价值取向,而青年又处在价值观形成和确立的时期,抓好这一时期的价值观养成十分重要。这就像穿衣服扣扣子一样,如果第一粒扣子扣错了,剩余的扣子都会扣错。人生的扣子从一开始就要扣好。"[92]2022年,习近平总书记在党的二十大开幕会上提出,要广泛践行社会主义核心价值观，"用社会主义核心价值观铸魂育人，完善思想政治工作体系"[43]36；2023年，习近平总书记在中共中央政治局第五次集体学习时再次强调，"要坚持不懈用新时代中国特色社会主义思想铸魂育人，着力加强社会主义核心价值观教育，引导学生树立坚定的理想信念，永远听党话、跟党走，矢志奉献国家和人民"[7]。

社会主义核心价值观的培育和践行是一个长期的系统工程。毋庸置疑，思政课程是大学生接受社会主义核心价值观教育的主阵地，而其他各门各类课程也是大学生接受社会主义核心价值观教育的重要场域。新时代高校课程思政建设就是要找准本学科、本专业、本课程的知识与社会主义核心价值观的联结点，将社会主义核心价值观与专业课程教育教学的重难点结合起来，教育引导学生把国家、社会、公民的价值要求融为一体，提高个人的爱国、敬业、诚信、友善修养，自觉把小我融入大我，不断追求国家的富强、民主、文明、和谐和社会的自由、平等、公正、法治，将社会主义核心价值观内化为精神追求、外化为自觉行动，使社会主义核心价值观成为自己的基本遵循，并身体力行大力将其推广到全社会去，为实现国家富强、民族振兴、人民幸福的中国梦凝聚强大的青春力量。

2.科学技术伦理教育

科技是第一生产力。科学和技术是人类社会进步的伟大历史杠杆，是推动社会历史进步的最伟大的革命力量。马克思和恩格斯对科学技术的伟大作用曾做过精辟而形象的概括，认为科技是人类文明发展的精神成果，是"现代自然科学和现代工业一起对整个自然界进行了革命改造，结束了人们对自然界的幼稚态度以及其他幼稚行为"[94]。"劳动生产力是随着科学和技术的不断进步而不断发展的"[95]。人为了生存和发展，不可避免地需要生产出自身生存和发展所必需的器具。也正是因此，德国技术哲学家弗里德里希·拉普曾经说："人按其生物学本性离不开技术活动，他总是干预这些有机界过程，根据自己的目标来改变它们。"[96]统观人类社会发展的历史，可以看到：正是人类对自然持续不断的科学认识和技术运作，使人类摆脱了自然的束缚，从自然的禁锢、物质的匮乏之下解放出来，推动了人类社会进步和文明发展。18世纪中叶到19世纪中叶，首先在英国，继之在德国、美国爆发了工业革命，这是以技术革命为中心内容的一场巨大的社会变革，它迎来了人类发展史上的一个崭新的时代——机器大工业时代。工业革命极大地提高了社会生产力的同时，也提高了人类征服自然和改造自然的能力。人们凭借现代科学技术创造了自然界中原本不存在的事物，极大地满足了人们的物质需求，使人类社会实现了从农业社会到工业社会、再到现当代信息社会的进步。这不仅使人们的物质生活水平得到了极大提高,而且实现了用机器系统取代人的直接操作,控制生产以一定方式进行,实现了生产的自动化。凭仗技术的发展,人类走上了从人手到人脑的解放之路。工业发展和技术进步是社会发展的强大动力,科学技术发展使人们从自然的奴役状态下解放了出来,在一定程度上给人类带来前所未有的自由。也因此,科学技术是人的本质不断丰富的必然形式,人被技术物取代的过程,就是自我超越、自我解放不断进步的过程。所以,某种意义上说,科学技术是人类提升自我的必然选择,也正是科学技术的进步推动了人类的整体提升,没有科学技术的发展就没有现代的人类文明和社会进步。

科学技术是一把"双刃剑"。科学技术在推动人类社会进步和文明发展的同时,也给人类带来了威胁和挑战。正如马克思所说,"在我们这个时代,每一种事物好像都包含有自己的反面。我们看到,机器具有减少人类劳动和使劳动更有成效的神奇力量,然而却引起了饥饿和过度的疲劳","技术的胜利,似乎是以道德的败坏为代价换来的。随着人类愈益控制自然,个人却似乎愈益成为别人的奴隶或自身的卑劣行为的奴隶"[97]。一方面,科学技术可以用来为人类造福。2014 年,习近平总书记在联合国教科文组织总部的演讲中说道:"我们要大力发展科技事业,通过科技进步和创新,认识自我,认识世界,改造社会,使人们在持续的天工开物中更好掌握科技知识和技能,让科技为人类造福。"[98]2016 年,习近平总书记进一步指出,"科技是国之利器,国家赖之以强,企业赖之以赢,人民生活赖之以好。中国要强,中国人民生活要好,必须有强大科技","要依靠科技创新建设低成本、广覆盖、高质量的公共服务体系"[99],大力加强普惠和公共科技供给。但另一方面,若缺乏对科技研发及应用的规范和监管,则有可能衍生出复杂的道德风险,甚至挑战人类的伦理底线。例如因发明合成氨的方法而获得诺贝尔化学奖的德国化学家弗里茨·哈伯,曾在第一次世界大战期间亲赴前线,指挥德军一个工兵团,向英法军队投放了大量氯气,使英法联军中毒 1.5 万人,死亡 5000 人;之后,他又为德军生产了毒性更强的芥子气等毒气。他的行为受到了诸多科学家的谴责,甚至他的妻子克拉拉·伊梅瓦尔也因激烈反对其丈夫的残酷行为而含恨自尽。还有一些"科学家"出于功利主义,希望凭借"前所未有"的路径追求名利目标,如开展生殖细胞克隆实验等,毫不考虑由此可能导致的不良后果。一些违反人性的研究更是在"国家""公众"利益的遮盖下进行,如生化武器、大规模杀伤性武器的研制等。

科学技术与伦理密切相关。科学技术作为人类的活动和行为的一种重要方式,并不是发生在真空中,并不孤立于支持它们发展的人们,也不与应用它们成果的人们隔绝;同时,科学技术活动本身需要人与人之间的交流和合作。因此,科学技术是与伦理密切相关的。科学技术的伦理问题主要包括三个方面的内容:一是科学家的职业道德行为,即通常所说的科研诚信或科研道德;二是科学研究和技术发展带来的伦理问题,如人类胚胎干细胞实验研究、转基因作物的种植等,这些科学研究与技术发展不仅会对人体和环境健康带来风险,而且对社会的伦理观念提出了挑战;三是科学领域与其他领域的伦理冲突,例如,科学研究的公开性与商业领域保密性的冲突[100]。为避免或减少科学技术带来的伦理问题,就需要科学技术伦理、法律法规的约束。科学技术伦理是对科学技术活动的道德引导,是调节科技工作者相互之间、科技共同体与社会之间各种关系的道德原则、道德规范。现代科学技术的迅速发展给人类带来了巨大的福祉的同时,其本身所引发的伦理问题也不断凸显,因为"机器对社会的危险并非来自机器自身,而是来自使用机器的人"[101]。科学技术究竟是为人类开启了天堂之门还是凿通了地狱之路,关键在于掌握科学技术的人是否具有正确的专业伦理。随着科技实践活动的日益频繁,作为其行为主体的科技人员的价值观和伦理选择显得尤为重要,他们的科技实践不仅影响着现代科学技术的应用与发展,也承载着对人类未来命运的责任。因此,新时代高校课程思政建设要加强对大学生特别是理工科学生的科学技术伦理教育,教育引导学生要坚持科学技术发展的底线原则,即所有创新必须符合人类伦理道德,这既是前提,也是不可逾越的底线;要坚持科学技术发展的人民性,使科学技术造福人类,而不是对人类造成祸害。2022 年 3 月,中共中央办公厅、国务院办公厅印发《关于加强科技伦理治理的意见》,这是我国首个国家层面的科技伦理治理指导性文件。该文件要求"科技活动应坚持以人民为中心的发展思想,有利于促进经济发展、社会进步、民生改善和生态环境保护,不断增强人民获得感、幸福感、安全感,促进人类社会和平发展和可持续发展","科技活动应最大限度避免对人的生命安全、身体健康、精神和心理健康造成伤害或潜在威胁,尊重人格尊严和个人隐私,保障科技活动参与者的知情权和选择权。"文件还要求重视科学伦理教育,"将科技伦理教育作为相关专业学科本专科生、研究生教育的重要内容,鼓励高等学校开设科技伦理教育相关课程,教育青年学生树立正确的科技伦理意识,遵守科技伦理要求。"同时要抓好科技伦理宣传,"开展面向社会公众的科技伦理宣传,推动公众提升科技伦理意识,理性对待科技伦理问题"[102]。

3. 科学家精神教育

人无精神则不立,国无精神则不强。精神是一种内嵌着能动性、引领性和赋能性的思想力量,它可以转化为强大的物质力量。习近平总书记指出:"科学成就离不开精神支撑。科学家精神是科技工作者在长期科学实践中积累的宝贵精神财富。"[103]2019 年,中共中央办公厅、国务院办公厅印发《关于进一步弘扬科学家精神加强作风和学风建设的意见》，明确概括了科学家精神的丰富内涵：胸怀祖国、服务人民的爱国精神，勇攀高峰、敢为人先的创新精神，追求真理、严谨治学的求实精神，淡泊名利、潜心研究的奉献精神，集智攻关、团结协作的协同精神，甘为人梯、奖掖后学的育人精神[104]。

弘扬科学家精神是道德教育的重要内容。国际上，对拔尖人才的实证研究表明，具有胸怀祖国、服务人民的社会责任感是拔尖人才创造力的动力之源，真正的拔尖创新人才一定具备强烈的社会责任感。社会责任感帮助拔尖人才形成创造力所必需的心智基础。罗伯特·斯滕伯格和约瑟夫·仁祖利都强调拔尖人才的创造性行为不仅是新异的奇思妙想，而且为改造世界带来实质性的变革。斯坦伯格指出，与其说创造力是一种能力，不如说是一种决定：一个新奇点子的背后，往往是艰难而漫长的攻关挑战，因此创造力特质要求个体拥有克服障碍、承担合理风险、延迟满足的意愿，拥有容忍含糊的能力、自我效能感、热忱以及勇气。这一过程必然需要社会责任感的参与，因为具备高度社会责任感的拔尖人才以为他人、社会和国家创造价值为己任，这使他在积极履行责任的过程中产生持久的使命感、内驱力和任务承诺，以及"虽九死其犹未悔"的决心和勇气。拉什沃思·基德尔在研究中也发现，拥有道德勇气的拔尖人才具有思想独立、对模棱两可和个人损失高度容忍、接受延迟满足和简单的奖励，以及强大的毅力和决心等特质。因此，他们对人类、国家和社会抱有稳定的责任感，能够获得永久的热情，克服种种困难，产生持续性的创造性行为。并且，社会责任感作为社会公德的重要维度，也能够驱动拔尖人才产生自律性，使拔尖人才及时约束、检视和调整自己的行为，合理有效地规划时间、精力，实现有效的自我管理[105]。

新时代高校课程思政建设要大力弘扬科学家精神。1985年美国科学促进会提出的"2061计划"中建议，在专业学习过程中，教师要帮助学生了解专业领域发展史上具有划时代意义的科学事件和具有人格魅力及奋斗精神的科学家[106]。党的二十大报告也明确要求，"培育创新文化，弘扬科学家精神，涵养优良学风，营造创新氛围"[43]29。我国科技事业取得的历史性成就，是一代又一代矢志报国的科学家前赴后继、接续奋斗的结果。从李四光、钱学森、钱三强、邓稼先等一大批老一辈科学家，到陈景润、黄大年、南仁东等一大批新中国成立后成长起来的杰出科学家，他们都是爱国科学家的典范。新时代青年肩负实现中华民族伟大复兴的时代重任，必须继承和弘扬科学家精神。因此，高校课程思政建设要自觉挖掘、提炼、耦合学科知识与科学家精神的联系，从而有意识地将学科知识与科学家精神联系起来，教育引导学生秉持国家利益和人民利益至上的原则，继承和发扬老一辈科学家胸怀祖国、服务人民的优秀品质，树立敢于创造的雄心壮志，勇于攻坚克难、求真务实、锐意进取、追求卓越,挺膺担当、勤奋钻研,不慕虚荣、不计名利,把自己的科学追求融入全面建设社会主义现代化国家的伟大事业中。

4.劳模精神、劳动精神、工匠精神教育

弘扬劳模精神、劳动精神、工匠精神要以尊重劳动为前提。马克思指出:"任何一个民族,如果停止劳动,不用说一年,就是几个星期,也要灭亡。"[107]劳动,是一切幸福的源泉,一切成功的必经之路。人世间的美好梦想,只有通过诚实劳动才能实现;发展中的各种难题,只有通过诚实劳动才能破解;生命里的一切辉煌,只有通过诚实劳动才能铸就。人民创造历史,劳动开创未来。在当今,生产劳动不仅是人的本质力量的证明,使人的本质得到新的充实,而且是实现人的自身解放、自我创造与精神享受相统一的重要手段,可以让劳动者在独具匠心的产品创造中得到精神愉悦和自我肯定,产生"不为事役、不为物感"的生命体验。2020年,习近平总书记在全国劳动模范和先进工作者表彰大会上深刻揭示了劳模精神、劳动精神、工匠精神的科学内涵,他指出,"在长期实践中,我们培育形成了爱岗敬业、争创一流、艰苦奋斗、勇于创新、淡泊名利、甘于奉献的劳模精神,崇尚劳动、热爱劳动、辛勤劳动、诚实劳动的劳动精神,执着专注、精益求精、一丝不苟、追求卓越的工匠精神"[108],并多次号召广大劳动群众"大力弘扬劳模精神、劳动精神、工匠精神,诚实劳动、勤勉工作,锐意创新、敢为人先,依靠劳动创造扎实推进中国式现代化,在强国建设、民族复兴的新征程上充分发挥主力军作用"[109]。我们应牢记习近平总书记的系列重要讲话,弘扬劳动最光荣、劳动最崇高、劳动最伟大、劳动最美丽的社会风尚,促使全社会进一步形成崇尚劳动、尊重劳动者的良好氛围。

劳模精神、劳动精神、工匠精神蕴含着职业理想、职业精神和职业道德的崇高追求。劳模精神、劳动精神、工匠精神体现的是人们对职业的热爱和追求,彰显了社会对劳动的尊重,是一种更为广泛意义上的职业精神和工作伦理。以工匠精神为例,弘扬工匠精神有助于营造精益求精的敬业风气,强化个体奉献社会的责任感。工匠精神属于个体在当前工作中所持有的特定工作价值观,工匠精神中所具有的笃定执着与精益求精的特性,能够促使个体表现出主动性行为的内在动机;工匠精神有助于个体在工作中形成高度的责任心,内蕴着淡泊名利、甘于奉献、艰苦奋斗、攻坚克难的顽强力量和坚持精神。有研究表明,在责任心的驱使下,个体会更愿意承担风险,敢于挑战现状,并积极地做出改变。工匠精神所强调的个人成长、精益求精、珍视声誉会驱使个体追求高质量的工作成果和持续性的职业发展;工匠精神能够激发个体在工作中的使命感,发扬主人翁精神,是驱使员工表现出主动性行为的内在动力。工匠精神驱使个体在工作岗位中表现出"择一事终一生"的职业态度,这种态度进而会转化为其持续的工作动力。此外,这种工作动力有助于激发个体的主观能动性,使其在工作过程中能够更加积极地解决遇到的问题,寻找新的方法优化工作流程,进而快速完成任务并同时获得能力的提升[110]。

　　新时代高校课程思政建设要深入开展劳模精神、劳动精神、工匠精神教育。"教育、科技、人才是全面建设社会主义现代化国家的基础性、战略性支撑"[43]27-28,"努力培养造就更多大师、战略科学家、一流科技领军人才和创新团队、青年科技人才、卓越工程师、大国工匠、高技能人才。"[43]30无论是"中国制造",还是"中国创造",乃至"中国智造",既需要一支结构优化、素质过硬的产业工人队伍,也需要大规模布局合理、技艺精湛的技能人才,更需要一大批精益求精、追求卓越的大国工匠。然而,当前我国劳动者素质状况并不乐观,虽然我国现在的技能劳动者超过了 2 亿人,其中高技能人才超过了 6000 万人,为经济高质量发展提供了强有力的人力资源支撑。但是我们也要看到,适应新产业、新模式、新动能发展的数字型、创新型、复合型的高技能人才仍然稀缺。[111]为此,习近平总书记明确提出,"要实施职工素质建设工程,推动建设宏大的知识型、技术型、创新型劳动者大军","我们一定要深入实施科教兴国战略、人才强国战略、创新驱动发展战略,把提高职工队伍整体素质作为一项战略任务抓紧抓好"[112]。教育是提高人口素质的重要途径,2018 年,习近平总书记在全国教育大会上提出,"要在学生中弘扬劳动精神,教育引导学生崇尚劳动、尊重劳动,懂得劳动最光荣、劳动最崇高、劳动最伟大、劳动最美丽的道理,长大后能够辛勤劳动、诚实劳动、创造性劳动"[6]。2020 年,习近平总书记致信祝贺首届全国职业技能大赛举办时强调,"各级党委和政府要高度重视技能人才工作,大力弘扬劳模精神、劳动精神、工匠精神,激励更多劳动者特别是青年一代走技能成才、技能报国之路,培养更多高技能人才和大国工匠,为全面建设社会主义现代化国家提供有力人才保障"[113]。新时代高校课程思政建设,要充分挖掘一代代劳动模范、能工巧匠、大国工匠身上蕴藏的劳模精神、劳动精神和工匠精神,教育引导学生热爱劳动、尊重劳动、尊重创造,激发学生科技报国的家国情怀和使命担当,引导更多青年走上技能成才、技能报国之路,增强矢志创新的勇气、敢为人先的锐气、蓬勃向上的朝气,立足岗位积极奉献,在建设制造强国的新征程中建功立业、成就梦想。

第三节　做好课程思政元素的挖掘融入

　　2017 年,中共教育部党组颁布《高校思想政治工作质量提升工程实施纲要》明确提出,要"梳理各门专业课程所蕴含的思想政治教育元素";2019 年,习近平总书记在学校思想政治理论课教师座谈会上强调,"坚持显性教育和隐性教育相统一","我们办中国特色社会主义教育,就是要理直气壮开好思想政治理论课。同时,要挖掘其他课程和教学方式中蕴含的思想政治教育资源,实现全员全程全方位育人"[74]。2020 年,《高等学校课程思政建设指导纲要》再次强调,要"深入挖掘课程思政元素,有机融入课程教学,达到润物无声的育人效果"。可见,课程思政建设成效在很大程度上取决于课程思政元素挖掘与融入的成效。

一、课程思政元素的基本内涵

什么是"思政元素"? 思政元素承载着价值塑造的功能,识别并有针对性地挖掘各类课程中蕴含的思政元素是开展课程思政的前提和关键点。在精准识别"思政元素"的基础上,才能发挥课程思政铸魂育人的功能。

1.思政元素的内容丰富多维

从内容上看,思政元素的内容是丰富多维的。思政元素广泛存在于社会各个领域,高校各类课程中也蕴含着丰富的育人资源。高校课程门类众多,知识体系庞大,内容涉及面广,蕴含的思政元素具有广泛性、多样性、分散性。根据《高等学校课程思政建设指导纲要》中有关课程思政的建设内容要求,凡是"围绕坚定学生理想信念""围绕政治认同、家国情怀、文化素养、宪法法治意识、道德修养等重点优化课程思政内容供给",引领学生"爱党、爱国、爱社会主义、爱人民、爱集体","系统进行中国特色社会主义和中国梦教育、社会主义核心价值观教育、法治教育、劳动教育、心理健康教育、中华优秀传统文化教育",有利于培养有理想、有本领、有担当的时代新人的育人元素,都属于"思政元素"。

3.思政元素的形式显隐兼备

从形式上看,思政元素有的是显性存在、有的是隐性内蕴的。例如,高校思想政治理论课的思政元素就是显性存在的。在高校思想政治教育课程体系中,作为落实立德树人根本任务的关键课程,思想政治理论课处于核心位置,承载着系统开展马克思主义理论教育,系统进行中国特色社会主义和中国梦教育、社会主义核心价值观教育、法治教育、劳动教育、心理健康教育、中华优秀传统文化教育的任务,是高校开展思想政治教育的主渠道、主阵地,在培根铸魂方面有着不可替代的显性教育功能。相比而言,高等数学、大学物理、计算机科学与技术等专业课程属于非意识形态领域,其思政元素就隐藏在学科的发展史里,隐藏在对学科发展有杰出贡献的人物事迹里,隐藏在作品、产品和各项工程里。除专业课程外,思政元素还隐藏在高校校园文化、生活社区文化、校史资源和任课教师的人格魅力等资源中。因此,课程思政建设要坚持显性教育和隐性教育相统一,"既要有惊涛拍岸的声势,也要有润物无声的效果"。

3.思政元素的功能是价值引领

从功能上看,思政元素在课程思政教育教学中发挥价值引领作用。思政元素引领学生坚定理想理念,培育"爱党、爱国、爱社会主义、爱人民、爱集体"的家国情怀,帮助学生塑造正确的世界观、人生观、价值观。思政元素是有精神内涵和文化属性的思想性教育元素,具有一定的思想内涵,承载着共产主义理想理念的根本价值、中华优秀传统文化的品格基因、社会主义核心价值观的价值追求。因此,从理论上讲,一切蕴含在课程知识中的具有价值引领和品德培育功能的教育元素,一切与立德树人根本任务这一价值追求相统一的资源,都可以被视为"思政元素"。虽然思政元素内容丰富、专业课程独特多样,但是如果我们对这些思政元素进行综合分析,就会发现这些思政元素在价值属性和功能导向上,都是为了铸魂育人和培养德智体美劳全面发展的社会主义建设者和接班人。

二、挖掘课程思政元素的价值意蕴

为什么要挖掘课程思政元素?思政元素是课程思政的"魂",思政元素的挖掘是课程思政建设的关键环节。挖掘课程思政元素是回归课程育人价值的题中之义,是抓好后继有人根本大计的内在要求,是优化专业课堂体系的价值支撑。

1.挖掘思政元素是回归课程育人价值的题中之义

高校各门课程都具有育人功能。课程是知识传授的重要载体,课程育人就是通过课程内含的思政元素作用实现价值引领。知识是人类为了追求政治、道德、美学等方面的自由,在改造自然、改造社会的过程中不断发展和累积起来的"思想观念与理论集群"。"当知识为满足社会分工需要被划入不同学科领域,思想、道德、美学等元素自然而然进入了不同专业知识领域。"[114] 从这个角度看,虽然高校课程类型不同,但却无一例外内含育人属性和功能,都天然蕴含着真善美的元素。我国高校的社会主义办学方向规定了高校各类课程都蕴含社会主义意识形态的价值追求,其价值在于培育具有正确政治立场、价值取向的社会主义建设者和接班人。近代受科技工具主义和功利主义思潮的影响,高等教育工具理性凸显,具体表现为学科和专业分化越来越细。诚然,学科细化有助于学科研究纵深发展,但在一定程度上也造成了学科之间的割裂。学科间观点抵牾、效果抵消的现象时有发生,课程教学中重知识轻素质、重教书轻育人、重智育轻德育的现象也普遍存在，导致有些人误以为价值引领、人格塑造都是思想政治理论课的"责任田"。为打破这一割裂局面，破解思想政治理论课"孤岛"现象，高等教育需树立"大思政"协同育人理念，要坚持显性教育和隐性教育相统一，挖掘其他课程和教学方式中蕴含的思想政治教育资源，实现全员全程全方位育人。因此，要回归课程的育人价值，发挥课程育人功能，就需要对课程中的思政元素进行深入挖掘。如果缺乏思政元素，课程思政就会失去灵魂，立德树人的根本任务就难以实现。

2. 挖掘思政元素是抓好后继有人根本大计的内在要求

《中共中央关于党的百年奋斗重大成就和历史经验的决议》指出："党和人民事业发展需要一代代中国共产党人接续奋斗，必须抓好后继有人这个根本大计。"[115]105"后继有人"的"人"是指德智体美劳全面发展的社会主义建设者和接班人。一方面，有效挖掘思政元素是确保后继有人"社会主义"底色的内在要求。全面推进课程思政建设是落实立德树人根本任务的战略举措，是提高人才培养质量的重要任务。其中，思政元素发挥价值引领作用，引领学生坚定理想信念、爱党爱国爱社会主义，帮助学生塑造正确的世界观、人生观、价值观。面对世界百年未有之大变局，各种社会思潮、思想舆论交融交锋、逐步渗透，正处于人生"拔节孕穗期"的青年大学生极易受到干扰，高校必须不忘立德树人初心，勇担"为党育人、为国育才"使命，坚守课堂教学主阵地，加强社会主义主流意识形态和社会主义核心价值观教育，培养学生辨别和抵御错误思潮的理性思维、坚定意志和综合能力，使他们自觉做中国特色社会主义的坚定信仰者和忠诚实践者。另一方面，有效挖掘思政元素是满足后继有人"全面发展"的内在要求。随着时代发展，社会对人才素质提出了更高的要求：德智体美劳全面发展。学生对教育也有了更高的诉求：教学内容需兼具优良的学术品位和深切的人文关怀；能够获取的知识更加全面，能力素质更具竞争力；学习过程更加愉悦，更具获得感；学科交流打破学科壁垒和思想禁锢，更具活跃性、创新性；任课教师更具人格魅力，睿智和幽默并存，等等。总之，无论是为了满足社会对综合性人才的需求，还是学生全面发展所需，都需要对高等教育进行"供给侧"结构性改革。挖掘课程中的思政元素，使其与原有课程体系发生"化学反应"，转化为教学体系的有机组成部分，彰显课程育人价值，满足社会和学生全面发展需求，促使学生德智体美劳全面发展，使其成为堪当民族复兴大任的时代新人，确保党和国家的事业后继有人、薪火相传。

3. 挖掘思政元素是优化专业课程体系的价值支撑

高校课程中80%都是专业课程，专业课程是课程思政建设的基本载体。优化专业课程体系，就是在尊重原有专业课程知识体系、逻辑体系和教学规律的基础上,有效挖掘思政元素并将其有机融入,发挥专业课程铸魂育人、协同育人的作用。具体来说,在课程设置上,贯彻"大思政"教育理念,将思政元素落实到课程目标设计、教学大纲修订、教材编审选用、教案课件编写各方面,贯穿课堂授课、教学研讨、实验实训、作业论文各环节;在课程内容上,以满足学生多元化需求为出发点,紧紧围绕坚定学生理想信念,以爱党、爱国、爱社会主义、爱人民、爱集体为主线,围绕政治认同、家国情怀、文化素养、宪法法治意识、道德修养等重点优化课程思政内容供给;在课程实施上,结合专业特点和课程知识点,创新课堂组织形式,充分运用信息化教学手段,将思政元素"如盐入水"般融入课堂教学各环节;在课程考核上,设置体现育人效果的指标维度,对学生的知识、能力和素养进行综合考核;等等。概言之,就是优化专业课程体系要以思政元素为价值支撑完善课程要素,将课程思政融入教育教学全过程。

三、挖掘课程思政元素的方法路径

如何挖掘课程思政元素?对思政元素的挖掘力度、效度,在很大程度上决定着课程思政建设的成效。切实有效地做好课程思政中思政元素的挖掘工作,要以教学规律为依循、以翔实资料为依托、以教师协同为依仗、以制度保障为依靠。

1. 以教学规律为依循

挖掘课程中的思政元素,实际上是对专业课程的再度开发,而科学有效的课程开发必须以遵循课程自身建设规律、教育教学规律和人才培养规律为前提。

一是要匹配课程的性质定位。要根据人才培养方案、专业学位要求,针对学生培养中存在的突出问题,对不同类型特点的课程进行分类挖掘。例如,对于公共基础类课程,它是面向所有学生开设的必修课,教师在挖掘思政元素时,必须找到育人与育才的"最大公约数",从增强学生综合素质的角度,着力挖掘坚定理想信念、厚植爱国情怀、加强品德修养、增长知识见识、培养奋斗精神等思政元素;或者从增强学生人文素养的角度,着力挖掘健全人格、锻炼意志、提升审美素养、陶冶情操、温润心灵、激发创造力的思政元素。而对于专业类课程,教师要结合学科专业的形成背景、发展历程、现实状况和未来趋势,特别是所涉及的重大工程和科学技术发展成果,科学家或模范人物事迹,学科专业原理、观点以及与之相关的生活实践、教学实践、科技实践等,着力挖掘其中所蕴含的使命感、责任感、科学精神、奋斗精神、工程伦理、职业道德等思政元素。对于实践类课程,教师要注重学思结合、知行合一,着力挖掘创新精神、创造意识、创业能力、劳动精神、劳模精神和工匠精神等思政元素。

二是要契合课程的知识体系。课程思政不是简单的"课程＋思政",专业知识和思政元素不是"两张皮"的关系,不是思政元素在专业知识点上"贴标签",二者是同属同一课程内浑然一体的相融关系。《高等学校课程思政建设指导纲要》指出,"要深入梳理专业课教学内容,结合不同课程特点、思维方法和价值理念,深入挖掘课程思政元素"。这就是说,挖掘课程思政元素要遵循专业课程的基本特点、知识体系、逻辑结构、思维方法、价值理念等内在规律,找准课程知识与思政元素的最佳契合点,才能起到潜移默化的育人效果。

三是要满足学生的成长需要。挖掘思政元素的目的是铸魂育人,挖掘出来的思政元素要服务于学生的德行成长。从某种程度上说,思政元素挖掘工作的有效性取决于其是否遵循学生内在成长规律。因此,教师在挖掘思政元素时要坚持以生为本,关心学生需求,遵循学生成长发展规律,以学生精神文化需要的满足为价值导向。

2. 以翔实资源为依托

思政元素源自思政资源,翔实的思政资源是挖掘合适的思政元素的基础。思政资源越丰富,就越有利于挖掘、提炼出更优质、更合需求的思政元素。

一是依托中华优秀传统文化资源挖掘思政元素。2014年,习近平总书记在文艺工作座谈会上指出:"中华优秀传统文化是中华民族的精神命脉,是涵养社会主义核心价值观的重要源泉,也是我们在世界文化激荡中站稳脚跟的坚实根基。"[116]在五千多年中华文明发展史上,每一段经典历史、每一件历史文物、每一个人物故事、每一句名言警句,以及流传下来的浩瀚典籍等都是鲜活生动的思政资源,蕴含着丰富的思政元素。"中华民族在长期实践中培育和形成了独特的思想理念和道德规范,有崇仁爱、重民本、守诚信、讲辩证、尚和合、求大同等思想,有自强不息、敬业乐群、扶正扬善、扶危济困、见义勇为、孝老爱亲等传统美德。中华优秀传统文化中很多思想理念和道德规范,不论过去还是现在,都有其永不褪色的价值。"[116]

二是依托国内国际实践资源挖掘思政元素。要紧紧围绕新时代人才培养目标,结合当下国际国内热点事件、学术发展前沿、实践成就、国际比较等世情党情国情民情中去整理思政资源、挖掘思政元素。例如,通过"中国之治"与"西方之乱"的对比、在抗击新冠疫情中中国与西方国家表现的对比、在处理一些国际争端问题中中国与西方国家立场与行动的对比,等等。同时,在此过程中,要坚定理想信念、厚植爱国主义情怀、坚定"四个自信"。

三是依托地方特色资源挖掘思政元素。在中华优秀传统文化和中国特色社会主义伟大实践的资源库中,含有各具特色的地方特色资源。任何一个地方都有其变迁发展史、人民奋斗史、文明发展史,中华大地孕育了丰富多彩的地域文化,创造了彪炳史册的伟大成就,涌现了许许多多的先进人物,这些都是我们身边最亲近的思政元素来源。地方特色资源包括地域文化资源、地方实践资源,还有各高校宝贵的校史资源。用好地方特色资源有利于增强大学生对地域文化的认知认同、推动地域文化的传承与创新,有利于增强"四个自信"、激发学生自觉践行社会主义核心价值观和投身于中国特色社会主义伟大实践。以浙江万里学院所在城市宁波为例,悠久的历史文化、丰厚的革命文化、伟大的建设实践、珍贵的校史资源等地方特色资源都是挖掘思政元素的宝库。宁波是一座国家历史文化名城,有着深厚的传统文化底蕴。宁波是具有光荣革命传统的"英雄的城市",共有革命遗址遗迹 507 个,居全省前列;宁波是现代化滨海大都市,它拥有国家级制造业单项冠军城市、现代化国际港口城市、首批全国少数民族流动人口服务管理示范城市、奥运冠军之城、院士之乡、全国法治政府建设示范市、全国文明城市、最具幸福感城市等众多荣誉成就。近代史上,宁波人创造了一百多个"中国第一"和"中国之最"。改革开放四十多年来,宁波作为全国首批十四个沿海开放城市之一,勇担改革开放"试验田""排头兵"和全面展示社会主义优越性重要窗口模范生、共同富裕先行市的历史使命,进行了大胆探索和成功实践,成为中国改革开放发生历史性变革和取得历史性成就的一个成功范本。悠久的历史文化、丰厚的革命文化、伟大的建设实践和珍贵的校史资源等地方特色资源都是思政元素不可或缺的依托。

3. 以教师协同为依仗

全面推进课程思政建设,教师是关键。课程思政元素的挖掘,教师自然也是关键力量。要充分发挥教师队伍"主力军"作用。教师应立足培养德智体美劳全面发展的社会主义建设者和接班人的战略高度,坚持协同育人理念,树牢挖掘思政元素的责任意识、提升挖掘思政元素的素质能力、搭建思政资源共享平台,形成协同挖掘合力。

一是树牢挖掘思政元素的责任意识。新时代的高校教师肩负着塑造灵魂、塑造生命、塑造人的时代重任。广大教师要充分认识自身教书育人的责任和"为党育人、为国育才"的使命,既要当"经师",要专业知识扎实、授业能力精湛,更要做"人师",要道德品格高尚、传道水平高超。教师应要自觉树立课程思政建设的责任意识,更好地发挥挖掘思政元素的主动性、创造性。

二是提升挖掘思政元素的素质能力。做好思政元素的挖掘工作,仅有热情和主动精神是不够的，教师还需要夯实自身的马克思主义理论功底，提升马克思主义理论素养，增强用马克思主义的立场、观点和方法分析问题解决问题的能力。只有把扎实的理论素养内化为坚定的理想信念、正确的价值追求，才能保证思政元素挖掘的正确方向。教师还可以结合自身学科背景、知识经验、专业特长、研究领域等个性化地挖掘思政元素。

三是搭建思政资源共享平台，协同挖掘思政元素。横向上，高校应加强思想政治理论课教师与专业课教师的沟通，开展集体备课、研讨，共同探讨所挖思政元素的政治性、科学性、契合性、可行性。纵向上，可由教育部或省教育厅创设课程思政资源共享平台，供教师共享课程思政优秀案例资源，共同研讨挖掘方法和技巧，实现优质资源和优秀经验的传播和扩展，提升学科整体思政元素挖掘能力。

4. 以制度保障为依靠

要持续激发教师挖掘思政元素的内生动力，不断提升其挖掘能力，离不开相关机制、制度的保障与配合。

一是建立领导机制。高校党委在高校思想政治工作中发挥提纲挈领的作用。《高等学校课程思政建设指导纲要》明确指出，"各高校要建立党委统一领导、党政齐抓共管、教务部门牵头抓总、相关部门联动、院系落实推进、自身特色鲜明的课程思政建设工作格局。"高校党委要发挥"大脑中枢"作用，设立课程思政工作领导小组和课程思政研究中心，加强顶层设计，有效联动各专业学院、马克思主义学院、教辅部门和每位任课教师，科学规划和有序推进思政元素挖掘这一课程思政建设的关键环节。

二是形成学科交流互动机制。各学科专业都有自己独特的学科范式、思维方式，学科之间客观上存在"天然壁垒"。学校教务主管部门，以及教师发展中心、课程思政研究中心等部门要为学科交流创设互动平台，鼓励多种形式的合作交流，比如，组织跨学科研讨会、集体备课会、示范观摩课、经验分享会、教学竞赛、合作申报课题等。加强思想政治理论课教师与专业课教师交流对话，从而高效、系统地挖掘思政元素。

三是健全质量评价体系和激励机制。改革教学质量考核和评价机制应将课程的"价值塑造"成效纳入其中，并将考评结果应用于岗位评聘、职称评定、评奖评优、职位晋升等环节。完善激励机制，激发教师挖掘思政元素的内生动力，评选课程思政示范课、优秀课程思政教师，并给予适当的物质和精神奖励。组建由课程思政"教学能手"、专家学者等组成的"课程思政名师工作室"来指导思政元素挖掘，做到应挖尽挖、可挖尽精，为课程思政建设的高质量发展提供滋养。

四、有机融入课程思政元素

将思政元素有机融入课程、发挥其思想政治教育效力是深入挖掘课程思政元素的落脚点。为充分发挥课程思政元素的育人作用,高校需要通过"强主体、重协同、拓路径"来推进思政元素有机融入课程教育教学实践,达到润物无声的育人效果。

1. 强主体:增强教师的融入意识与能力

教师是课堂的具体实施者、主导者。教师对课程思政元素的融入意识与能力是有机融入的关键。

第一,增强教师将思政元素融入课程的自觉意识。一方面,教师要自觉认识到融入的重要性。课程思政育人的隐蔽性、依附性,决定了课程思政建设不能通过显性的方式对学生进行系统的思想政治教育,而是需要教师整合思政资源、挖掘思政元素,再将思政元素有机融入课程来实现育人目的。正如马克思所言,"批判的武器当然不能代替武器的批判,物质力量只能用物质力量来摧毁"[117]。理论只有转化为物质力量,才能发挥改变世界的作用。如果不能很好融入课程教育教学实践,再多的思政资源、再好的思政元素,也只能是教育教学素材,不能发挥其价值塑造和价值引领功能。另一方面,教师要自觉认识到融入的责任性。高校是文化传承和文化创新的重要阵地,始终坚守文化传承创新的文化自信,既是高校的重要职能,也是其落实立德树人根本任务的重要内容和实践抓手。全面推进课程思政建设,教师是"主力军"、课程是"主战场"、课堂是"主渠道"。高校课程思政教师肩负着以文化人、以文育人和文化传承创新的责任。

第二,提升教师把思政元素融入课程的能力。教师要有准确识别合适思政资源的能力,要有对丰富的思政资源进行挖掘整合能力,更要有把思政元素有机融入课程的能力。课程思政难点在"融合"。不能把课程思政课上成"专业课+思政课",要以"如盐入水"的方式影响学生,这就需要教师提升自身将专业内容与思政元素有机融合的能力。教师要找准育人切入口,创新课堂组织形式,优化融入方式方法,润物无声地实现课程育人。例如,浙江万里学院杨光老师在全校公选课"创业与理财"里讲述"创业者创业的目的""创业者如何选择创业方向"等知识点时,就融入了央视《百姓故事》栏目播出的《创业在校园》所讲述的浙江万里学院"甬动"创业团队的故事,不仅让学生了解了专业知识点,也教育引导学生树立正确的创业观,激励学生去奋斗拼搏。杨光老师以学生身边成功的校本案例为思政资源,挖掘其中蕴含的"爱国""诚信""奋斗""人民至上"等思政元素,并将其有机融入专业知识教学中，增强了教学的针对性和亲和力，起到了很好的育人作用。

2.重协同：注重课内与课外、校内与校外、理论与实践、线上与线下的协同

第一，课内与课外协同。课程思政元素的有机融入需要坚持全校上下一盘棋，高校要加强顶层设计，注重课程思政教学体系课程之间、课堂内外的协同。思政元素在各类课程中的融入既要有广泛性，做到相得益彰、同向同行，但又要有独特性，做到各有侧重、避免重复。例如，浙江万里学院"阳明博雅学堂"开设的系列通识课，"阳明心学在日本""王阳明的人生和学问""浙东报人'知行合一'品格概要""王阳明心学与青年理想""王阳明思想与佛道精神""王阳明教育思想与大学生人格建构"等，都结合了传统文化中的阳明心学内容，但却从不同角度去传承和弘扬，展示了阳明文化在不同时代、不同领域、不同地域，对不同人群的影响力、感召力。要加强"第一课堂"与"第二课堂"的协同、不同平台之间协同。例如，在浙江万里学院就构建了思政课程、课程思政、日常思政和生活思政"四位一体"立体化协同育人体系。浙江万里学院周兴华教授的"文学概论"课程思政建设，依托课堂教学、素质拓展平台和社团平台的协同联动实现课程思政元素的有机融入。

第二，校内与校外协同。课程思政元素的有机融入需要坚持思政小课堂与社会大课堂相统一，建设"大课堂"、搭建"大平台"、建好"大师资"，形成校内外育人合力。一方面，坚持"引进来"。邀请校外专家进校园、进课堂，与高校教师一起共育时代新人。例如，宁波市开展"知行新说"思想政治教育活动，聘请百名宁波市的各级党政领导干部、各领域专家学者、优秀企业家、社会知名人士等社会各界人士兼职高校思政导师，"采用宣讲对谈、导师结对、现场实践等方式，把习近平新时代中国特色社会主义思想的道理、情理，中国特色社会主义宁波实践的现实、事实，用学生喜闻乐见的语言、易于接受的方式呈现出来，提高了大学生思想政治教育的针对性和亲和力。"[118]再如，浙江省新四军历史研究会与浙江万里学院自2018年开始合作，连续开展了"红色四明、传承红色基因""庆盛世华诞、传红色基因""墨韵富美之江、牢记初心使命"等主题活动，通过文艺演出、书画作品展等形式传承红色基因和铁军精神，展示中国特色社会主义在浙江的成功实践和取得的伟大成就。浙江省新四军历史研究会还在浙江万里学院建立了革命传统教育基地，与学校共同开展革命传统系列教育活动。2021年，新四军红色志愿团与省、市新四军历史研究会合作，整理和编辑了100多万字的《〈新浙东报〉史料选编》。另一方面，坚持"走出去"。高校与政府、企业、港口、社区、爱国主义教育基地等合作，开展现场教学、体验式教学等实践教学，让学生在直观感受地域文化的魅力和伟大实践成就中坚定"四个自信"，培育和践行社会主义核心价值观。例如，浙江

万里学院陈金龙老师的"创业管理与实践"课程,他通过与博物馆、企业等合作,带领学生走访宁波帮博物馆、宁波太平鸟时尚服饰股份有限公司、宁波市大学生创业园等实践基地,培养学生将个人创业融入国家富强、民族复兴的中国梦,树立具有家国情怀、社会责任感的创业理想抱负;引导学生培育"不怕苦、能吃苦""敢闯""敢拼""艰苦奋斗"等创业拼搏实干精神、劳模精神、劳动精神、工匠精神。

第三,理论与实践协同。课程思政元素的有机融入需要坚持理论性和实践性统一,将专业知识、思政元素和中国特色社会主义伟大实践结合起来,把区域经济社会发展和课程思政建设结合起来,建设一批课程思政地域文化理论研究中心和实践教学基地。例如,浙江万里学院吴忠老师的"造型语言——形状"课程,利用区域和学院"校政企研"资源优势,围绕"应用型设计人才人文教育"人才培养目标,通过横向建设,形成多个以"红色寻访"、乡村振兴为主题的实践育人基地。该课程根植浙东大地,创设了丰富的实践育人场景,向当代青年全面展示中国特色社会主义精彩画卷,打造校、政、企协同连通的实践育人共同体,青年学子在深入了解宁波源远流长的地域文化、波澜壮阔的伟大实践中汲取养分、丰富思想、坚定理念信仰信心。

第四,线上与线下协同。课程思政元素的有机融入需要更加注重信息化手段和新媒体的促进作用,实现线上线下协同育人。可以借力主流新媒体,把课程、论坛、讲座、访谈等以视频、文字、图片、艺术作品等形式多角度、多方位呈现。例如,浙江万里学院的施敏洁老师的"阳明心学在日本"课程既是线下全校公共选修课,又是中国大学 MOOC 平台线上课程;马克思主义学院既在线下建设"思政情景实训室",又在线上建设"真理的力量,实践的伟力——《共产党宣言》的写作、翻译、传播和伟力"和"中国共产党为实现共同富裕的百年奋斗"虚拟仿真实验室,线上线下共同传播马克思主义理论、红色文化,展示中国特色社会主义的伟大实践;文献信息中心张海老师带领学生制作的"浙东红村"视频作品,生动再现了浙东抗日根据地梁弄镇人民的生产生活和革命实践活动,展示了新时代"浙东红村"的蝶变,让学生在线上体验中接受红色文化教育和感受中国特色社会主义在革命老区的伟大实践,激发学生的爱国心、强国志和报国行。

3.拓路径:创新载体、拓宽路径,融入课堂教学建设全过程

《高等学校课程思政建设指导纲要》要求将课程思政建设融入课堂教学建设全过程。这就意味着在发挥课程建设"主战场"、课堂教学"主渠道"的同时,要不断拓展课程思政建设方法和途径,将思政元素融入课堂教学课前、课中、课后建设全过程。

第一，以课程思政教学资料为载体，融入课前准备阶段。高校课程思政教师要将课程思政元素融入课程目标设计、教学大纲修订、教材编审选用、教案课件编写各方面。精心设计课程整体教学目标、每一次课堂的具体教学目标和具体实施路径，找准专业知识点和思政元素的结合点，以此作为育人的角度和切入点。并以此教学目标为根据修订教学大纲、编审选用教材和编写教案课件。鼓励有条件的高校和教师自编校本教材或教辅材料。例如，浙江万里学院教师为配合"阳明博雅课堂"教学，自编《阳明心学日本发展之人物篇》《〈传习录〉大学生读本》等教材和教辅资料。

第二，以课程思政"第一课堂"为阵地，融入课中展开阶段。"第一课堂"主要是指教学时间里进行的课堂教学活动。"第一课堂"要坚持政治性和学理性相统一、价值性和知识性相统一、显性教育和隐性教育相统一，教师应将挖掘整合好的思政元素结合专业知识，悄无声息而又有滋有味地渗透到课堂授课、教学研讨、实验实训、作业论文、考试测验各环节；教师要创新课堂教学模式，推进现代信息技术在课程思政教学中的应用，激发学生学习兴趣，引导学生深入思考；高校要健全课堂教学管理体系，改进课堂教学过程管理，提高课程思政内涵融入课堂教学的整体水平。例如，2019年，浙江万里学院"造型语言——形状"课程组在开展模块二"主题构思、社会调研/讨论"的课堂教学中，结合"新中国成立70周年"时代元素，设计和组织教学内容和教学素材，精准实施《七十年乡村之变——"走进梁弄"主题创作》教学案例。本案例结合两个章节（素材收集、主题性创作）、四个步骤（理论讲授、实地调研、讨论汇报、创作展览）展开教学实施，以浙东革命老区宁波余姚梁弄镇发展为蓝本，以"学回信、悟初心、践使命"为价值导向，以组织学生"走出课堂"实地感受梁弄，厚植"红色文化"内涵为形式，以"学习回信精神，传承红色基因"为指导思想，构筑完整的课程主题创作内容。旨在将习近平总书记的亲切关怀、殷切期望转化为学习的强大动力，"以小见大"反映新中国成立七十年来的乡村巨大发展成果，深化大学生对主流价值的理性认识，增强大学生"四个自信"。

第三，以课程思政"第二课堂"为依托，融入课后内化阶段。"第二课程"主要是指学生在校园、生活社区和实践基地等"第一课堂"教学外的场景参加的各类学习和实践活动，包括学科竞赛、创新创业训练、素质训练、科学研究、创新实验、学生社团活动、文体活动、志愿服务、实习实训活动、校园文化和社区文化创建活动等。要综合运用第一课堂和第二课堂，促进课程思政育人效果的内化于心、外化于行。在"第二课堂"融入思政元素，有利于全方位培养学生家国情怀、社会责任、科学精神、人文精神、国际视野，有利于引导学生培育和践行社会主义核心价值观。例如，浙江万里学院谢华春老师的"景观设计与工程综合实践"课程设置了

"创意花园设计"和"美丽宁波实践"两个课题,通过与当地 20 多个校企(地)实践基地合作,将创意课堂(第一课堂)和知行实践(第二课堂)相结合,共建校企双导师队伍,开展美丽工程、美丽鄞州、美丽社区、美丽乡村、创新创业等多形式的社会服务。对于创意花园设计课题,要求学生能掌握并严格遵循景观设计、施工和运营中的职业伦理,培养学生的团队合作意识,让学生具备理论联系实际、实事求是的工作作风、科学严谨的工作态度和精益求精的工匠精神;对于美丽宁波实践课题,以行业标准训练学生,厚植家国情怀,以"人-社会-教育"三维互动关系,落实高校立德树人的使命,要求学生知行合一,树立服务意识、社会责任感与使命感,凸显学生自由而全面发展的价值目标。

第四节　提升教师课程思政建设的意识能力

百年大计,教育为本;教育大计,教师为本。教育活动是一种传递价值观的活动,是个人与价值之间的一种规范性关系。正如让·皮亚杰所说:"一方是成长中的个人,另一方是社会的、智慧的和道德的价值,教师要负责把由他启蒙的那个个体带到这些价值中"[119]。全面推进课程思政建设,关键在教师。如何提升教师特别是专业课教师课程思政建设的意识和能力,成为新时代高校全面推进课程思政建设的关键问题。

一、教师是推进课程思政建设的关键

教师是教育实践的主体,是整个教育活动的具体实践者。在高校思想政治教育工作体系中,教师是最积极的主导性因素。列宁指出:"在任何学校里,最重要的是课程的思想政治方向。这个方向由什么来决定呢? 完全而且只能由教学人员来决定。同志们,你们非常明白,任何'监督'、任何'领导'、任何'教学大纲'、'章程'等等,这一切对教学人员来说都是空谈。任何监督、任何教学大纲等等,绝对不能改变由教学人员所决定的课程的方向。"[120]邓小平同志进一步指出:"一个学校能不能为社会主义建设培养合格的人才,培养德智体全面发展、有社会主义觉悟的有文化的劳动者,关键在教师。"[121]在学校思想政治理论课教师座谈会上,习近平总书记强调:"办好思想政治理论课关键在教师,关键在发挥教师的积极性、主动性、创造性。"[74]《高等学校课程思政建设指导纲要》明确指出:"全面推进课程思政建设,教师是关键。要推动广大教师进一步强化育人意识,找准育人角度,提升育人能力,确保课程思政建设落地落实、见功见效。"可见,在高校思想政

治教育工作体系中，无论是开展显性思想政治教育的思想政治理论课，还是承担隐性思想政治教育的课程思政，关键都在于教师。

1. 教师是立教之本、兴教之源

教师是人类历史上最古老的职业之一，也是最伟大、最神圣的职业之一。人们常说："教师是太阳底下最崇高的职业"。自古以来，中华民族就有尊师重教、崇智尚学的优良传统，认识到教师对于国家社会发展的重要作用。在古代，孔子被尊为"大成至圣先师"，被誉为"万世师表"；荀子认识到"师"在道德教化中的重要作用，将其上升到与"天地君亲"并列和攸关国家兴亡的高度。《荀子·礼论》云："礼有三本：天地者，生之本也；先祖者，类之本也；君师者，治之本也。"[122]《荀子·大略》称："国将兴，必贵师而重傅；贵师而重傅，则法度存。国将衰，必贱师而轻傅；贱师而轻傅，则人有快；人有快则法度坏。"[123]纵观中华民族五千多年文明发展史，英雄辈出，大师荟萃，这离不开一代又一代教师的辛勤耕耘。

我们党历来重视教师的作用，一直将"教师视为劳动者以教书育人服务人民，将教师视为创造者以培育人才创造价值，将教师视为引导者以高尚师德引领社会发展"[124]。早在1920年7月，毛泽东在为湘潭教育促进会草拟的宣言中就指出，"教育为促使社会进化之工具，教育者为运用此种工具之人"[125]。党的十八大以来，习近平总书记基于"两个大局"，充分汲取中华优秀传统文化中尊师重教的价值理念，充分肯定和高度评价教师在教育现代化和社会主义事业发展中的重要地位。2013年，习近平总书记在致全国教师慰问信中指出："教师是立教之本、兴教之源，承担着让每个孩子健康成长、办好人民满意教育的重任。"[126]2018年，在全国教育大会上，他进一步强调："教师是人类灵魂的工程师，是人类文明的传承者，承载着传播知识、传播思想、传播真理，塑造灵魂、塑造生命、塑造新人的时代重任。"[6]同年，中共中央、国务院印发了《关于全面深化新时代教师队伍建设改革的意见》，这是新中国成立以来党中央出台的第一个专门针对教师队伍建设工作、具有里程碑意义的文件，突出强调了教师"是教育发展的第一资源，是国家富强、民族振兴、人民幸福的重要基石"。

2. 教师的使命是为党育人、为国育才

时代赋予责任，责任体现使命。党的十八大以来，习近平总书记从培养社会主义建设者和接班人的战略视角，立足教育是国之大计、党之大计的战略高度，阐述新时代教师的责任和使命。2020年教师节来临之际，习近平总书记在慰问讲话中明确指出："希望广大教师不忘立德树人初心，牢记为党育人、为国育才使命，积极探索新时代教育教学方法，不断提升教书育人本领，为培养德智体美劳全面发

展的社会主义建设者和接班人作出新的更大贡献。"[127]2021 年《中华人民共和国教师法(修订草案)(征求意见稿)》进一步明确:"教师承担着为党育人、为国育才,立德树人,培养德智体美劳全面发展的社会主义建设者和接班人、提高民族素质的崇高使命。"[128]

找准角色定位,践行使命担当。为更好地践行为党育人、为国育才使命,习近平总书记用大众化、形象化的语言生动诠释了新时代教师的角色定位和使命担当:"筑梦人""引路人""大先生",等等。2014 年,在同北京师范大学师生代表座谈时,习近平总书记用"筑梦人"来形容教师:"今天的学生就是未来实现中华民族伟大复兴中国梦的主力军,广大教师就是打造这支中华民族'梦之队'的筑梦人。"[46]作为一名"筑梦人",教师要时刻铭记教书育人的使命,要"甘当人梯,甘当铺路石,以人格魅力引导学生心灵,以学术造诣开启学生的智慧之门。"[92]2016 年,在北京市八一学校考察时,他又提出了教师要做"四个引路人"的要求:"广大教师要做学生锤炼品格的引路人,做学生学习知识的引路人,做学生创新思维的引路人,做学生奉献祖国的引路人。"[129]同年,在全国高校思想政治工作会议上,习近平总书记强调,教师不能只做传授书本知识的教书匠,而要成为塑造学生品格、品行、品味的"大先生"。2021 年,在清华大学考察时,他再一次强调,教师要成为"大先生",做学生为学、为事、为人的示范,促进学生成长为全面发展的人。习近平总书记用"筑梦人""引路人""大先生"等定位新时代教师角色,这既是对新时代教师独特地位的高度认可,又发出了如何立足新的历史方位自觉履行人民教师使命担当的时代之问。"太行山上的新愚公"李保国同志和"心有大我、至诚报国"的黄大年同志等,都是新时代践行为党育人、为国育才使命的"大先生"典范,是传道、授业、解惑的立德树人楷模。

3.教师是课程思政建设的主力军

课程思政建设是一项系统工程,其中教师队伍是全面推进课程思政建设、将立德树人根本任务贯穿教育教学全过程的主力军和关键因素。2020 年,教育部印发的《高等学校课程思政建设指导纲要》站在落实立德树人根本任务和全面提高人才培养质量的战略高度,提出要全面推进课程思政建设,"要紧紧抓住教师队伍'主力军'、课程建设'主战场'、课堂教学'主渠道',让所有高校、所有教师、所有课程都承担好育人责任,守好一段渠、种好责任田,使各类课程与思政课程同向同行,将显性教育和隐性教育相统一,形成协同效应,构建全员全程全方位育人大格局"。要构建"三全育人"大格局,就要在全面推进课程思政建设中充分发挥教师的"主力军"作用,切实树立起所有教师都有育人之"责"、各门课程都有育人之

"效"的教育理念。在思想政治教育课程体系中突出显性教育和隐性教育的融通，思想政治理论课发挥好"群舞中领舞"的关键作用，各类课程"种好责任田""守好一段渠"，与思想政治理论课互补共促，同向同行、协同相应，实现所有高校课程的"共舞中共振"效应，实现从"思政课程"主渠道育人向"全课程"协同育人的创造性转化。

二、新时代高校教师课程思政的能力素养结构

目前，我国已经建成世界最大规模高等教育体系。2022 年，全国共有高等学校 3013 所，在学总规模 4655 万人，高等教育毛入学率达到 59.6％，实现了历史性跨越，高等教育进入世界公认的普及化阶段[130]。在全面建设社会主义现代化国家新征程上，我国高等教育迈上了内涵式发展之路。有高质量的教师，才有高质量的教育。2014 年，习近平总书记在同北京师范大学师生代表座谈会时指出："国家繁荣、民族振兴、教育发展，需要我们大力培养造就一支师德高尚、业务精湛、结构合理、充满活力的高素质专业化教师队伍，需要涌现一大批好老师。"[46]何为"好老师"？习近平总书记为我们提供了指引：好老师要"有理想信念、有道德情操、有扎实学识、有仁爱之心"，好老师"政治要强、情怀要深、思维要新、视野要广、自律要严、人格要正"。对照"四有"好老师和"六要"标准，新时代高校教师课程思政的能力素养结构涵盖四个维度：角色认知维度、理想信念维度、知识技能维度、师德师风维度。

1. 角色认知维度

美国行为学家爱德华·劳勒和莱曼·波特中提出过一个著名的综合激励模型，认为一个人经过努力后的工作绩效既取决于个人能力、环境因素等，也取决于个人对工作的认知，即"角色认知"。具体地讲，"角色认知"就是一个人对自己扮演的角色认知是否明确，是否将自己的努力指向正确的方向，抓住了自己的主要职责或任务。由此而论，对"教师"角色具备正确的认知和高度的认同，是高校教师课程思政建设能力素养的重要构成，主要体现在"四个认知认同"。

第一，对立德树人重要性的认知认同。高校的立身之本在于立德树人。党的十八大以来，习近平总书记站在国家和民族的战略高度，多次对教育工作作出重要指示，继党的十八大报告首次将"立德树人"确立为教育的根本任务，党的十九大报告进一步指出，要"落实立德树人根本任务""培养德智体美全面发展的社会主义建设者和接班人"。落实立德树人根本任务，是贯彻中央精神的重要举措，是建设科技兴国、教育强国和人力资源强国的战略行动，是推进教育高质量发展、实

现教育现代化的必然要求,对新时代提高国民素质、提高育人水平,让每个学生都能成为有用之才具有重要意义。我国是中国共产党领导的社会主义国家,这就决定了我们的教育必须坚持中国共产党的领导和社会主义办学方向,培养一代又一代拥护中国共产党和我国社会主义制度、立志为中国特色社会主义奋斗终身的有用人才。

第二,对教书育人责任性的认知认同。教书育人是教师的天职。唐代文学家韩愈曰:"师者,所以传道受业解惑也。"著名教育家陶行知曾说:"先生不应该专教书,他的责任是教人做人;学生不应该专读书,他的责任是学习人生之道。"[131]这都反映了教书育人是教师之天职,教师既要教学生如何学,又要教学生如何做人,承担着知识传授、能力培养、价值引领与人格塑造等多重责任。同时,"教书"和"育人"是相互依存的关系,二者不可偏废,也不能互为替代,统一于立德树人教育教学实践活动之中。

第三,对课程育人价值性的认知认同。任何课程都具有内在的育人价值。2004 年,中共中央、国务院《关于进一步加强和改进大学生思想政治教育的意见》明确指出:"高等学校各门课程都具有育人功能"。学校是立德树人之所,课程是学校教育最基本、最普遍的组织形式和实施载体,是人才培养的核心要素,是立德树人的"主战场"。作为育人的载体,课程教学,不只是知识传承本身的需要,同时也是学生个人成长的需要。古希腊哲学家提出的"知识即美德""知识是带有说理的真信念"等观点都蕴含了探寻真理对人的自由发展的意义;善,是最大的学问,是知识的顶峰;至善,是最高的理念。在我国,古代所说的大学之道、成人之道,是为了成就身心内外完美之人,传统文化也把完善了道德修为之人称为"成人",意为成德之人。这不是自然而成,而是自我塑造的,塑造的主要渠道就是接受学校教育,而课程是学校教育最主要的载体。而今,"课程育人"成了促进高校思想政治工作质量提升的"十大育人体系"之首要渠道。

第四,对课程思政主体性的认知认同。课程思政作为一种教育理念,其建设目标是要构建起以思想政治理论课为核心、综合素养课程为支撑、专业课程为主体的高校课程思政育人体系。思想政治理论课是高校开展思想政治教育的主渠道,是铸魂育人的关键课程,在课程思政建设中,思想政治理论课和任课教师绝不能缺席,要在价值教育中发挥引领作用。综合素养课程是在中华优秀传统文化建构之上所建设的人文素质课程,主要起着价值浸润的功能;综合素养课教师承担着以文化人、以德育人的职责。专业课程是课程思政建设的基本载体,专业课教师是教师队伍"主力军"中的主体,是课程思政的主要组织者、实施者。教育部高等教育司负责人曾指出,"高校教师的 80% 是专业教师,课程的 80% 是专业课程,学生学习时间的 80% 是专业学习。多年的调查表明,80% 的大学生认为,对自己成长影响最深的是专业课和专业课教师"[132]。可见，在推进课程思政建设中，含专业课教师在内的所有教师都是建设主体，都要树立课程思政责任意识，以立德树人为核心，画出育人同心圆。

2. 理想信念维度

好老师要有理想信念，政治要强。教师是塑造灵魂、塑造生命、塑造人的工作，扮演着"筑梦人""指导者""引路人"的角色，承载着为党育人、为国育才的使命。教师的理想信念事关"培养什么人""为谁培养人"的根本问题。2014 年，习近平总书记在同北京师范大学师生代表座谈会时指出："老师肩负着培养下一代的重要责任。正确理想信念是教书育人、播种未来的指路明灯。不能想象一个没有正确理想信念的人能够成为好老师。"[46]"让有信仰的人讲信仰"是办好中国特色社会主义教育的内在要求。对马克思主义的信仰，对社会主义和共产主义的信念，对实现中华民族伟大复兴中国梦的信心，只有首先在教师心中扎下根，才能在学生心中开花结果。教师只有自己政治强、信仰坚定、信心十足，对所讲内容高度认同，做学习和实践马克思主义的典范，才能讲得有底气，讲深讲透，才能有效引导学生真学、真懂、真信、真用。

第一，坚定对马克思主义的信仰。信仰，是对一种学说或思想理论正确性的坚信。马克思主义信仰是共产党人的政治灵魂和精神支柱。毛泽东同志曾深刻指出："主义譬如一面旗子。"邓小平同志指出："对马克思主义的信仰，是中国革命胜利的一种精神动力。"[133]我们共产党人信仰的是马克思主义，中国共产党这棵参天大树是长在马克思主义这个"根"上的。靠着这个"根"，党团结带领全国各族人民披荆斩棘，不断开辟前进的道路，使中华民族实现了从站起来、富起来到强起来的伟大飞跃。信仰，是一种精神寄托、一种信奉敬仰，是最好的防腐剂。"砍头不要紧，只要主义真。""我满意我为真理而死。""敌人只能砍下我们的头颅，决不能动摇我们的信仰！因为我们信仰的主义，乃是宇宙的真理。"这一系列感人肺腑的"临终遗言"，彰显了夏明翰、裘古怀、方志敏等无数革命先烈用鲜血诠释信仰、用生命坚定信仰的大义凛然，铸就了以"坚持真理、坚守理想"为灵魂的伟大建党精神。百年辉煌党史一再证明，对马克思主义的坚定信仰，是共产党人的政治灵魂，是克服精神懈怠、防范信念动摇的坚实思想基础。在建设社会主义现代化国家新征程上，我们要继续高举马克思主义伟大旗帜，用马克思主义观察时代、把握时代、引领时代。高校教师只有自己坚定马克思主义信仰，才能引导学生坚定对马克思主义的信仰，用马克思主义立场、观点、方法分析问题和解决问题。

第二，坚定对中国特色社会主义的信念。信念，是对一种理想目标的向往并为之奋斗和献身的不懈追求。我们共产党人的信念就是建设中国特色社会主义，最终实现共产主义。这种信念，无论过去、现在和将来，都是我们的精神支柱和力量源泉，是中国共产党人敢于压倒一切困难而不被任何困难所压倒的顽强意志。党和国家的长期实践充分证明，只有社会主义才能救中国，只有中国特色社会主义才能发展中国，只有坚持和发展中国特色社会主义，才能赢得中国人民和中华民族更加幸福美好的未来。2012年，习近平总书记在参观《复兴之路》展览时，深刻指出："改革开放以来，我们总结历史经验，不断艰辛探索，终于找到了实现中华民族伟大复兴的正确道路，取得了举世瞩目的成果。这条道路就是中国特色社会主义。"[43]62中国特色社会主义是历史发展的必然结果，是发展中国的必由之路，是经过实践检验的科学真理，正是因为找到了这条道路，中华民族伟大复兴才展现出光明的前景。高校教师要增强对中国特色社会主义的信念，坚定"四个自信"，才能推进"以爱党、爱国、爱社会主义、爱人民、爱集体为主线"的课程思政教学，对学生系统进行中国特色社会主义和中国梦教育，引导学生积极投身于中国特色社会主义事业的伟大实践。

第三，坚定对实现中华民族伟大复兴中国梦的信心。信心，是对美好前途坚定乐观的心境和状态。我们共产党人始终坚信中华民族伟大复兴的中国梦一定能实现、共产主义一定能实现。实现中华民族伟大复兴是近代以来中华民族最伟大的梦想。近代以来，无数仁人志士为了实现这一梦想前赴后继、不懈奋斗。1927年4月，北京西交民巷京师看守所，面对反动派的刽子手，李大钊高呼"共产主义在中国必然得到光辉的胜利"，英勇就义；1930年8月，宁波先烈裘古怀牺牲前仍对革命胜利充满信心，并希望"胜利的时候，请你们不要忘记我们"；"宁肯少活二十年，拼命也要拿下大油田"的"铁人"王进喜、创造"人工天河"红旗渠奇迹的河南人民，等等，无数革命先辈用生动实践展现了中国共产党人用坚定"信心"和意志创造人间奇迹的精神力量。习近平总书记深刻指出："当今世界，要说哪个政党、哪个国家、哪个民族能够自信的话，那中国共产党、中华人民共和国、中华民族是最有理由自信的。"[134]今天，实现中华民族伟大复兴进入了不可逆转的历史进程，我们比历史上任何时期都更接近、更有信心和能力实现中华民族伟大复兴的目标。高校教师要将这种自信传递给学生，勉励学生增强做中国人的志气、骨气、底气，不负时代、不负韶华。

3.知识技能维度

好老师要有扎实学识，思维要新、视野要广。教师自古就被称为"智者"。习近平总书记指出："在信息时代做好老师，自己所知道的必须大大超过要教给学生的范围,不仅要有胜任教学的专业知识,还要有广博的通用知识和宽阔的胸怀视野。好老师还应该是智慧型的老师,具备学习、处世、生活、育人的智慧,既授人以鱼,又授人以渔,能够在各个方面给学生以帮助和指导。"[46]新时代高校教师的基本素质包括:扎实的知识功底、过硬的教学能力、勤勉的教学态度、科学的教学方法、科学的思维方法、宽阔的胸怀视野等。

第一,扎实的知识功底。扎实知识功底是教师的立身之本。常言道:"学高为师";苏联著名教育家苏霍姆林斯基也曾经说过:"为了使学生获得一点知识的亮光,教师应吸进整个光的海洋。"教师要传播高深的文化知识,培养高素质人才,必须自身具有扎实渊博的学识。现代社会信息技术高速发展,知识信息大爆炸,新知识层出不穷,知识更新速度不断加快,学生在知识层面对教师的依赖性大大降低,这对教师掌握知识的广度和深度提出了更大的挑战。习近平总书记告诫我们:"学生往往可以原谅老师严厉刻板,但不能原谅老师学识浅薄。"[46]庄子在《逍遥游》中曾说,"且夫水之积也不厚,则其负大舟也无力","风之积也不厚,则其负大翼也无力",这意味着,教师如果知识储备不足、视野不够,教学中必然捉襟见肘,更谈不上游刃有余。习近平总书记曾语重心长地说:"本领不是天生的,是要通过学习和实践来获得的。当今时代,知识更新周期大大缩短,各种新知识、新情况、新事物层出不穷。有人研究过,18 世纪以前,知识更新速度为 90 年左右翻一番;20 世纪 90 年代以来,知识更新加速到 3 至 5 年翻一番。近 50 年来,人类社会创造的知识比过去 3000 年的总和还要多。还有人说,在农耕时代,一个人读几年书,就可以用一辈子;在工业经济时代,一个人读十几年书,才够用一辈子;到了知识经济时代,一个人必须学习一辈子,才能跟上时代前进的脚步。如果我们不努力提高各方面的知识素养,不自觉学习各种科学文化知识,不主动加快知识更新、优化知识结构、拓宽眼界和视野,那就难以增强本领,也就没有办法赢得主动、赢得优势、赢得未来。"[88]这就要求教师始终处于学习状态,站在知识发展前沿,刻苦钻研、严谨笃学,不断充实、拓展、提高自己。既要与时俱进更新专业理念,升华专业知识,又要掌握马克思主义基本原理、观点和方法,了解世情国情党情民情和党的创新理论,成为新时代"智慧型"的好老师。

第二,过硬的教学能力。在课程思政视域下,过硬的教学能力主要包括:思政元素的挖掘能力、思政元素的融入能力、思政场域的拓展能力等。课程思政不是增开一门课,也不是增设一项活动,而是在深入梳理原有课程教学内容的基础上,结合不同课程特点、思维方法和价值理念,深入挖掘课程思政元素,并将其有机融入课程教学,达到润物无声的育人效果。首先,教师要充分挖掘隐藏在课程知识点、课程发展史等背后的思政元素,对挖掘的思政元素进行合理的整合、分类、转化,实现思想政治教育内容与专业知识、技能的有机融合;其次,要创新教学组织形式、运用现代信息技术,结合专业特点、课程特色、具体教学情境,选择最佳的教学方法,激发学生共鸣,将挖掘整合的课程思政资源有机融入课堂教学中,实现课程思政育人如盐入水,适度适时、不着痕迹、润物无声;最后,要创新育人载体,拓展课程思政场域,善于运用第二课堂、社会大课堂、网络课堂,延伸教学链条,突破课程思政育人时空和人员限制,实现全员全程全方位育人。除此之外,良好的表达能力、沟通能力等通用能力也是"过硬的教学能力"的重要组成部分。

第三,科学的思维方法。学贵慎思,思以致远。培养思维能力是教育的重要价值所在。古先贤云,"学而不思则罔,思而不学则殆","授人以鱼,不如授人以渔",这都说明了学会思考、掌握思维方法和培养思维能力的重要性。结合新时代新要求,习近平总书记把"思维要新"作为教师素养的重要组成部分,并阐述了其重要意义。他认为教师"无论怎么讲,最终都要落到引导学生树立正确的理想信念、学会正确的思维方法上来"[74]。这是因为,教师给予学生的不应该只是一些抽象的概念,而应该是观察认识当代世界、当代中国的立场、观点、方法。教学是一项非常有创造性的工作,要坚持辩证唯物主义和历史唯物主义,善于运用创新思维、辩证思维,善于运用矛盾分析方法抓住关键、找准重点、阐明规律,创新课堂教学,给学生深刻的学习体验。在教学中可以讨论问题,更要讲清楚成绩;可以批评不良社会现象,更要引导学生正面思考;可以讲社会主义建设的复杂性和艰巨性,更要引导学生对社会主义前景充满信心。因此,为帮助学生掌握科学的思维、培育思维能力,教师就要加强理论修养,深入学习马克思主义基本理论,学懂弄通做实习近平新时代中国特色社会主义思想,掌握贯穿其中的辩证唯物主义的世界观和方法论,提高战略思维、历史思维、辩证思维、创新思维、法治思维、底线思维能力,做学生科学思维的引路人。

第四,宽阔的胸怀视野。中国古代曾用"井底之蛙""管中窥豹""盲人摸象"等反面例子来强调宽阔视野的重要性。课程思政视域下,教师宽阔的胸怀视野主要包括知识视野、国际视野、历史视野。首先,要有知识视野,除了扎实的专业课知识功底外,教师还要具备基本常识和价值性知识。就价值性知识而言,专业课教师要广泛涉猎政治、经济、文化、社会、生态等各领域的基础理论知识和理论的创新发展。其次,要有国际视野。在全方位对外开放的时代背景下,我们既要面对中国和世界的互动,也要面对中国和世界的比较。学生经常会把国外的事情同国内的情况联系起来,在这个过程中他们就会产生一些疑惑。面对学生的疑惑,教师不能回避且要讲深讲透。要善于利用国内外的事实、案例、素材,在比较中回答学生的疑惑,既不封闭保守,也不崇洋媚外,引导学生全面客观地认识当代中国、看待外部世界,善于在批判鉴别中明辨是非。最后,要有历史视野。历史是最好的老师。教师的历史视野中,要有 5000 多年中华文明史,要有 500 多年世界社会主义史,要有中国人民近代以来 180 多年斗争史,要有中国共产党 100 多年的奋斗史,要有中华人民共和国 70 多年的发展史,要有改革开放 40 多年的实践史,要有新时代中国特色社会主义取得的历史性成就、发生的历史性变革,教师要通过生动、深入、具体的纵横比较,把一些道理讲明白、讲清楚。

4.师德师风维度

人无德不立。教师要有道德情操,要有仁爱之心,人格要正、自律要严。2019年,教育部等七部门印发的《关于加强和改进新时代师德师风建设的意见》明确指出:"把立德树人的成效作为检验学校一切工作的根本标准,把师德师风作为评价教师队伍素质的第一标准,将社会主义核心价值观贯穿师德师风建设全过程。"[135]课程思政视域下,高校教师师德师风建设主要包括:要有道德情操、要有仁爱之心、要有教育情怀,做到自律严、人格正、情怀深。

第一,要有道德情操。教师要有道德情操,自律要严、人格要正。教师的人格力量和人格魅力是教育成功的重要条件。教师的职业特性决定了教师必须是道德高尚的人群。合格的教师首先应该是道德上的合格者,好老师首先应该是以德施教、以德立身的楷模。《礼记·文王世子》云:"师也者,教之以事而喻诸德者也。"[136]教师不仅要传授知识,还要注重品德修养。习近平总书记指出:"老师对学生的影响,离不开老师的学识和能力,更离不开老师为人处世、于国于民、于公于私所持的价值观。一个老师如果在是非、曲直、善恶、义利、得失等方面老出问题,怎么能担起立德树人的责任?"[46]这一重要论述明确指出教师道德情操对实现立德树人根本任务的重要性。古罗马教育家昆体良曾经把"是否具有良好的德行"作为选择教师的首要考量因素,在他看来,教师"既教学生学习基础知识和雄辩术,又教学生做人。选择教师首要的一点是弄清他是否具有良好的德行"[137]。师者为师亦为范,学高为师,德高为范。教师是学生道德修养的镜子,好老师应该取法乎上、见贤思齐,不断提高道德修养,提升人格品质,并把正确的道德观传授给学生。师德需要教育培养,更需要教师自我修养,教师要做学生锤炼品格的引路人,自己就必须要率先做好品德修养。教师"要在加强品德修养上下功夫,教育引导学生培育和践行社会主义核心价值观,踏踏实实修好品德,成为有大爱大德大情怀的人。"[6]

第二,要有仁爱之心。教师要有仁爱之心。爱护学生、关心学生是高校教师师德师风建设的基本要求。高尔基说:"谁爱孩子,孩子就爱谁。只有爱孩子的人,他才可以教育孩子。"习近平总书记指出:"教育是一门'仁而爱人'的事业,爱是教育的灵魂,没有爱就没有教育。好老师应该是仁师,没有爱心的人不可能成为好老师","教育风格可以各显身手,但爱是永恒的主题。爱心是学生打开知识之门、启迪心智的开始,爱心能够滋润浇开学生美丽的心灵之花。"[46]这充分说明了"爱"在教育过程中的重要作用,教师只有心中有爱,才会真心爱护学生、关心学生,才能孜孜不倦地积极投身于教书育人的教育事业。习近平总书记不仅反复强调"爱"在教育中的重要作用,还指引教师如何激发"爱"的教育力量。他指出:"好老师要用爱培育爱、激发爱、传播爱,通过真情、真心、真诚拉近同学生的距离,滋润学生的心田,使自己成为学生的好朋友和贴心人。"[46]教师的爱能激发学生对教师的亲近、信任,有利于学生"亲其师,信其道"。

第三,要有教育情怀。教师的情怀要深。人的情感奠定了情怀的基础,人的情绪展现了人的情怀。真心才有真情,真情才能感染人。课程思政要引导学生立德成人、立志成才。只有打动学生,才能引导学生。教师在课堂上展现的情怀最能打动人,甚至会影响学生一生。教育情怀包含家国情怀、传道情怀和仁爱情怀。教师要有家国情怀,心里装着国家和民族,在党和人民的伟大实践中关注时代、关注社会、汲取养分、丰富思想。教师要有传道情怀,对教育事业投入真情实感,对教育教学有执着追求,对"为党育人、为国育才"使命有责任意识,带头弘扬社会主义道德和中华传统美德,精于传道、乐于传道,把教书育人作为自身的职业情怀。教师还要有仁爱情怀,把对家国的爱、对教育的爱、对学生的爱融为一体,心中始终装着学生,秉承"捧着一颗心来,不带半根草去"的奉献精神,以自己的仁爱之心、甘于奉献的精神和行为影响和带动学生。

三、提升新时代高校教师课程思政的意识和能力

高校教师开展课程思政的主体自觉意识、能力素养,是课程思政有效推进的根本依托。高校课程思政建设要以教师能力素养构成的四个维度为抓手,进一步强化育人意识,提升育人能力。

1. 提升课程思政建设的责任意识

意识是行动的先导,为师者先要信于思政,而后善于思政。有数据表明,高达86.8%的高校专业课教师认为,在日常专业教学过程中,对学生进行隐性思想政治教育工作不属于自身职责范围;至于真正能够做到将专业课内容与思想政治教育相结合的专业课教师仅占28.1%[138]。这说明,高校部分专业课教师在课程思政认知上存在误区,忽略了所有教师都具有育人之"责"、各类课程都具有育人之

"效",这种"角色认知"偏见导致专业课教师缺乏对课程思政的认知认同,进而影响其推进课程思政建设的积极性、主动性、创造性,因而高校教师要转变认知,增强认同,树牢课程思政建设的责任意识。

第一,增强立德树人的自觉意识。培养立德树人的自觉意识,是高校教师建设课程思政的首要能力要求。当今世界处于"百年未有之大变局",国际秩序进入大调整、大变革时期,各种思潮交流交锋、意识形态斗争复杂严峻。近年来出现了部分高校教师在课堂上公开宣扬历史虚无主义的错误观点,部分学生片面理解人生价值,变成一味追求名利的"精致利己主义者"等现象。这些现象和问题反映出课程思政建设缺失的严重后果,也暴露出部分高校教师对立德树人重要性的认知认同存在不足。鉴于此,高校教师必须更加清醒地认识到立德树人是高校的根本任务,立德树人成效是检验高校一切工作的根本标准。高校不是远离社会的象牙塔,而是意识形态斗争的前沿阵地。课程思政是落实立德树人根本任务的战略性举措,关乎人才培养的方向和质量,关乎国家和民族的前途命运。在推进课程思政建设中,作为"主力军"的高校教师必须认识到立德树人的重要性,增强立德树人的自觉意识,着力做好"立什么德""如何树人"这篇大文章,坚持社会主义办学方向,坚持教育"为人民服务,为中国共产党治国理政服务,为巩固和发展中国特色社会主义制度服务,为改革开放和社会主义现代化建设服务"[20]377。自觉做中国特色社会主义的坚定信仰者和忠实实践者,全面贯彻党的教育方针,以习近平新时代中国特色社会主义思想铸魂育人,用社会主义核心价值观培根铸魂。

第二,增强教育与育人相统一的责任意识。增强教育与育人相统一的责任意识,是高校培养高质量人才的必然要求。高校人才培养是育人和育才相统一的过程,高质量的人才培养过程需要将价值塑造、知识传授和能力培养有机融合。当今,绝大多数教师都能够清晰地认识到自己的"育人"之责,既做"经师"又做"人师"。但也有一些教师误以为学生德行的成长、价值观的引导,只是思想政治理论课教师、辅导员和班主任的事,自己的职责则主要是知识的传授、能力的培养,或误以为自己的立场是"价值中立",自己所讲授的是专业课,是所谓"与价值无涉"的知识课、技术课,不需要承担育德和价值引领作用。这些认识、观念或教育习惯的存在,客观上助长了高校思想政治工作中的"孤岛"现象,思想政治工作成为一部分人之事、一部分课之事,成为"专人专事"。"这样的思想认识,显然没有完全理解师者之天职,没有识透课程价值的丰富内涵,也没有把握学生成长、教书育人的内在规律。"[139]高校教师要增强教书与育人相统一的责任意识,增进对教书育人责任性的认知认同,"坚持教书和育人相统一",努力培养德智体美劳全面发展的社会主义建设者和接班人,培养能担当民族复兴大任的高质量人才。

第三，强化协同育人的共同体意识。强化协同育人的共同体意识，是贯彻落实"三全育人"教育理念的必然要求。要改变传统的单一教学主体责任意识，注重提升协同育人合力。要创新主体，加强教师与其他思政工作者、与学生的协同。育人是一项系统工程，需要全员协力，共担育人责任。同时要建立师生共同体，坚持教师主导与学生主体相统一，发挥学生的积极性、主动性、创造性。要创新机制，加强不同阶段、不同课程教师间的协同，推动大中小一体化、本硕博一体化课程思政建设，构建不同阶段、不同课程教师共同体。要创新路径，加强各种育人方式、育人阵地的协同。坚持显性教育与隐性教育相统一，推进线上线下、课上课下、校内校外、理论与实践的融合互促。推动课程思政建设走出"样板间"，成为"新常态"，形成"课程门门有思政、教师人人讲育人"的态势，汇聚成立德树人的强大合力。

第四，树立终身学习的学习意识。陶行知先生说："出世便是破蒙，进棺材才算毕业"；习近平总书记也指出："今日世界，一日千里，不学无从适应，不思无以应对。"[140] 在知识大爆炸的时代，教师只有不断学习，才能配得上"学高为师"。一是要加强政治学习，提高思想政治素养。主要学习马克思主义基本原理和马克思主义中国化时代化理论成果，特别是要深入学习习近平新时代中国特色社会主义思想；学习党史、新中国史、改革开放史、社会主义发展史，深刻领悟"中国共产党为什么能""马克思主义为什么行""中国特色社会主义为什么好"；关注国内国际时政，胸怀"国之大者"。通过思想政治理论学习，夯实信仰信念信心之基。二是要加强专业知识学习，提高专业素养和技能。要关注学科前沿，深耕科研，更新专业知识，提高专业知识水平，做好"引路人"。三是要加强综合知识学习，拓宽知识视野。除了学习理论和专业知识，还要常怀好学之心、刻苦钻研、勤于思考，完善知识结构，学做"通才"，争当"大先生"。

2. 增强课程思政建设的执行能力

认识的目的在于实践，学习的目的在于执行。教师的执行力是课程思政建设成败的关键。目前，很多高校教师虽然很认可课程思政的价值性和重要性，有"愿教"的动力，但是缺少"会教"的能力，"如何开展课程思政"成了课程思政建设的难点、痛点、堵点。有的流于形式化地"贴标签"，有的陷入教条化的"两张皮"，有的实行强制化的"硬植入"，这些都反映出有些教师缺乏对思政元素的挖掘能力和融入能力，缺乏思政场域的拓展能力、缺乏言传身教的示范引领力。

第一，提升思政元素的挖掘能力。科学合理地深入挖掘课程蕴含的思政元素是实现课程思政育人的前提。各类课程都内含育人基因和思政资源，需要教师研判资源的合理性并对其隐含的精神内核进行挖掘、整合、提炼，对原有课程进行内涵式开发,充分挖掘课程中蕴含的理想信念、家国情怀、人文精神、科学价值和法治思维元素。一是教学视角。教师在设置整个课程和每一堂课的教学目标时,对标"立德树人"整体目标,注重对学生情感、态度和价值观目标的引导;在整合教学内容时,精选一些具有一定思想政治教育价值的素材,将其有机融入课程教学。二是专业视角。每一个专业都是由若干课程构成,教师要立足专业课程群进行课程思政建设的顶层设计,既要挖掘专业课程群共性的思政元素,又要挖掘各门课程独特的思政元素。要结合专业特点分类推进课程思政建设。结合不同课程特点、思维方法和价值理念,根据不同学科专业的特色和优势,深入研究不同专业的育人目标,深度挖掘提炼专业知识体系中所蕴含的思想价值和精神内涵,深入挖掘课程思政元素。三是历史视角。任何一门课程都有其自身的学科发展史,都是一部科学探索发现的历史,教师要从该课程的演进历史、发展阶段、历史贡献、历史人物、历史影响中挖掘思政元素,增加课程的知识性、人文性。四是时代视角。立足"两个大局"的时代背景,从课程所涉专业、行业、国家、国际等角度,关注政治、经济、文化、社会、生态等领域的最新发展动态和理论创新,课程内容的提升引领性、时代性和开放性。

第二,加强思政元素的融入能力。精心设计教学实施路径,找准育人的角度和切入点,进而将思政元素有机融入课程教学,是实现课程思政育人的关键。课堂教学是课程思政建设的主渠道,在挖掘整合课程思政资源的基础上,关键在于选择合适的方式方法将思政元素有机融入课堂,让学生内化于心、外化于行。好的思想政治工作应该像盐,但不能光吃盐,最好的方式是将盐溶解到各种食物中自然而然吸收。思政元素的有机融入就是掌握好盐"如何撒""撒多少""何时撒",掌握好融入的广度、深度、温度,做到适度,在"润物无声"中实现育人效果。一是找准育人角度和切入点。教师要深入研读和学懂弄通教材内容,梳理教学重点难点热点,整合教学内容,化教材内容为教学内容,找准切入点,让思政元素与专业知识点有机融合。二是准确把握学生需求和兴趣点。教师要摸清学生的思想困惑、学习兴趣、实际需求,创新学生的思维方式和学习方式,坚持"三贴近",紧扣时代发展又回应学生关切,选择最佳的教学方法,激发学生共鸣,使课程思政适度适时、水到渠成。教师还可以借助社会兴奋点实施思政育人。例如,浙江万里学院赵春兰教授在"知识产权法"课程中讲授"商标的概念和构成要素"时,以热点话题"今日头条"诉"今日油条"为例讲述商标注册中如何保护在先权利,融入创新精神、权利正当行使的思政教育。三是创新课程组织形式。坚持灌输性与启发性相统一,综合运用体验式教学法、沉浸式教学法、案例教学法、合作研讨法、现场教学法等多种教学方法,引导学生积极融入课堂,促进课程思政育人实效生成。四是有效利用现代化技术手段。充分运用信息化手段和资源,激发学生学习兴趣,将知识和道理讲深讲透讲活。

第三,增强思政场域的拓展能力。创新课程思政载体,科学合理拓展专业课程的广度、深度和温度是实现课程思政育人的重要环节。课程思政建设中,课堂教学是"主渠道",但不是唯一渠道。一是要善用第一课堂,强化育人效果。课程思政绝不是简单地在课程教学进行中的若干片段、某些环节"贴思政标签",而是要将思政元素融入贯穿课程展开的全过程。要落实到课程目标设计、教学大纲修订、教材编审选用、教案课件编写各方面,贯穿于课堂授课、教学研讨、作业论文各环节。二是要善用第二课堂,深化育人效果。第二课堂包括校内除课堂教学之外的一切教学渠道,其中最重要的是校内实验实训、学术活动、党建团学和生活社区活动等校园文化活动和社区文化活动。例如,浙江万里学院不断拓宽课程思政场域,建设了包含"四季歌"校园文化活动、纪念五四主题活动(青春歌会、青春诗会、红剧展演)、思政微课大赛、"卡尔·马克思杯"大学生理论知识竞赛、体育文化节、"我的支部我的团"团支部风采展示活动、毕业博物馆等一大批校园文化精品项目。三是要善用社会大课堂,内化育人效果。要善用"大思政课",坚持"引进来"和"走出去"相结合,实现思政小课堂与社会大课堂相结合。如宁波市教育局携手宁波日报报业集团甬派客户端深入打造"知行新说"思政课改革品牌,就是善用社会大课堂的很好例证。白手起家、科技报国的创业人才,深耕一线、为民服务的人民公仆,矢志创新、不畏困难的改革先锋,扎根本土、传播阳明文化的专家……经过千挑万选,100名来自各行各业、德才兼备的优秀人士被聘为"兼职思政导师",他们结合自己的经历感受,现身高校讲述中国故事、宁波新事和身边好事,为青年学子成长提供方向。不仅如此,宁波还让思想政治理论课走出教室,走到港口、工地、乡村和红色革命基地,在生产生活的火热现场,向青年学子零距离展示中国特色社会主义实践的生动案例。以社会大课堂带动思政小课堂扩容提质,宁波已经建立了20个思想政治理论课实践教学基地,更紧贴时代,更接地气[141]。四是要善用网络平台,细化育人效果。网络平台虽然是虚拟平台,但实际上是极其重要的教育平台,在课程思政中的作用丝毫不能低估。"谁赢得了互联网,谁就能赢得青年、赢得未来",互联网已经成为意识形态斗争的主战场。课程思政建设必须过好互联网这一关,高校课程思政教师要善于通过网络发现思想政治问题,利用好网络整合思政资源,驾驭好网络,提升育人成效,发挥网络育人优势。

第四,提升言传身教的示范引领力。言传身教的示范引领力,是实现课程思政育人的催化剂。《后汉书》云:"以身教者从,以言教者讼。"高校课程思政教师要"坚持言传与身教相统一",提升示范引领力。一是要塑造教师的人格魅力。教师的人格力量和人格魅力是教育成功的重要条件,富有人格魅力的教师对学生有更强的感染力、引导力。教师对学生的影响,既有学识方面的,又有品行方面的。学高为师,德高为范。教师不仅要有学识魅力,又要有人格魅力,用高尚的人格感染学生、赢得学生,既要"以学术造诣开启学生的智慧之门",又要"以人格魅力引导学生心灵"。教师人格魅力的塑造需要教师做到严于律己、率先垂范。明大德守公德严私德,以德立身、以德施教。二是厚植教育情怀,关心关爱学生。教师要厚植家国情怀、传道情怀和仁爱情怀,尊重学生、理解学生、欣赏学生和包容学生。尊重学生的主体性和差异性,理解学生的情感和需求,欣赏学生的优长和创造,包容学生的缺点和不足。要懂得既尊重学生,使学生充满自信、昂首挺胸,又通过尊重学生的言传身教反过来教育学生尊重他人。三是优化课程思政话语能力。话语是课程思政育人的重要因子,也是教师教学的主要载体,话语的表达方式同样影响课程思政实效的生成。高校课程思政教师要善于将抽象性、专业性的话语转化为生活性、实践性的话语,选用学生喜闻乐见的话语方式和易于接受的表达方式,发挥图像叙事的话语引领作用,用鲜活生动的话语诠释真善美的科学内涵,增强思政元素的时代感和吸引力,提升课程思政的亲和力、感染力和针对性,在润物无声中实现价值引领。

全面提升高校教师课程思政建设能力是一项复杂的系统工程,除了教师主动自觉树牢责任意识、增强执行能力之外,还需要健全质量评价体系、激励保障体系等,强化课程思政建设的支撑能力。充分发挥质量评价体系的"指挥棒"作用、激励保障体系的"稳定器""助推器"作用,才能确保高校教师推进课程思政建设行稳致远、进而有为。

习近平总书记指出:"一个人遇到好老师是人生的幸运,一个学校拥有好老师是学校的光荣,一个民族源源不断涌现出一批又一批好老师则是民族的希望。"[46] 高校教师要不忘立德树人初心,牢记为党育人、为国育才使命,始终忠诚于党的教育事业,既当"经师",又做"人师",努力成为塑造学生品格、品行、品味的"大先生",全面提升自身课程思政建设意识和能力。

第三章 创新:新时代高校课程思政建设的万里改革

2017 年,浙江万里学院启动了探索课程思政建设的试点工作。为扎实推进此项工作,学校党委郑重发文,明确地提出"坚持改革创新,强化特色",要求"充分学习和吸收其他高校的建设经验,结合学校实际和特色开展试点工作。要因事而化,因时而进,因势而新。把持续创新的要求贯穿于试点工作的各个方面,促进学生知识、能力和素质全面发展,契合时代发展的要求和学生成长成才的需求"[142]。从此以后,创新便成为浙江万里学院课程思政建设的底色。全校师生始终坚持用创新思维来推进课程思政建设,开展了一场新时代高校课程思政建设的创新实践。

第一节 课程思政建设的理念创新

人类的任何实践,都是有意识有组织的活动。正如马克思所说:"蜜蜂建筑蜂房的本领使人间的许多建筑师感到惭愧。但是,最蹩脚的建筑师从一开始就比最灵巧的蜜蜂高明的地方,是他在用蜂蜡建筑蜂房以前,已经在自己的头脑中把它建成了。"[143]浙江万里学院所进行的课程思政建设,是在一定的思想认识的基础之上的实践。工作伊始,浙万院党〔2018〕5 号文件就提出"探索构建全员、全课程、全过程的大思政教育体系"[142]。在 2022 年浙江省的"高校书记校长谈课程思政"的活动中,浙江万里学院进一步强调"五个聚焦"构建"大思政"工作新格局[144]。历年来,浙江万里学院课程思政建设不断践行"大思政"育人理念,这是高校思想政治教育的一种理念创新。

一、提出"大思政"理念的依据

"大思政"是由教育本身生发而来。什么是教育？不同的人给出不同的回答。中国大百科全书给出的解释是:"从广义上说,凡是增进人们的知识和技能,影响人们的思想品德的活动,都是教育;狭义的教育,主要指学校教育,其含义是教育者根据一定社会(或阶级)的要求,有目的、有计划、有组织地对受教育者的身心施加影响,把他们培养成为一定社会(或阶级)所需要的人的活动。"[145]广义的教育泛指人类的一切教育活动,包括家庭教育、社会教育和学校教育;狭义的教育专指学校教育。由此可知,塑造人的思想品德、培养一定社会(或阶级)所需要的人是教育的目的。

古今中外,任何社会都会按照自己的政治要求,来培养自己所需要的人才。中华人民共和国是社会主义国家,社会主义制度决定了我们所要培养的人才必须是德智体美劳全面发展的社会主义建设者和接班人。在马克思看来,培养全面发展的人,唯一的方法就是将教育与生产劳动相结合,与社会实践相结合。因此,我们的教育"必须与生产劳动和社会实践相结合"。

不同社会对个体在"德"方面的要求有一些差异,由此出现了狭义的德育与广义的德育。狭义的德育是指"品德教育",教育人妥善处理好人与人之间的关系;广义的德育教育人不仅要处理好个体与个体之间的关系,还要处理好个体与自然、个体与集体、个体与社会、个体与国家等各种关系。我国的德育内容在《中华人民共和国教育法》的第六条得到了进一步的明确:"教育应当坚持立德树人,对受教育者加强社会主义核心价值观教育,增强受教育者的社会责任感、创新精神和实践能力。国家在受教育者中进行爱国主义、集体主义、中国特色社会主义的教育,进行理想、道德、纪律、法治、国防和民族团结的教育。"显而易见,我国所提倡的思想政治教育是"大德育"。

"大德育"不仅限于品德教育,还包含思想、政治等诸多方面的教育。一段时间内,大中小学里的思政课程承载着"大德育"的主要任务。思政课程在我们的学校教育中,确实起到了不可替代的作用。但是,我们要清醒地意识到,在新的发展时期,社会的价值取向日趋多元化,年轻人的思想异常活跃,要想单纯依靠思政课程真正地实现"大德育"的目标显得越来越力不从心。

2014年,上海市教育委员会提出了"课程思政"的概念,开始探索推动"思政课程"向"课程思政"的转变。课程思政是一种教育方式的改革和发展,是将思想政治教育的元素,包括思想政治教育的理论知识、价值理念以及精神追求等,融入各门课程的教学中去,潜移默化地去影响学生的思想意识、行为举止。显而易见,

"课程思政"的概念传达出来的是全员、全过程、全方位的"全课程"育人理念。

2016年12月,习近平总书记在全国高校思想政治工作会议上发表了重要讲话,强调高校思想政治工作关系到高校"培养什么样的人""如何培养人"以及"为谁培养人"这些根本性的问题。要坚持把立德树人作为中心环节,把思想政治工作贯穿教育教学全过程,实现全程育人、全方位育人,努力开创我国高等教育事业发展的新局面。习近平总书记的讲话为课程思政建设工作提供强大的理论支持,吹响了全国高校课程思政建设的号角。

2021年4月29日,第十三届全国人民代表大会常务委员会第二十八次会议第三次修正《中华人民共和国教育法》,其中第五条明文规定:"教育必须为社会主义现代化建设服务、为人民服务,必须与生产劳动和社会实践相结合,培养德智体美劳全面发展的社会主义建设者和接班人。"这是用法律的形式定义了我国的教育"培养什么人、怎样培养人、为谁培养人"的根本问题。

浙江万里学院积极响应党中央关于加强高校思想政治工作的号召,用自己的课程思政建设的创新实践,丰富了"大思政"的教育理念。

二、丰富"大思政"理念的内涵

"大思政"一词,虽然只是在"思政"二字前面加上一个"大"字,看起来简单明了,却有着丰富的内涵。其核心要点有三个。

1. "大思政"是"以思政为大"

在教育教学中,要将思政工作摆在首位,以德育为先。课程思政的本质是立德树人。立德树人是以德立身、以德立学、以德施教。党的十八大报告明确地指出:"把立德树人作为教育的根本任务。"立德树人回答了教育的方向性根本性的问题。古今中外所有的教育,首先都要回答这个方向性根本性的问题,即所培养的人才为谁服务的问题。我国是社会主义国家,我国的教育是为中国特色的社会主义事业培养合格的建设者和可靠的接班人,是为实现中华民族伟大复兴的中国梦凝聚人才、培育人才、输送人才。如果偏离了这个方向,培养出来的人不管有多么杰出的才能,有多么丰富的知识,教育也谈不上是成功的。《光明日报》曾刊文揭示了一种错误倾向:"一段时期以来,我们的学校德育弱化倾向突出:一些教育主管部门以升学率、考试成绩作为评价学校优劣的根本或者唯一的指标;一些学校较为严重地被应试教育左右,以升学率、考试成绩作为评价教师教学优劣根本或者唯一的条件;一些教师较为严重地存在着重视知识、技能的传递,轻视德的培育的倾向。这样的状况与我们长期以来倡导的教育方针是不符合的,必须纠正。"[146]

2."大思政"是突出思政的内容"大"

"大思政"要尽可能地拓展思政工作所涉及的范围。一般认为,思想政治教育包括思想教育、政治教育、道德教育、心理教育、法治教育等。具体地说来,我国的思想政治教育内容有以下几点:一是世界观、人生观和价值观教育,二是爱国主义、集体主义和社会主义教育,三是社会主义公民意识教育,四是理想信念教育,五是道德教育,六是民主法治教育,七是民族精神、时代精神和中华民族优秀传统文化教育[147]。其实"大思政"是在此基础上的再拓展。教育是以育人为本。育人是一项最复杂、最繁难的工程,应该根据人性的发展而发展。人性从来都不是抽象的一成不变的存在,而是随着时代的发展而变化,随着环境的变化而发展。因此,思想政治教育也应该是一个无止境的过程。正如浙江万里学院法学院提出的"育人格局更大一点儿""思政进路更深一点儿""实践育人更实一点儿""育人载体更宽一点儿"的理念。面对不同的时代,根据不同的场景,思政工作也应与时俱进。譬如说,在进入信息时代的今天,社会节奏加快,不少年轻人存在一些心理问题。因此,此时心理疏导就显得至关重要。再如网络时代,互联网相关的犯罪越来越多,有关网络安全教育也是刻不容缓的事情。总之,凡是有利于人的健康成长的内容,都应该纳入"大思政"教育体系之中。

3."大思政"是突出思政的场景"大"

做学生的思政工作,不能总是空洞地说教,这样没有好的教育效果。好的教育都是要落实到具体的场景之中。课堂教学是学校教育工作的核心,自然也是思想政治教育的重要阵地。思政课程是思想政治教育的第一场景。教师应将马克思主义中国化时代化的最新成果,在课堂上准确地传达给学生,提高学生政治觉悟和理论水平,这是思政课程必须完成的任务和使命。思政课程是落实立德树人根本任务的关键课程,具有不可替代的作用。但是,从现实来看,仅靠现在开设的思政课程来对学生进行思想政治教育是远远不够的。思政课程以外的综合素养课、专业基础课等也应与思政课程同向同行,这些课程的任课教师应根据该课程教学的内容、形式、特点等,适时适当地对学生进行思想政治教育,承担起自己所应承担的育人任务,使学生在潜移默化之中,也能受到思想政治教育。

除第一课堂之外,在第二课堂即在学生的课外活动,如食堂就餐、图书馆阅读、宿舍生活、社团活动、志愿者活动等,也需要融入思政元素,第二课堂也是教育学生的重要场合。在第一课堂、第二课堂之外,还有网络世界。网络的虚拟世界与现实生活紧密相连,教师可以与学生展开网上互动,引导学生走上人生正道,赋予他们正能量。除此之外,高校还可以与家庭、社区、社会联合,编织一张全覆盖的思想政治教育之网,协同创新、协同育人。总之,"大思政"所能提供的思想政治教育场景应是开放的、广域的。

三、践行"大思政"理念的意义

浙江万里学院践行"大思政"理念,一定程度上回应了如何实现对中华优秀传统文化进行创造性转化和创新性发展的问题,回应了当下高等教育如何满足中国特色社会主义教育的时代需求,回应了像浙江万里学院这样的应用型本科院校应如何为社会主义现代化建设、如何为实现中华民族伟大复兴做出自己的贡献。浙江万里学院践行的"大思政"理念对丰富新时代中国高校思想政治教育的建设工作具有积极意义。

1. 践行"大思政",弘扬了中国教育的优良传统

中华民族自古以来就重视教育。在中国悠久的教育历史中,有一个绵绵不绝的优良传统,那就是重视德育。早在尧舜时期,就有了德育思想的萌芽。从尧的"克明俊德,以亲九族",到孔子的"修己以敬""修己以安人""修己以安百姓",再到《大学》的"自天子以至于庶人,壹是皆以修身为本",都是在突出德育在教育中的至关重要的地位。一个人来到这个世上,没有经受道德教育,没有自我修养过程,还不能算是一个有人格的真正的人。正如孟子所言:"无恻隐之心,非人也;无羞恶之心,非人也;无辞让之心,非人也;无是非之心,非也人。"要想成为真正的人,人必须以道德来修身,即我们可以通过个人的道德修养,启迪个体的内在道德自觉,引导个体不断完善自我道德品行,从而成为一个真正有道德良知的人。

中国古代的德育范围极其宽泛。当下有一种狭隘的观点,认为道德只是调节人与人之间关系的行为准则,它将人生分为道德区域和非道德区域,凡是不涉及人与人之间关系,就与道德无关。这种认识明显与中国传统文化对道德的理解不同。中国古人认为,德育是教人如何做人的学问。凡是与人相关的一切活动,都关乎着道德。人活在世上,总是要处理一系列的关系,包括人与人的关系、人与自然的关系、人与社会的关系、人与国家民族的关系、人自身的精神与肉体的关系等。人在处理这一系列关系的时候,都关涉着道德。孟子尤其强调义利之辨。人的一举手,一投足,都关乎着是非对错,都与道德相关联。

中国古代德育注重具体的场景。既然道德无处不在,那么人在任何场景里,都要有道德自觉。因此,一方面,人的内心应该始终保持一种警觉,就像曾子一样,病危之际都要嘱咐弟子"战战兢兢,如临深渊,如履薄冰";另一方面,人也要时刻注意自己外在的言行举止,要做到"非礼勿视,非礼勿听,非礼勿言,非礼勿动"。

在古人看来,人的一切言行都关乎着道德。只要人用心,就是日常生活中的劈柴担水、吃饭穿衣,也都是人的一种修身功夫。

2.践行"大思政",提升了政治站位的高度

放眼当今世界,经济全球化进程已成为不可逆转之势,"人类命运共同体"理念深入人心。但是西方世界仍然有一部分人,总希望看到红色的社会主义中国变色变质。他们千方百计,通过各种各样的方式,对中国实行文化渗透和文化侵略,企图在意识形态上,改变中国人特别是青年大学生的价值观,来抢占中国人的思想教育阵地。

国内的形势也发生了一些变化。经过长期努力,中国已经从"站起来"到"富起来",现在到了"强起来"的阶段。中国人的思想多元化,人们的追求多样化。在一段时间内,中国教育出现了偏差。部分教育管理部门、部分学校和部分教师,只注重学生的考试分数、升学率,而放松了思想政治教育工作。在培养什么样的人、如何培养人、为谁培养人的问题上,没有深入的清晰的思考。有一些国内名牌大学的优秀毕业生,以出国留学作为自己的人生奋斗目标,以为外国公司打工为自己的荣耀。这不能不令人痛心。

高校能否做好课程思政建设工作,是关乎政治站位的问题。自党的十八大以来以习近平同志为核心的党中央,高度重视大中小学的思想政治工作,先后发表了一系列的重要讲话,作出了一系列的重要指示和批示,系统、科学、深刻地回答了事关新时代学校思想政治工作的一系列方向性、根本性问题,为各类学校做好思想政治工作指明了方向。正是在认真学习习近平总书记一系列重要讲话精神的基础上,浙江万里学院的师生认识到,我国独特的历史、独特的文化、独特的国情,决定了我国必须坚持中国共产党的领导,必须坚持走中国特色社会主义道路。高校做好思想政治教育工作,关乎后继有人的根本大计、关乎国家的长治久安、关乎民族复兴和国家崛起。在开展课程思政建设实践中,他们不断提高自己的政治站位。

3.践行"大思政",夯实了教书育人的基础

教育者必须熟知自己的教育对象,然后才能施加有针对性的教育。浙江万里学院的学子,与全国其他高校的大学生相比,既有相同点,也有个性化的差异。一方面,作为新时代中国的大学生,万里学子同样具有强烈的爱国情感,具有积极向上的人生追求。另一方面,万里学子还有自己的特点,如动手能力强,情商比较高,善于与人沟通。但是,部分万里学子也存在自信心不足,没有明确的人生方向,没有坚定的个人意志,没有养成良好的学习习惯的情况。

正是在充分读懂学生的基础上,浙江万里学院一直以来,坚持以培养高素质应用型人才为教育目标。在传授学生知识和培养学生能力的同时,将大量的精力倾注于教书育人方面。坚持"以生为本",坚持以学生为中心开展工作,多方面有意去塑造学生的健全人格,帮助学生成人成才。譬如,浙江万里学院在全国率先创立了"阳光大厅",为全校学生提供一站式的教务学务工作服务。在课堂上、生活中、网络上,浙江万里学院都始终将育人放在首位。浙江万里学院有一个响亮的口号,那就是"只要有1%的希望就要尽100%的努力",以此来激励学生"自强不息、恒志笃行",激发学生的奋斗精神、拼搏精神和昂扬向上的斗志。

在启动课程思政建设工作时,浙江万里学院认真反省了以往学校思政工作需要改进的地方,提出"大思政"的理念。除了要一如既往地全方位关心学生的生活和学习,还要对一些忽略的地方进一步思考,争取做好做强。譬如,如何让"大思政"的理念融入师生员工的血液之中,如何将思想政治工作融入每一个课堂、每一个专业、每一个学院之中,如何将浙江万里学院的课程思政建设落在实处,等等。这些都要求精心的顶层设计、系统谋划,以及构建具有校本特色的课程思政建设模式。

第二节　课程思政建设的模式创新

自中共中央、国务院印发《关于加强和改进新形势下高校思想政治工作的意见》,课程思政建设便成为摆在全国高校面前的一项全新的工作。如何来开展和推进此项工作,这是新时代每一所中国高校需要思考和贯彻落实的新课题。经过不断的改革探索实践,浙江万里学院课程思政建设逐步形成了"一体化谋划、两中心协同、三层次推进、四维度构建、五方面聚焦"的"12345"课程思政建设模式。

一、"一体化谋划"

新时代高校课程思政建设是一项全新的系统工程,需要在顶层设计中对课程思政建设进行"一体化"的长远谋划、整体布局。浙江万里学院课程思政建设的"一体化谋划"贯穿课程思政建设启动、试点和发展全过程。

1.在"一体化"中谋划启动推进课程思政建设

早在2017年,为深入学习贯彻全国高校思想政治会议工作精神,充分发挥课堂主渠道在高校思想政治工作中的作用,使各类课程同向同行,形成协同效应,实现思政工作贯穿教育教学全过程，浙江万里学院就出台了《关于进一步加强和改进思想政治工作的实施方案》（浙万院党〔2017〕21号）。该方案不仅谋划了浙江万里学院要启动课程思政建设，还明确了贯彻落实的责任主体：教务部和马克思主义学院；明确提出了推动"思政课程"向"课程思政"转变的建设要求："根据学科专业特点，深入挖掘提炼本课程所蕴含的德育元素和承载的德育功能，把社会主义核心价值观内容融入综合素养课和专业课程教学之中，使各类课程与思想政治理论课同向同行，形成协同效应。进一步树立'大思政'育人理念，逐步构建思想政治理论课、综合素养课、专业课程三位一体的'课程思政'体系，推进'课程思政'进专业人才培养方案、进课程大纲、进课堂教学设计、进教师考核和评聘标准，促进全课程育人。"[148]

2. 在"一体化"中谋划课程思政建设的改革试点

为贯彻落实《关于进一步加强和改进思想政治工作的实施方案》，浙江万里学院在2017年9月启动了课程思政教学改革试点工作，即通过"一个学院一个培养模式、一个专业一个课程体系、一位教师一门示范课程"的"六个一"特色课程思政项目，把思想政治教育贯穿教育教学全过程，积极开展课堂教学创新，充分发挥课堂育人主渠道作用，将学科资源、文化氛围转化为育人资源，加快推进思政课程向课程思政转变，实现"知识传授""环境育人"和"价值引领"有机统一，探索构建全员、全课程、全过程的"大思政"教育体系。2018年1月，中共浙江万里学院委员会印发《浙江万里学院全面推进课程思政"六个一"项目建设方案》（浙万院党〔2018〕5号），该方案从总体目标、基本原则、主要内容、保障和激励等方面，对全校课程思政建设改革试点工作做了全面的规划和详细部署。这个方案基于"学院—专业—课程"三层次，顶层设计出"六个一"建设项目，要求在一定时间内建设一批"示范学院""示范专业""示范课程"，并通过这些项目的示范引领，带动全校课程建设提质增效。与此同时，还成立了由校党委书记和校长牵头负责的"课程思政教育教学改革工作小组"，统筹推进全校建设试点工作。

3. 在"一体化"中谋划课程思政建设的全面发展

2021年3月，为深入学习贯彻习近平总书记关于教育的重要论述和全国、全省教育大会精神，落实教育部《高等学校课程思政建设指导纲要》和《浙江省高校课程思政建设实施方案》，全面推进学校课程思政建设，强化课程育人功能，提升课程育人实效，着力构建符合人才成长规律、体现时代要求、彰显校本特色的课程思政体系，培养德智体美劳全面发展的社会主义建设者和接班人，浙江万里学院出台了《浙江万里学院课程思政建设实施方案》[149]。该方案从总体要求、主要任务和保障措施等方面对全面推进课程思政建设进行了"一体化"谋划,提出要"从学科专业建设、课程体系建设、课堂教学建设、教师队伍建设、实训环境建设、校园文化建设、评价激励机制等进行整体统筹和系统谋划,课程思政建设覆盖到所有院系、所有学科专业和所有教师,实现专业教育和思政教育有机融合,寓价值塑造于知识传授、能力培养之中"。该方案为浙江万里学院课程思政建设的进一步全面发展提供了根本遵循。

二、"两中心协同"

"两中心协同"是指为全面推进课程思政建设、提升教师课程思政建设的意识与能力,相关职能部门之间的协同联动。为"一体化"推进课程思政建设,浙江万里学院注重加强"两中心协同",即在纵向上加强课程思政教学研究中心校院两级协同、横向上加强课程思政教学研究中心与教师发展中心协同联动,以推进课程思政建设的"一体化"谋划落实落地、见功见效,提升教师课程思政建设能力水平。

1.课程思政教学研究中心与分中心的协同

2021年4月,浙江万里学院结合办学定位和专业特色开展课程思政建设研究,为有效指导和有力推进院系、专业、教师不同层面的课程思政建设,成立了课程思政教学研究中心,该中心为校院两级组织架构,由1个校级中心及11个二级分中心组成(图3.1)。课程思政教学研究中心由教务部牵头,校党委书记任中心主任,分管教学副校长任中心副主任,宣传部、教务部、教师工作部、马克思主义学院、各专业学院相关教师组成中心成员。马克思主义学院及法学院是理论研究指导单位,宣传部、教务部、教师工作部、科研部、学工部等相关职能部门为管理与保障单位,各分中心为实践研究单位。

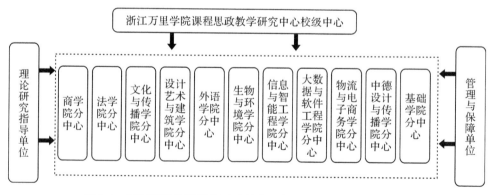

图3.1 浙江万里学院课程思政教学研究中心校院两级组织架构

2021年11月,浙江万里学院出台了《浙江万里学院课程思政教学研究中心建设方案》,进一步明确校级中心和二级分中心职责,构建思政理论教师指导研究、学科专业教师实践探索研究、职能部门保障与评价机制研究的上下协同、多方联动运行机制,并做好组织、制度及经费保障。提出将浙江万里学院"课程思政教学研究中心"建设成课程思政先进教育思想生成中心、教学服务指导中心、课程思政资源共享中心、教学示范与推广中心的发展目标。

以校级中心为统领。浙江万里学院课程思政教学研究中心全面贯彻习近平新时代中国特色社会主义思想,以"协同育人、价值引领、知识传授、能力培养"为原则,紧紧围绕立德树人根本任务,深入推进课程思政理论研究和实践探索;指导全校课程思政制度建设、管理和运行体制机制建设、师资队伍建设、教学体系建设、教学资源平台建设;总结推广课程思政经验;培育浙江万里学院课程思政特色。同时,开设课程思政教学研究中心专网,集聚文件精神、日常动态、工作抓手、专业思政、示范课程、主题视频、优秀案例、研究论文等各类信息和资源,建成集成化共享平台。组织课程思政优秀分中心评比、优秀基层组织等评比,营造教书育人的良好氛围。

各分中心协同联动。在校级中心的指导下,各分中心结合本学院学科专业特点,落实校级中心下达的各项任务,开展课程思政实践研究,打造本学院的课程思政育人品牌。立足专业特色和课程育人特点开展课程思政建设,整合本学科专业的课程思政优质资源,并将其有机融入专业人才培养方案与课程教学大纲;结合基层教研组织建设,开展经常性的课程思政建设教师交流、研讨、观摩和培训活动,积极推动教师课程思政建设能力整体提高,提升广大教师的课程思政认知和育人能力,将立德树人理念真正落实到每一个教学环节,分层次打造院系、专业、课程育人品牌。

2.课程思政研究中心与教师发展中心的协同

浙江万里学院教师发展中心以"提升师德素养,释放教师潜能,追求卓越教学,提升科研层次,倡导身心健康"为工作宗旨,加强思想政治和师德师风教育,推广先进教学科研理念,弘扬优良教学科研文化,探究科学教学科研规律,搭建温馨合作交流平台,提高教师的学习发展能力和教育教学艺术,促进教师获得全面而长远的发展。

"两中心协同"共促教师全面发展。为全面提升教师课程思政建设的意识与能力,课程思政教学研究中心协同教师发展中心组织专业负责人、课程负责人培训班,将课程思政纳入教师岗前培训、在岗培训,以及师德师风、教学能力专题培训等;持续开展"逐梦课堂、打造'金课'"的校级教学观摩活动,提升青年教师教学技能,线上线下相结合,拓展培训覆盖面;通过制定多元化青年教师发展规划,如"新教师培训计划""青年教师促进计划""教师发展提升计划""个性发展服务计划"等,采取沙龙、工作坊、讲座、观摩教学等多样化培训培养组织形式,强化思想政治和师德师风教育,提升教师师德素养和教育教学能力。据统计,自课程思政教学研究中心成立之后的两年间,校院两级教师发展中心共举办各类沙龙、工作坊、讲座、培训班等212场(批)次,参加人数超过8000人次。其中包括课程思政系列的论坛、沙龙、主题报告、培训班等17场(批)次,参与人数超过1300人次。具体有高校教师课程思政教学能力培训班、"深化课程思政质量建设,提升高校立德树人成效"专题网络培训班、全国高等院校课程思政教学工作坊;"高校课程思政的生成逻辑与推进策略"沙龙、课程思政系列论坛、主题报告;课程思政建设研讨会;等等。

三、"三层次推进"

"三层次推进"是指浙江万里学院从学院、专业、课程三个层次推进课程思政建设。此三层次是逐步深入的关系,将全校各学院、每个专业和每一位任课教师,各方面的力量都调动起来,使大家都参与到课程思想建设当中。

1.基于"学院—专业—课程"整体推进课程思政建设

课程思政"六个一"项目建设,是基于"学院—专业—课程"三个层次整体推进课程思政建设,探索形成"一个学院一个培养模式、一个专业一个课程体系、一位教师一门示范课程",把思想政治教育贯穿教育教学全过程。

第一,"一个学院一个培养模式"。各学院既是贯彻落实全校课程思政建设"一体化谋划"的组织实施者,也是统筹推进院系、专业、课程开展课程思政建设的直接领导者。"一个学院一个培养模式",要求全校每个二级学院结合学院特色和建设定位,从理念、标准、评价、保障等多维度构建一体化课程思政建设体系,打造独具特色的人才培养模式。例如,法学院以课程标准为抓手,着力推进"思政五融入",打造"课程标准五度课堂"的培养模式;中德设计与传播学院立足中外联合培养模式下,秉持"课程思政引领""品牌思维导向"原则,通过"中德互通、校企联动"的人才培养路径与"艺＋商＋媒"跨学科多维度融合的教学模式,打造"聚合跨文化思政资源聚焦民族文化担当"的培养模式。

第二,"一个专业一个课程体系"。每一个专业都有自己的人才培养方案。人才培养方案实际上是由不同的课程组成的。要选什么样的课程,每门课程在人才培养方案中所占的比重是多少，都是应该指向专业培养目标。人才培养方案就是一个课程体系。"一个专业一个课程体系"，要求每一个专业都要对标人才培养目标，思考学生所要掌握的专业知识和技能，结合本专业的学生情况，及学校的相关教学资源和教学设备，科学设计本专业课程思政教学体系。各专业的核心素养不同、人才培养方案不同，决定了各专业的课程体系也不尽相同。这就要求各专业教学团队要根据不同学科专业的特色和优势，结合专业特点分类推进课程思政建设，探索形成符合自己专业特色和教育教学规律的课程体系。例如，浙江省高校课程思政示范基层教学组织、文化与传播学院汉语言文学专业"浙东文化实践与创新教学团队"，深耕浙东文化尤其是宁波地方文化，以语言文字运用能力为核心，设置了多个选修模块课程，建构以专业能力为核心的多元能力培养系统。采取"基础课＋核心课＋模块课＋素质拓展"的课程设置方式，打造教学、实践、服务社会相结合的立体育人体系。

第三，"一位教师一门示范课程"。教师是落实课程思政建设的关键，课程是课程思政建设的基本载体。在高校，教师常常会承担多门课程的教学任务。"一位教师一门示范课程"，要求每位教师选择其中一门课程，结合课程特点，认真梳理课程教学内容，深入挖掘课程思政元素，并将其有机融入课程教学，力争把该课程建设成为课程思政示范课程。正是通过"一位教师一门示范课程"项目建设，教师课程思政的意识与能力得以提升，每位教师都能参与到课程思政建设的实践中来，承担教书育人之责。全校教师在实践中，改革创新、勇毅前行，守好一段渠、种好责任田，打造具有自己教育教学风格的课程思政示范课程。

2.课程思政"六个一"项目建设的主要内容

第一，牢固树立"立德树人"教育理念。贯彻落实全国高校思想政治工作会议精神，把思想政治工作摆在突出位置，站在全局和战略高度，采取有力举措，在全校范围内实施课程思政行动计划，把思政教育贯穿教育教学全过程，引导各部门、二级学院充分认识加强与改进思想政治工作的极端重要性和现实紧迫性，进一步增强做好思想政治工作的责任感和使命感。鼓励课堂教学创新，充分发挥课堂育人主渠道作用，加快推进思政课程向课程思政转变。

第二，推进课程思政示范项目建设。启动开展课程思政"六个一"示范项目建设工作。从全校范围内，遴选一个学院、一批专业、一批专业课程和一批思政课程，让他们先行一步进行建设。做出成绩，作为示范，在全校推开。建设经费由学校专项资助。要求每门课程设置课程思政的课程标准，融入德育元素，设计教学内容，规划实现路径，将"立德树人"教学理念贯穿人才培养每个环节。

第三,抓好课程教学落实过程。结合校院两级教学巡查活动,学校跟进课堂教学指导,积极推进"大思政"体系建设。每门课程要结合课程特色,设计课程导论环节,强调专业伦理、时政要素、工匠精神等思政元素。教学设计要明确体现德育内涵与元素。各学院对本学院课程实行全程管理,加强监管与交流。通过听课评价、问卷调查等形式,评选课堂教学优秀效果示范课程。

第四,交流建设心得示范推广。每学期末组织一次课程思政建设交流会。总结推广好经验、好做法,深入挖掘、大力宣传典型专业课程,加强舆论引导,确保"课程思政"入脑入心。形成优秀教学案例、论文、视频等物化成果,示范辐射力争覆盖全课程。

3. 课程思政"六个一"项目建设的主要特点

第一,分层推进。课程思政"六个一"项目建设不是一蹴而就的一次性改革项目,是一项立足于长远谋划、整体布局,分层分批次逐步推进的建设项目。从建设时间上看,项目建设的时长不等,分批次进行。"示范学院"建设期四年,"示范专业"建设期三年,"示范课程"建设期一年。从建设主体看,项目建设分为学院、专业、课程三个层次,责任主体分别为二级学院党政领导、专业教研室或教学团队负责人、任课老师,三个层次的责任主体各司其职,共同推进课程思政建设落地落实、见功见效。

第二,凸显特色。"坚持改革创新、强化特色"是课程思政"六个一"项目建设的基本原则之一。在全面推进课程思政建设实践中,各学院、专业、课程结合浙江万里学院应用型、国际化、创新创业的人才培养特色,根据不同学科专业的特色和优势,结合不同课程特点、思维方法和价值理念,探索建设"一个学院一个培养模式""一个专业一个课程体系""一位教师一门示范课程",形成了独具特色的培养模式、课程体系和示范课程。例如,外语学院课程思政分中心秉承"课程承载思政,思政寓于课程"的理念,各个专业构建了课程思政指标点 20 条,重新定位教学目标,将"德"育评价纳入考核,通过党建引领教师思政、示范带动思政育人、强化理论学习、拓展课堂实践场域等一系列举措,初步形成以教工党员为先锋、小班化教学为载体和以"一带一路"语言文化中心为依托的"三位一体"的课程思政教育特色亮点;文化与传播学院以部校"共建新闻学院",通过举办经典诵读、大广赛、摄影竞赛等学科竞赛,开展话剧社、"乡村脸庞"公益影像社团、"知青口述史"等专业社团,充分将马克思主义新闻观、传统人文精神等国家主流意识形态融入课程思政建设;省高校课程思政示范基层教学组织、大数据与软件工程学院"大数据技术主干课程教学团队",共同设计了家国情怀、工匠精神等 16 项一级思政点,以及技术自信、行业责任等 24 项二级思政点,形成了完整的大数据技术类专业思政育人体系,构建了理论课堂注重"德"铸魂、实践环节强化"行"操守、公众平台强调"范"推广的"三维融通"课程思政路径。

第三,示范引领。课程思政"六个一"项目以一批示范学院、示范专业、示范课程的建设为引领,以点带面,全面推进课程思政建设。为保障项目建设,浙江万里学院不断健全保障体系,设立专项建设经费,各职能部门提供技术、数据支持,各学院充分发挥主体作用,承担起相应的职责。为发挥示范引领作用,学校通过加大宣传力度、选树优秀典型、开展教学比赛、组织教学观摩、设立教科研项目等方式推介成功经验,同时实施"课程思政"成果转化激励政策,推进成果产出。截至2023 年 8 月,浙江万里学院先后获批省级课程思政示范研究中心、省级课程思政示范校,获评省级课程思政优秀基层教学组织 2 个、课程思政示范课程 17 门、课程思政教学研究项目 12 项;校级范围内建成的 1 个示范学院、11 个示范专业、124 门示范课程,培育立项了 103 项研究和建设项目,均起到了良好的辐射示范效应。

第四,全员育人。每门课程都有育人功能,每位老师都有育人责任。课程思政"六个一"项目建设是基于学院、专业、课程三个层次整体推进课程思政建设,把思想政治教育贯穿教育教学全过程,营造"课程门门有思政,教师人人讲育人"的良好氛围,最终实现育人全覆盖。目前,"课程思政"的理念在浙江万里学院深入人心,成为广大教师的自觉行动,并落实在人才培养方案、课程体系、课程标准、教学内容、教学评价、基层教学组织及学生日常生活中,已形成思政课程有亮度、课程思政有深度、日常思政有广度、生活思政有温度的四维"大思政"育人新格局。

四、"四维度构建"

"四维度构建"主要体现在坚持以"联""通"为原则,构建"四联四通"协同育人格局;贯彻"大思政"育人理念,系统构建"思政课程、课程思政、日常思政和生活思政"互嵌融合的"四位一体"高校思想政治教育体系。

1. 坚持以"联""通"为原则,构建"四联四通"协同育人格局

浙江万里学院坚持以"联""通"为原则,推动党政、思政、教务、专业学院之间部门联通;推动思政课程教师、通识课程教师、专业课程教师、实践课程教师联通;推动思政课程、通识课程、专业课程、实践课程联通,教学目标、教学内容、教学方法、教学评价联通(图 3.2)。课程思政建设的顶层设计通过"四联四通"协同育人格局,使各部门、课程、教师、教学环节等同向同行,最终实现"三全育人"。

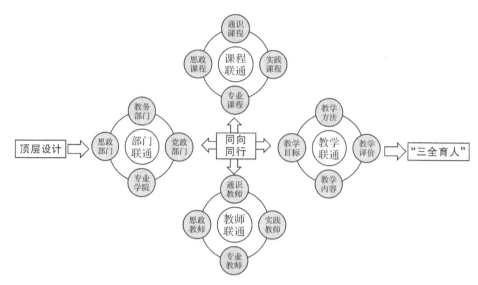

图 3.2 "四联四通"课程思政协同育人格局

第一,部门联动、上下联通。部门联通是指学校的党政部门、教务部门、思政部门和专业学院四部门的有效联通。部门联通是通过部门联动来实现上下联通。在这个联通中,四个部门之间有主次之分。整个中心归学校党委统一领导,学校的党政部门要齐抓共管;教务部门牵头抓大的方面、总的方面,相关的部门要配合,要联动;专业学院主要负责推进落实。浙江万里学院"课程思政研究中心"是课程思政建设工作的中枢神经。"课程思政教育教学改革工作小组"擘画的有关课程思政的顶层设计,通过它这个渠道快速下达,并落实到实践之中;课程思政建设过程中出现的问题,也通过它这个渠道反馈上去,便于上级部门研究对策。

第二,教师联动、团队联通。教师联通是指思政课程教师、通识课程教师、专业课程教师和实践课程教师的相互联通。教师联通是通过教师联动来实现团队联通。在课程思政建设实践中,浙江万里学院除了建立校、政、协、企之间的校际联动联通外,在校内也构建了三个层面的教师联动联通。一是学校层面教师的联动联通。以"课程思政研究中心"为例,该中心的成员有来自党政部门的领导人员、职能部门的教辅人员,还有来自马克思主义学院的思政课程教师和专业学院的通识课程教师、实践课程教师、专业课程教师。形成了思政课程教师指导研究、学科专业教师实践探索研究、职能部门保障与评价机制研究的上下协同、多方联动运行机制。二是学院之间教师的联动联通。比如,马克思主义学院的思政课程教师与专业学院的课程思政教师的结对互助。思政课程教师给予专业学院教师马克思主义理论、思想政治理论和党的创新理论等方面的指导,专业学院教师在专业知识、实践案例等方面拓宽思政课程教师的视野，双方共同做好课程思政建设中思政元素的挖掘与融入。三是课程思政建设团队内部的联动联通。二级学院的基层教学组织根据课程建设需要，组建课程教学团队，通过集体备课、共同开发思政资源、共同设计评价体系等，构建思政育人共同体。例如，浙江万里学院生物与环境学院组建了"生物技术创新教学团队""食品质量与安全核心课程教学团队""基础化学教研室"等团队；大数据与软件工程学院组建了"大数据技术主干课程教学团队"；外语学院组建了"翻译模块课程教研团队"；法学院组建了"法学院社会工作教研中心"；设计艺术与建筑学院组建了"艺术赋能乡村振兴实践团队"，文化与传播学院组建"浙东文化实践与创新教学团队"，等等。

第三，课程联动、目标联通。课程联通是指思政课程、通识课程、专业课程和实践课程四类课程的联通。课程联通是通过课程联动来实现目标联通。不同类型课程的教学内容和教学方式各不相同，在人才培养方案中承担着不同的任务，但是所有课程的教学目标都是为了培养德智体美劳全面发展的社会主义建设者和接班人。在目标联通的牵引下，能够实现课程联动、同向同行。与前文所述的教师联通相呼应，教师联通必然带来课程联通。这四类课程的联通，首先要深耕于第一课堂，这是课程思政的主阵地；其次要发展第二课堂，让课程思政在校内实验实训、学术活动、党建团学和生活社区活动等校园文化活动，以及社区文化活动等学生日常生活场景中见实效；同时要开拓网络课堂，让课程思政关联着学生的网络生活；最后还需延展到社会大课堂，让课程思政在学生的社会实践中去提高。浙江万里学院课程思政建设始终坚持立德树人根本任务，推进课程群建设，共育时代新人。

第四，课堂联动、评价联通。教学联通是指课堂教学的目标、内容、方法与评价四个环节的联通。教学联通通过课堂联动、评价联通来实现。每一门课程和每一堂课都包含与之匹配的教学目标、内容、方法、评价等环节。这些环节相互之间有着紧密的联系，需要联动联通。一是教学目标与教学内容、教学方法、教学评价的联动联通。作为任课教师，要围绕教学目标，梳理教学内容、创新教学方法、完善教学评价。教学内容的设计、教学方法的选用、教学评价的构建，都要围绕实现教学目标而定，共同服务于教学目标的实现。二是教学内容与教学方法的联动联通。内容决定形式，形式反作用于内容。教师要根据教学内容选取最合适的教学方法，教学方法的创新运用要利于教学内容的准确、生动呈现。三是教学目标、教学内容、教学方法与教学评价的相连相通。教学评价作为指挥棒，既要有规范性、统一性，又要贯穿教学活动全过程，即同一门课程如有多位任课老师，则需坚持同一评价标准、适用统一评价体系。同时，要用教学评价检测每一堂课设定的教学目标、讲授的教学内容、选取的教学方法是否正确,思政元素的融入是否恰当,教学目标能否如期实现。四是推动课程思政的研究与育人成效"进二级学院、进教学业绩、进岗位聘任、进评奖评优"。学校应将课程思政工作实施情况纳入学院绩效评价、专业课程评价和教师教学评价,使各门课程思想政治教育功能融入全流程、全要素可查可督,及时宣传表彰、督促整改。

2.贯彻"大思政"育人理念,构建"四位一体"高校思想政治教育体系

2016 年 12 月,习近平总书记在全国高校思想政治工作会议上,提出了"做好高校思想政治工作,要因事而化、因时而进、因势而新"[49]的重要论断,这为高校思想政治工作提供了根本遵循。面对新时代、新形势和新问题,高校思想政治工作必须守正创新。新时代以来,高校思想政治教育在继续重视思政课程、日常思政的同时,还高度重视课程思政建设,不断推动高校思想政治工作大格局的有效形成。建构起由思政课程、日常思政和课程思政组成的"三位一体"高校思想政治教育体系[150]。浙江万里学院坚持"学生在哪,思政的舞台就在哪"的"大思政"育人理念,不断创新思想政治教育工作,于 2018 年率先提出"生活思政"理念,系统构建了"思政课程、课程思政、日常思政和生活思政"互嵌融合的"大思政"育人体系(图 3.3),形成了"人人都育人,事事都育人,时时都育人,处处都育人"的共识和氛围。

图 3.3 浙江万里学院"四位一体""大思政"育人体系

"生活思政"是指以"立德树人"为中心环节,遵循高校思想政治教育规律,聚焦实现全员全过程全方位育人,在思政课程、日常思政和课程思政的基础上,挖掘大学生日常生活中的生活常理、生活伦理和生活哲理等思政元素,通过大学生现实生活和环境观感,在校园内所有"教育场"开展的思想政治教育活动[151]。高校"生活思政"理念的提出与实践,不仅丰富、发展了高校思想政治教育的内涵与外延,更是弥补了长期以来人们对"生活思政"功能关注不够和部分教职员工思政作用发挥不足的缺陷,真正打通高校育人"最后一公里"。"生活思政"使原有的"三

位一体"思想政治教育工作体系拓展为"四位一体"新体系、大体系。围绕落实立德树人的根本任务,"生活思政"与思政课程、日常思政和课程思政同向同行,同频共振,形成高校"四维思政"协同效应(表 3.1),这是对新时代高校思想政治教育的守正创新。

表 3.1　高校"四维思政"

类别名称	育人主体	育人方式	育人渠道	育人方案	地位功能
思政课程	以马克思主义学院为主体的思想政治理论教师(包含校内外特聘教师和兼职教师等)	课程育人实践育人	人才培养方案中安排的思想政治理论教学和课内外开展的思政实践活动	显性教育	主渠道、关键课程、引领作用
课程思政	除马克思主义学院的其他专任教师(含公共基础课教师、专业课教师、专业课教师等)	课程育人科研育人	人才培养方案中安排的课内外开展的公共基础课程、专业课程	隐性教育	拓展、补充、深化
日常思政	日常思想政治工作人员(含党委宣传部、学工部、研工部、团委、辅导员、班主任、心理咨询师)	文化育人网络育人心理育人组织育人资助育人	校园文化、党团组织、网络思政、心理健康、在课外开展	显性教育、隐性教育	主阵地、拓展、补充
生活思政	行政管理,后勤服务人员和广大学生(行政干部、教辅人员、后勤员工、学生自身等)	管理育人服务育人实践育人环境育人	行政管理部门,后勤服务公司以及大学生自身、在课外开展	显性教育、隐性教育	拓展、优化、完善

实践证明,浙江万里学院"四位一体"的思想政治教育工作体系在人才培养中发挥了独特作用。近年来,学校"三全育人"工作成效显著,创新创业和就业发展等多项指标展示了学生核心素养和综合能力明显加强。此外,相关教学和科研系列成果获得教育部、省级及市级等多个奖项,"思政课程与生活思政互嵌融合的大思政教育模式探索与实践"荣获宁波市 2019—2020 年度高等教育教学突出成果二等奖;"基于生活思政互嵌融合的高校思政课教学改革与创新"荣获 2021 年浙江省教学成果二等奖;"高校生活思政与大学生全面发展"荣获 2022 年浙江省思政工作研究文库项目立项;"生活思政阳光育人打造一站式学生社区管理育人共同体"荣获 2022 年教育部高校思想政治工作精品项目建设[150]。

五、"五方面聚焦"

习近平总书记指出："要坚持把立德树人作为中心环节,把思想政治工作贯穿教育教学全过程""用好课堂教学这个主渠道""各类课程与思想政治理论课同向同行,形成协同效应"[20]376-378。高校贯彻党的教育方针,"课程思政"是基础性、全面性的工作。当前,高校应当聚焦立德树人根本任务、聚焦教育使命担当、聚焦"大思政"内涵建设、聚焦师德师风建设、聚焦学生发展,构建"大思政"格局。

1.聚焦立德树人根本任务,强化"课程思政"理念

"课程思政"本质是一种教育,旨在落实立德树人根本任务,实现各类课程与思想政治理论课协同育人的教育理念。高校落实立德树人根本任务,必须将"课程思政"的理念深植全体教师心中,增强其政治、思想和情感的认同,自觉地将"思政元素"融入教育教学设计,并有效融入培养方案、课程目标、教案。同时,还要充分利用好课外教学,重视第二课堂、第三课堂中的"思政教育",推行全方位育人。

浙江万里学院于 2017 年启动探索"课程思政"建设试点,出台《关于进一步加强和改进思想政治工作的实施方案》《全面推进课程思政"六个一"项目建设方案》等文件,以文件形式要求将"立德树人"教学理念贯穿人才培养方案,将"师德师风"纳入教师教学评价体系,将"课程思政"纳入课程教学评价观测点。

2.聚焦教育使命担当,强化顶层设计与机制保障

坚守"为党育人、为国育才"的初心使命,建立由校党委书记和校长牵头负责的领导小组,统筹推进全校改革试点工作,建立由教务部、宣传部、团委、教师工作部、马克思主义学院等部门组成的"课程思政教育教学改革工作小组",形成师生全面参与的"课程思政"领导体制和工作机制,构建部门联动、上下联通,课程联动、目标联通,教师联动、团队联通,课堂联动、评价联通的"四联四通"机制;以深化综合改革为动力,抓领导干部关键"少数"和全体党员重点"半数",带动全院师生员工这个最大"多数"参与其中,创建全员参与的育人格局。

浙江万里学院于 2021 年成立课程思政教学研究中心,入选省级示范中心,在1 个校级中心下设 11 个二级分中心,聘请校内外专家指导,并设有理论研究指导单位、管理与保障单位,开辟中心网站。每个学院的二级分中心结合本学院的学科与专业特点落实校级中心下达的各项任务,开展课程思政建设实践的研究,打造本学院课程思政育人品牌,总结推广本学院课程思政的特色做法和典型经验。

3.聚焦"大思政"内涵建设,强化载体方式创新

浙江万里学院坚持分类指导,强化特色,立足教学实践,推进思政工作的理论

创新和实践创新。加强马克思主义理论学科建设,凸显思想政治理论课主渠道的核心引领作用,为"课程思政"提供深厚的学术支撑。建构整体课程的"课程思政"教学体系,实现全员育人;构建线上线下一体化的"课程思政"实施体系,实现全方位育人;构建协同一致的"课程思政"评价体系,实现全过程育人。采用新兴教育教学方式、方法,推进现代信息技术在课堂中的应用,充分发挥课堂育人主渠道作用。举行"课程思政"教学公开课、教学大奖赛、评选优秀教学案例等活动,铸造了一批"课程思政"改革领航课程。

同时学校以"六个一"项目为载体,构建学院、专业、课程三层次"课程思政"体系,推进"课程思政"全覆盖。自 2018 年项目启动,每年投入专项建设经费,目前学校已建成 1 个示范学院、11 个示范专业和 124 门示范课程,形成了系列课程标准、优秀案例、教研论文、改革报告等众多物化成果,在 2021 年浙江省高校课程思政教学改革中,获优秀教学案例一等奖 1 项、二等奖 4 项,入选优秀教学微课 4 项;有7 门课程、6 项教改、1 个优秀基层教学组织获省级课程思政教学项目;学校 20 位教师荣获宁波市高校"优秀课程思政教师"荣誉。

4.聚焦师德师风建设,强化师德引领

教师是"立教之本、兴教之源",是"课程思政"建设的实践者、推动者,是"课程思政"实施的关键因素。引导大学生树立正确的"三观"是师德师风建设的根本要义,加强师德师风建设,是提升"课程思政"质量的重要伦理资源和道德力量。为此,浙江万里学院深入学习贯彻落实习近平总书记提出的"四有"好老师、"四个引路人""四个相统一"等师德师风建设标准和要求,强化引领师德建设。坚持责任导向,强化政治引领;坚持问题导向,强化思想引领;坚持过程导向,强化文化引领;坚持效果导向,强化榜样引领。引导广大教师高扬"师爱"之帆,铸牢"师德"之魂,以更饱满的工作热情传播知识、思想和真理,以更忠诚的工作品质塑造灵魂、生命和新时代社会主义新人。

学校强化教研贯通,找准教师育人新角度,依托校院两级课程思政研究中心和基层教学组织,常态化开展课程思政相关教学研讨和师资培训活动,提升教师开展课程思政建设的意识和能力,建立思想政治理论课教师和专业课教师经常性交流机制,推进课程思政理论研究与实践应用的互促。2019 年 5 月,全校召开了课程思政建设推进会,表彰优秀单位和教师,代表教师分享了在专业课程教学中挖掘思政元素、并将其与课程教学有机融合的经验,交流了自己在建设过程中的体会。教师们纷纷表示,课程思政建设的过程就是回归初心、教书育人的过程,在这个过程中学生和自己都收获良多,精神境界得到升华。

5. 聚焦学生发展，强化课程思政与生活思政融合

要坚持问题导向，加强思政工作"需求侧"和"供给侧"研究，找准学生发展的切入点，分类教育、分层指导；要用耐心、有效、细致的方法为学生解疑释惑，引导学生，积极健康的心态投入学习和生活；要真诚贴近学生实际，关心他们的冷暖疾苦，多做得人心、暖人心、稳人心的工作；要充分挖掘学生喜闻乐见的"思政元素"，建构贴近学生生活的话语体系，运用鲜活的理论、案例和方法，促使教育思想由"知识体系"转变为学生的行为习惯和价值取向，使思想政治工作无时不在、无所不有。

树立创新思维，推动"课程思政"的创新发展。学校应贴近学生、贴近生活和贴近实际，深化"学生在哪里，思政的舞台就在哪里"育人理念，遵循"在理、在心、在场、在线"的基本要求，构建了以学生全面成才为中心，"思政课程"与"生活思政"平台模块互嵌、思政元素融合的工作机制，推动"思政课程"与"生活思政"的互联互嵌、同频共振和融合共生。

第三节　课程思政建设的体系创新

课程思政建设是一个系统工程，需要在行动之前有一个通盘考虑。浙江万里学院的课程思政建设，是以课程为基础，以思政为指向，以教师为关键，以融入为路径。课程思政建设牵涉多方面因素，有管理部门，有教师，有学生，有教学内容，还关涉现有的教学条件。应认清这些因素并理清它们之间的内在联系，整理并形成体系。因此，顶层设计是对全体教师员工而言的。上层领导要做好顶层设计，普通老师也要有系统观念。

一、立德树人的课程目标体系

学校教育有三个必不可少的要素，即教育者、受教育者和教学内容。将此三者结合在一起的是课程。因此，课程是学校教育的核心，是学校教育的枢纽，也是学校课程思政建设的基础。思政是课程思政建设的目标。课程思政建设就是要将学校的思想政治教育的内容融入每一门课程之中。课程不是悬空的，它需要有一定的载体。课程的载体是课程计划、课程标准和教科书。在课程计划中，首要的是设定课程目标。课程目标不是随意设定的，它必须是一个体系，要有通盘的考虑。

我国社会主义教育的总目标是培养德智体美劳全面发展的社会主义建设者

和接班人。我国大中小学不同阶段的教育,各自需要完成不同的教育目标,但都是为着这一个总的教育目标服务。即使是同一阶段的教育,不同类型的大学,教育目标也各不相同。浙江万里学院将培养高素质应用型人才作为自己的教育目标。其不同专业根据社会的需求、学生的爱好、现有的教学资源和需要完成的教育任务来制定自己的教育教学目标。每个专业有自己的人才培养方案,它由一系列的课程组成。每门课程又有自己的课程计划,也就是教学大纲,它规定了该课程所要达到的教育教学目标。教学大纲将课程目标细分到每一节课当中,每一节课都有自己所要完成的任务,都要服务于整个课程目标。

思想政治教育是整个课程目标的一个有机组成部分。也就是说,教师在设计每门课程的教学大纲中每一节课的目标时,除了要设定传授知识和培养能力的目标,还要设定与之相适配的思想政治教育目标。众所周知,在物理学中,力是矢量,即力既有大小又有方向。力的大小都是一定方向上的大小,力的方向也要有一定大小的力来呈现。两者之中,力的方向最为重要。只有当力的方向正确时,它才能起到预期的作用。同样如此,在课程教学中,传授知识和培养能力,只相当于在力的大小上做增加,思想政治教育则相当于把握力的方向。课程在实现传授知识和培养能力目标的同时,必须优先实现思政教育目标。每门课程有自己的知识体系,相应的也有自己的思政教育体系,只是思政教育体系是隐含在知识体系之中的。

浙江万里学院正是基于以上的认知来推进课程思政建设的。首先要求每个专业都重新修订自己的人才培养方案,每个教师都重新修订任教课程的教学大纲。时代发展日新月异,教育实践中总是不断有新情况涌出,我们需要不断地修正专业培养计划。修订过程中大家集思广益,通过多轮讨论尽可能地做到完善。

教师修订教学大纲之前,首先要清楚该课程在整个专业教育中所处的地位,熟知该课程的知识体系,了解所要面对的学生,熟悉学校现有的教学设备、教学资源,要针对每一部分教学内容设计知识传授和技能培养的目标,同时设计教书育人的目标。扎实地做好这些工作,就是实现立德树人的课程目标体系创新。

下面结合具体的案例来说明浙江万里学院课程思政建设目标体系的建立。浙江万里学院法学专业有一门"民事诉讼法"课程。课程团队在充分理解法学专业的人才培养计划前提下,结合教育部、中央政法委员会《关于实施卓越法律人才教育培养计划的若干意见》、教育部高等学校教学指导委员会《普通高等学校本科专业类教学质量国家标准》,来制定课程思政建设实施方案。在制定实施方案时,课程团队首先认识到"民事诉讼法"课程在专业人才培养中的定位:这门课程是全国高校法学专业开设的 14 门核心课程之一,是法学专业本科生必修的课程;

这是一门实践性和操作性很强的应用法学课程,是保障民事实体法贯彻实施的程序法,是学生进一步学习仲裁法、调解法、行政诉讼法的基础,对于法学专业学生职业能力培养和职业素质养成起重要支撑作用,它在整个专业应用过程中起着关键作用。

其次,课程团队还分析了学生的情况。这门课程被安排在法学专业二年级第一学期,这个阶段的学生正处在学习目标由茫然逐渐转为明确的过渡期,其专业学习方法尚处于探索和完善的过程之中,良好的专业学习习惯尚未养成。学生已经学过的专业基础课程主要是"宪法学""法理学""法制史"和"民法总论",实体法方面的专业基础知识比较薄弱。学生对专业课程的认知尚不全面系统,对网络、新媒体、各类视听资料等的接受程度和敏感度很高。

在此基础上,课程团队挖掘了课程所蕴含的德育内容。如课程中的民事诉讼法基本原则与基本制度,包括当事人诉讼权利平等原则、辩论原则、处分原则、诚信原则、自愿合法调解原则、检察监督原则,合议制度、回避制度、公开审判制度、两审终审制度,契合了社会主义核心价值观中的个人层面的诚信、友善价值目标,社会层面的自由、平等、公正、法治的价值目标;课程中的民事诉讼程序运行的保障制度、执行制度、涉外民事诉讼制度蕴含着国家层面的民主、文明、和谐的价值目标。

课程的思想政治教育目标都要落实到具体的教学内容之中。例如,《民事诉讼法》教材的第六章是"民事诉讼证明"。课程的教学大纲中这一部分内容的知识目标是要求学生掌握证明对象、举证责任、举证期限、证据交换、证明标准等基础知识和基本理论,对民事诉讼证明的法律规定与实务问题有全面和系统的了解;能力目标是准确理解和掌握证明责任的分配规则,熟知案件审理中的举证、质证、认证的程序规范,具备将所学理论知识灵活运用于证据的收集、提交、举证、质证等证据实务之中的基本技能。素质目标(思想政治教育目标)是具备在个案中运用证据规则维护当事人合法权益的基本素质,具有服务于建设社会主义法治国家的法律专业素养和维护社会公平正义的责任感、使命感。

从以上"民事诉讼法"课程思政建设目标体系中可以看出,该课程教师团队投入了大量精力。浙江万里学院的文科专业课程思政教育是如此,理工科专业的课程思政教育也做得非常到位。例如软件工程专业有一门"计算机网络"课程。一般认为,理工科专业的课程是传授客观科学的知识和技能,不易嵌入德育内容。但"计算机网络"课程团队根据本专业人才培养计划、课程内容和教学资源,结合《中华人民共和国网络安全法》,制定了该课程的课程思政建设目标体系。

这些目标具体为:其一,在教育学生关注科技快速发展和运用先进的科技成果的同时,教育学生要有人文的视角和情怀。其二,通过大量的项目实践,使学生理论联系实际,在实践中培养科学思维,弘扬科学精神。其三,培养学生树立新时代的工匠精神,有人文素养,有职业意识,有专业精神。其四,培养学生持之以恒的决心和信心,无论是面对成功还是失败,都能胜不骄、败不馁,在学习中磨炼意志。

以上课程思政教育目标,也落实在具体的教育教学情景之中。"计算机网络"课程以实际网络工程项目作为抓手,全面带动理论与实践的深度融合。课程教学有许多实验项目,在实验操作中,工具的摆放位置、方向和顺序,都有一定的操作规程,任课教师通过自己的言传身教,让学生潜移默化之中,培养了严谨、规范的职业素养。

由此可见,立足"立德树人"的根本任务,在任课教师眼里,任何教学内容都是思想政治教育的素材。正如科学教育学的奠基人约翰·赫尔巴特所言:"我想不到有任何无教学的教育,正如在相反方面,我不承认有任何无教育的教学。教学如果没有进行道德教育,只是一种没有目的的手段。德育问题是不能同整个教育分离开来的,而是同其他教育问题必然地、广泛深远地联系在一起的。"

二、"思政五融入"的课程标准体系

有了课程思政的教育目标,接下来就要考虑如何将其融入知识传授与能力培养之中。课程思政要有机、自然、贴切,要适时、适度、适当。在此过程中,最忌讳的是"两张皮",即知识传播、能力培养与思想政治教育相分离,使人感到牵强附会,生拉硬扯。因此,课程思政最理想的状态,是在传播知识和培养能力的同时,让学生在不知不觉中受到思想政治教育的熏陶。为此,浙江万里学院提出"五融入"的课程思政标准体系。

1. 把马克思主义中国化时代化最新理论成果融入课程思政

推进马克思主义中国化时代化是一个追求真理、揭示真理、笃行真理的过程。马克思主义是随着时代、实践、科学发展而不断发展的开放的理论体系,它并没有结束真理,而是开辟了通向真理的道路。中国共产党的历史,是一部不断推进马克思主义中国化时代化的历史,是一部不断推进理论创新、进行理论创造的历史。实践没有止境,理论创新也没有止境。因此,在课程思政教学实践中,我们要把马克思主义中国化时代化的最新理论成果及时融入课程。

《中共中央关于党的百年奋斗重大成就和历史经验的决议》明确指出,"习近平新时代中国特色社会主义思想是当代中国马克思主义、二十一世纪马克思主

义,是中华文化和中国精神的时代精华,实现了马克思主义中国化新的飞跃。"[115]48习近平新时代中国特色社会主义思想内涵十分丰富,涉及经济、政治、法治、科技、文化、教育、民生、民族、宗教、社会、生态文明、国家安全、国防和军队、"一国两制"和祖国统一、统一战线、外交、党的建设等诸多方面,是全党全国人民为实现中华民族伟大复兴而奋斗的行动指南,必须长期坚持并不断发展。新时代高校课程思政建设,就是要坚持不懈用习近平新时代中国特色社会主义思想凝心铸魂。

浙江万里学院的课程思政建设,一直强调将马克思主义中国化时代化最新理论成果融入课程。例如,国际经济与贸易专业的"微观经济学"课程团队坚持把习近平经济思想融入课程思政建设。他们认为,这门课程要将中国经济发展与微观经济学内容的充分融合。一方面让学生在一定程度上熟悉中国特色社会主义政治经济运行的基本规律,强化其对中国特色社会主义经济运行秩序的了解,深刻理解"坚持社会主义市场经济改革方向,核心问题是处理好政府和市场的关系,使市场在资源配置中起决定性作用和更好发挥政府作用"。另一方面,教师在传授学生微观经济学传统理论的基础上,教育引导学生把握好习近平新时代中国特色社会主义思想的世界观和方法论,坚持好、运用好贯穿其中的立场观点和方法,加强培养学生的分析能力、判断能力、应变能力和创新能力。

再如,法学专业的"刑事诉讼法"课程团队坚持把习近平法治思想融入课程思政建设。他们对课程的教学内容做了进一步梳理和整合,将《监察法》的实施、《刑事诉讼法》的修改,党的十八大以来以习近平同志为核心的党中央在深化国家监察体制改革、反腐败追逃追赃、深化司法体制改革等方面做出的一系列重大决策部署等,最新刑事诉讼法内容,以及最前沿的学科问题增加到教学之中;将习近平总书记一系列讲话中所体现的法治精神融入课程教学内容之中。

把马克思主义中国化时代化的最新理论成果融入课程思政教育之中,课程团队既要熟练掌握教学内容,又要及时跟踪最新的马克思主义中国化时代化理论研究成果。在两者之间寻找恰当的契合点,然后才能做到润物细无声地融入。将最新理论成果融入课程思政教育中,引导学生将个人的发展与党和国家的发展前途联系起来,他们就不会迷失方向。

2.把世情党情国情民情融入课程思政

要想将学生培养成社会主义的接班人和建设者,就必须使他们正确地了解世情党情国情民情。当今世界正处在百年未有之大变局,中国社会的发展也是一日千里。学生终将走出校门,最后要走向社会,不能躲在象牙塔中,两耳不闻天下事,一心只读圣贤书。要想从容地面对社会,学生就必须了解世情党情国情民情,将个人发展与国家命运紧紧联系在一起。当今世界,文化多元、思想活跃,各种各样的网络平台与自媒体竞相发声,他们怀着不同的目的去争夺网络流量,海量真假莫辨的信息扑面而来。大学生由于经验、个人辨别能力的限制,对世情党情国情民情不一定能有准确的认知。因此,将世情党情国情民情融入课程思政教育之中,是高校应尽的职责。

把世情党情国情民情融入课程思政教育教学,要求教师在课程教学中,结合课程教学内容,坚持问题导向。例如,将国情融入课程时,要将中国的国情真实地传达给学生,而不是一昧地口号式宣传。当下的中国社会,确实取得了许多的成绩,但是不可讳言,也还存在一些问题。将国情融入课程,就是要将真实的国情全面地、完整地告诉学生,引导学生自己通过正确的渠道去观察中国社会,用正确的立场、观点和方法去思考中国的一些社会现象,从而获得一个真实的中国社会图景,对伟大的祖国自发地产生热爱之情和自豪之感,并进而转化为学习的动力。

浙江万里学院的课程思政建设,重视将世情党情国情民情融入课程思政教育教学。电气工程及其自动化专业的"单片机原理及应用"课程是一门专业基础课。它要求学生既要学习基本的微型计算机原理,又要掌握操作单片机的工程技术。课程团队在传授知识和培养技能的同时,还融入了世情与国情教育。例如,在讲到单片机的发展史及现状时,就"中兴事件"与"华为事件"对学生发起了问卷调查。在问卷调查中,教师提出一些问题:从"中兴事件"和"华为事件"中,你受到哪些启示?作为新时代大学生,肩负着实现中华民族伟大复兴的重任,你觉得自己应该怎样做?学生通过查资料和思考,了解到我国芯片已经发展到哪一步,还有哪些科技上的短板。这些世情国情教育,对于相关专业的学生来说是一种莫大的鞭策。

"交替传译与视译"是英语专业的必修课程。课程要求学生掌握百科知识、时事知识以及相关专业知识,具备综合口译技能和口译实战能力。与此同时,课程团队还注重培养学生对意识形态与时事的敏感度,提升学生深度学习能力和思维批判能力。课程团队将大量的时事政治内容融入口译技能训练之中。例如,引入"中美主播隔空互怼!FOX下战书,CGTN刘欣爽快应约"视频材料,使学生得到口译技能、口译模拟训练的同时了解中美贸易战发生的背景、最新进展、中外媒体报道和相关辩论,使学生关注世情国情,厚植家国情怀。

3.把优秀传统文化、红色文化和地域文化融入课程思政

优秀传统文化是一座德育的宝藏。中国传统文化主要是儒、释、道文化。儒家文化提倡"天行健,君子以自强不息;地势坤,君子以厚德载物"。佛家文化讲究

众生平等,劝诫人们看淡世俗的功名利禄。道家文化追求个体的精神自由,强调一切顺其自然,做到无为而无不为。中国传统文化闪耀着以屈原、岳飞为代表的爱国主义精神,传颂着以苏武、文天祥为代表的凛然正义。中国传统文化经过几千年的积淀,蕴含着丰富的人生大智慧。现代人不管处于什么境况,遇到什么样的问题,都可以从传统文化中汲取营养。

红色是中国共产党、中华人民共和国最鲜亮的底色。习近平总书记指出:"红色江山来之不易,守好江山责任重大。要讲好党的故事、革命的故事、英雄的故事,把红色基因传承下去,确保红色江山后继有人、代代相传。"[152]一百多年来,无数中华儿女,为了民族独立和人民解放、国家富强和人民富裕,奉献了自己的毕生精力,甚至献出了自己的宝贵生命。这些革命前辈的遗物和曾经工作生活过的地方,他们的英雄事迹和革命精神,都是留给今天年轻一代的一笔珍贵的精神遗产。新时代新征程,我们要用好红色资源,传承好红色基因,不断从革命文化中汲取智慧和力量,接过革命前辈的接力棒,将中华民族的精神和气节传递下去。为促进教师对地方特色资源的认知和研究,浙江万里学院创立了院士文化研究中心、宁波王阳明研究院、宁波市甬商研究基地、宁波民营经济研究中心等。

宁波地域文化资源是宁波地方高校开展课程思政建设的宝库。浙江万里学院位于宁波,就应该充分利用宁波的地域文化资源。宁波作为古时的"文献之邦",地域文化丰富璀璨且颇具特色。这里有距今 8000 多年的井头山遗址、距今 7000 多年的河姆渡遗址、1200 多年的建城史还有海上丝绸之路"活化石"古港口,孕育了浙东文化、宋韵文化、海丝文化、商帮文化、藏书文化、院士文化、建筑文化、戏曲文化、民俗文化,等等;宁波是王阳明的出生地,是心学的诞生地,阳明心学最能诠释宁波人的解放思想、经世致用的精神。宁波帮文化闻名世界,是宁波人一块闪亮的金名片,充分显示了宁波人敢为天下先、脚踏实地的精神。宁波籍院士有 100 多人,在全国城市中名列前茅,体现出宁波人自古以来的重视教育、注重科学的传统。另外,宁波还有天一阁藏书文化、捕鱼养鱼的海洋文化,这些都是丰厚的文化资源。1960 年,毛泽东视察宁波曾由衷地感慨,"宁波是个英雄的城市。"大革命时期,宁波党员占全国党员总数的 2%;土地革命战争时期,宁波地方党组织在亭旁创建了全省第一个苏维埃政权;抗日战争时期,宁波是全国 19 个解放区之一的浙东抗日根据地;全面内战爆发后,宁波成为南方七大游击战争根据地之一的浙东、南部游击根据地的重要组成部分[153]。"四知精神"是新时代宁波人文精神、城市特质和精神追求的高度概括。2018 年,时任浙江省委副书记、宁波市委书记郑栅洁在首届世界"宁波帮·帮宁波"发展大会上,首次用"知行合一""知难而进""知书达礼""知恩图报"介绍宁波独特的地域文化和宁波人独特的精神气质。

2020 年,宁波市委十三届八次全体(扩大)会议明确"知行合一、知难而进、知书达理、知恩图报"(简称"四知精神")为宁波精神。"四知精神"体现了宁波的文化底蕴、时代特色和价值导向。"知行合一",就是要行必务实,弘扬了宁波人务实进取的信念和追求;"知难而进",就是要行不懈怠,彰显了宁波人坚韧不拔的品格和勇于创新的精神;"知书达理",就是要行而优雅,展示了宁波人的文明素质和道德品质;"知恩图报",就是要饮水思源,体现了宁波人爱国报乡的感恩情怀。"四知精神"是宁波在社会主义现代化建设实践中呈现出的先进文化、优秀品质和高尚情操。"四知精神"和宁波优秀传统文化、红色文化等地域文化资源是宁波地方高校开展课程思政建设的鲜活素材。

地域文化里还有一部分是校史资源。习近平总书记在中国人民大学考察时强调"要加强校史资料的挖掘、整理和研究"[154]。校史资源是高校实现立德树人的宝贵文化资源,包括建校以来的变迁发展史、优秀师生和校友事迹、标志性建筑、校风学风、丰富学术成果等物质文化和精神文化。这些闪耀着历史光辉的校史资源,是一代代师生共同创造积累的,彰显着大学精神、折射着文化底蕴,是高校历史与现实、物质与精神、显性与隐性育人资源的聚集,是课程思政资源里最能引起共鸣的地方特色资源。浙江万里学院是一所具有 70 多年办学历史的省属普通本科高校。1999 年,经教育部批准成为"公办高校实行新的管理模式和运行机制"的新型高校,被教育专家誉为"中国特色现代大学制度的范例性实践"。学校的改制故事、抗疫故事、优秀师生和校友事迹,"只要有 1% 的希望就要尽 100% 的努力"的大学精神和"自强不息、恒志笃行"的校训传统、校风学风、校歌,等等,都是最生动的课程思政素材。

浙江万里学院的在读大学生对优秀传统文化、红色文化和宁波地域文化,或是通过学校的正规教育,或是通过周围环境的潜移默化的熏陶,或是通过书本、网络、影视作品等主动自学,多少都接受、了解了一些。这些文化已经沉潜在他们的生命之中。教师在课堂之上只要稍加引导就能引起学生内心的共鸣,激发他们内在的情感,实现爱国主义教育、文化自信教育、理想信念教育。

在浙江万里学院,这些丰厚的文化资源,有的直接用来开一门课程,如汉语言文学专业的"中国古代文学""古代汉语""国学经典导读"课程,新闻学专业的"马克思主义新闻经典论著选读",日语专业的"阳明心学在日本"课程,以及"王阳明的人生和学问"公选课程等。有的是作为课程资源的一部分,如国际经济与贸易、会计学等专业的"商业伦理与法律"课程,新闻学专业的"新闻传播史"课程,视觉传达设计专业的"传统视觉艺术与现代设计"课程,这些课程都涉及优秀传统文化、宁波帮的商业伦理或者解放区新闻事业。

优秀传统文化、红色文化和地域文化,既可以直接为课程提供内容支持,也可以丰富课程的形式。"造型语言——质感"是环境设计专业的一门核心基础课。这门课程充分利用中国传统艺术中的绘画、雕塑、书法、建筑、服装等静态的艺术形式,让学生去感受中国哲学的博大精深,中华美学的强大生命力,并在现代的语境下,对传统的艺术形式进行创造性转化和创新性发展。该课程通过将中央电视台首档大型诗词音乐文化节目《经典咏流传》系列"诗词—音乐—图形"创意转化引进课堂,让学生感受中国古代诗词文化独特的魅力,引导学生思考如何激发优秀传统文化在当下的生命力。

环境科学、环境工程专业的"仪器分析"课程站在仪器分析的角度,运用历史和现实的典型事例,帮助学生加深对伟大祖国的认识。通过讲述历史,分享光荣,增强民族自豪感;通过了解国情,增强学生的使命意识和责任担当。该课程还融入了"绿水青山就是金山银山"的理念与实践、浙江省委省政府的"五水共治"重大决策和战略部署,使学生感到学习"仪器分析"这门课与祖国与浙江地方的经济建设息息相关。

4.把师生互动融入课程思政

以上三个方面的融入都属于内容融入。这些内容要在大学生身上扎根,必须经过师生互动才能达成。所谓师生互动,是指课程思政中师生之间的相互感动。教育是以学生为主体,只有学生将自己摆进课程学习之中,有了切身的生命感动,那些融入的内容才能进驻他们的生命,课程思政才能真正实现育人的目标。教育是以教师为主导,教师需要拥抱理想,满怀热情,以自己的真心,去进入学生的内心,真实地了解学生的想法,激发学生的内在良知。这样师生之间才会产生心灵感应,才会有成功的互动。

浙江万里学院特别重视把师生互动融入课程思政教育教学。大多数的师生互动是以问答方式展开。例如汉语言文学专业、网络与新媒体专业均有一门课程"国学经典导读",教师带领学生选读古代经典《论语》《老子》《金刚经》。传统文化有精华有糟粕,但课程选读的内容都要有利于学生健康成长。该课程试图将经典带进学生生活,将学生带进经典。学生从自己的生活出发,提出问题,教师从经典中找出答案;从经典中找出问题,让学生用自己的人生经验来回答。譬如,在读到《论语》中的一条语录:"季文子三思而后行。子闻之,曰:'再,斯可矣。'"为此,课程设计了四个问题。第一问:平时我们都是将"三思而后行"当作好话,来劝导别人,孔子为什么在此否定季文子的"三思而后行"?第二问:孔子所说的两次思考是怎样的两次思考?第三问:孔子所说的"可矣",表达什么样的态度?第四问:为什么我们遇到问题总喜欢反复思考?这些问题可以激发师生的思考,需要师生结合自己的人生经验来回答。在这种问答中,师生共同领略中华文化深邃的智慧。

有一些师生互动是将社会关注的有争议性的事件引进课程,让学生各抒己见。例如,法学专业的"民事诉讼法"课程引入"水晶球之谜"案件。这是一个真实发生的案件,备受学界关注,引起过广泛争议和热烈讨论。课程要求学生熟悉水晶球案的基本案情,撰写案情分析报告,并回答:当事人是否适格、实体法律关系、诉讼请求的合理性、证据是否充分、适用的实体法规范。学生将自己思考的结果放到网络平台上,在班级群里互相讨论,非常热烈,教师从中适当给予引导。通过这种多维度的互动,学生不仅理解了一些法学概念、规则和标准,还受到了社会主义核心价值观中的诚信、平等、公正和法治精神的熏陶。

还有一些师生互动是让学生置身于实践现场。建筑学专业的"建筑测绘实习"课程中,教师将学生带到一些历史文化名村,譬如宁波市鄞州区姜山镇走马塘村,这里被誉为"中国进士第一村",是宁波市第一批历史文化名村。教师让学生分组先去了解这些历史文化名村的历史、传统建筑的分布情况、建筑历史和形制等,然后制定小组的测绘方案,实施测绘工作,最后举办作业展评,让学生相互评比。这种互动让学生真正感受到古建筑之美,对中华优秀传统文化有了更深的理解,增强了学生的民族文化自信心。

浙江万里学院师生互动方式中最突出的是分组研讨。例如商务英语专业的"商务礼仪文化"课程中,教师在教授商务宴会礼仪时,采用分组研讨的模式。首先,教师根据 BOPPPS 教学模式①的课程导入影片 *Titanic*(《泰坦尼克号》)西餐礼仪片段。接着,让学生分组将西方餐饮礼仪的座位安排、餐具摆放、上菜顺序、祝酒词等与中国宴会仪式进行比较,展开研讨,进行小组内互动。接下来,每组派1~2人陈述讨论结果,进行全班的互动。最后,学生互相点评。这种互动让学生理解了中西文化的差异,对中国文化有更切身的感受。

5.把现代信息技术融入课程思政

教师要想贴近当代大学生,最有效的方式就是运用现代信息技术。现在的大学生从小就接触网络,他们与现代互联网一起成长。可以说,现代信息技术几乎已经成为他们生命中的一个组成部分。习近平总书记指出:"当今世界,信息技术

---

① BOPPPS 教学模式是一种以教育目标为导向、以学生为中心的新型教学模式。BOPPPS 教学模式的名称是其六个教学环节的英文首字母的组合,即课程导入(bridge-in)、学习目标(objective)、预评估(pre-assessment)、参与式学习(participatory learning)、后评估(post-assessment)和总结(summary)。

创新日新月异,数字化、网络化、智能化深入发展,在推动经济社会发展、促进国家治理体系和治理能力现代化、满足人民日益增长的美好生活需要方面发挥着越来越重要的作用。"[155]当前,随着网络新技术新应用快速发展,内容和技术相互驱动、高度融合的趋势越来越明显。想要在课程思政建设中取得更好的效果,必须依靠技术赋能,把现代信息技术融入课程思政教育教学。

浙江万里学院一直鼓励教师把现代科学技术融入课程思政教育教学之中。国际经济与贸易专业的"微观经济学"课程采用翻转课堂形式,教师在上课前在学校的 Moodle 平台和浙江省精品在线开放课程平台提供上课 PPT 和教学视频,让学生自主学习,并为每章内容设置 2～3 次测试,促进学生自学。平台上还提供往届学生拍摄的情景视频,帮助学生了解微观经济学原理产生的过程,掌握微观经济学的研究方法。课程中还引进了 80 多个本土化的案例,以提高学生分析能力。另外,师生可以利用微信群随时随地交流。如此充分利用现代科学技术手段,既提高了知识传授与能力培养的效率,更培养了学生自我管理的能力。

电气工程及其自动化专业的"单片机原理及应用"课程,将现代信息技术融入得更加个性化。根据课程概念多、较抽象、难理解的特点,教师提供了大量的课外线上观看视频供学生预习。教师在学校 Moodle 平台和宁波市高校 MOOC 平台上提供了 30 个理论精讲视频、12 个任务的 Proteus 软件仿真视频、4 个工具软件的安装和使用视频、若干学生作品视频、12 个任务的 PPT 和若干学习资料等;建设了课程题库,包括 20 个知识点,共 450 题。课程任务测验和 10 次平时测验都在线上完成。学生需要将任务的 Proteus 软件仿真结果及实验报告、实物作品的Proteus 软件仿真图、Keil 工程、作品照片或视频上传到平台的指定区域。这样的教学资源可以培养学生自学的能力。

总而言之,浙江万里学院的"思政五融入",是从两方面来树立标准。前三项是内容的融入,就是回答融入什么的问题,这是一方面。也就是说,在设计课程内容时,课程团队要考虑是否有融入这三方面内容的可能,要尽可能地将这三方面内容融入课程之中。后两项是方式的融入,就是回答如何融入的问题,这是另一方面。也就是说,有了融入的内容,课程团队还要考虑如何实现师生互动,如何借用现代信息技术,要尽可能地将师生互动方式和现代信息技术手段融入课程。

四、校本特色的课程教学体系

《高等学校课程思政建设指导纲要》提出要"科学设计课程思政教学体系","结合专业特点分类推进课程思政建设"。各地各高校办学定位不同、学校所在地资源各异,这决定了各高校在科学设计课程思政教学体系时,既要结合专业特点分类实施,也要结合学校办学定位、地域文化等构建具有校本特色的课程思政教学体系。浙江万里学院在课程思政研究中心、生活思政研究中心的指导下,依托产业学院等实践平台,统筹规划基础类、专业类、实践类和拓展类课程的课程思政建设;依托地方课程和校本课程,充分挖掘社会主义核心价值观、浙江精神、浙东文化、宁波精神、学校文化、校友故事中的思政元素,更好地将价值观、创新创业精神、科学精神等融入课程中,从而使学生能够在春风化雨、润物无声之中潜移默化地接受价值观的引领。

对于基础类课程,浙江万里学院注重在潜移默化中坚定学生理想信念、厚植爱国主义情怀、加强品德修养、增长知识见识、培养奋斗精神,提升学生综合素质。例如,学校体育俱乐部打造了以"宁波非遗文化进校园"为代表的甬绣、面塑、竹编等 10 门有特色的体育、美育类课程,帮助学生在体育锻炼及非遗传人指导下的手工制作中培养家国情怀、增强文化自信、健全人格、锤炼意志,提升审美素养、陶冶情操、温润心灵、激发创造创新活力。

对于专业类课程,浙江万里学院立足"一院一品"打造特色,深入挖掘专业课程的德育内涵和思政元素,在知识传授的过程中注重价值引领,着力专业课程育人的教学内容设计与方法设计,从课程所涉专业、行业、国家、国际、文化、历史等角度,增加课程的知识性、人文性,提升课程的引领性、时代性和开放性。例如,设计艺术与建筑学院"造型语言——质感"课程的任课教师根据课程的性质和特点,系统梳理课程教学内容和教学素材,引入中华传统文化、社会主义核心价值观等具有中国符号的思政元素,重新设计和组织教学内容和教学素材,教育引导学生从色彩语言着手,从传统古诗词中汲取灵感元素,以传统古典音乐为表现内容,将社会主义核心价值观结合艺术设计的语言"画"出来。对此,《浙江教育报》曾以"思政融入艺术课"为题进行了报道[156]。

对于实践类课程,浙江万里学院结合校本特色,拓展实践场域,使其发挥实践育人作用。如"创业管理与实践"等 47 门创新创业类课程中,学生通过亲身参与不断增强创新精神、家国情怀、拼搏实干精神、法治伦理精神和创业能力。浙江万里学院构建了"一年级启蒙课程、二年级实验课程、三年级实训课程、四年级实战课程"的"四年一贯制、四个层次相衔接、四类元素有机融合"的创业教育课程体系。"创业与人文素质"等社会实践课程中,学校通过项目化管理与基地化建设,引导学生学思结合、知行统一,在实践中增长智慧才干,在艰苦奋斗中锤炼意志品质。学校在湖州安吉经济开发区、宁波博物院、海曙区章水镇等地设立课程思政实践教育基地,创建了思政类虚拟仿真项目 3 项和思政情景实训室 1 个。同时,构建起"思政课程＋课程思政＋日常思政＋生活思政"四维联动"大思政"育人格局;

开展"朋辈领航"学长讲思政活动和系列理论学研活动,创办校级"卡尔·马克思杯"大学生理论知识竞赛并组织学生积极参加"卡尔·马克思杯"浙江省大学生理论知识竞赛。

五、科学多元的课程评价体系

评价即导向,评价导向是"指挥棒"。一般说来,课程评价涉及三方面内容:一是课程团队如何去评价学生学习质量情况,去考核学生的学习成绩;二是教育管理部门如何去评价课程建设质量情况,去考核课程团队所做的工作;三是教育管理部门如何去评价教师开展课程思政建设的能力水平。课程思政是将德育融入课程之中,那么,自然也意味着课程评价体系的相应改变。据此,浙江万里学院已构建专业、课堂、教师、学生四维评价标准。开展学校对专业思政工作成效、督导对课堂教学育人成效、教师对学生学习成效、学生对教师教育成效等评价工作。其中,学生对教师教育成效的评价在一定程度上反映了课程建设成效和教师育人能力水平。下面将对浙江万里学院在此三个方面的评价体系设计进行详细论述。

1. 学生学习质量评价体系

任何课程都要有教学评价。人才培养效果是课程思政建设评价的首要标准,学生学习质量情况在一定程度上反映了人才培养效果。课程团队需要根据教学内容、教学目标和教学标准,对每个学生的学习状况给出测评。教学评价具有导向功能,就像一个指挥棒,可以为学生指引一个明确的学习方向。教学评价还有诊断功能,教师可以通过教学评价及时掌握学生的学习情况,在教学过程中及时做出调整。课程思政是学校思想政治教育的新方法、新途径,对于学生成长的影响具有潜在性和长期性。因此,在对学生课程学习做出整体评价的时候,不能不考虑到课程思政的因素。但是,与评价学生的知识及能力的方法不同,对于课程思政,不能局限于效果评价,更多应该倾向于过程评价。

浙江万里学院在课程思政建设中,要求每门课程改革教学评价体系,采用多元动态的评价体系。例如法学专业的"刑事诉讼法"课程,课程成绩结构分为两部分,平时成绩与期末成绩各占 50％,弱化期末考试成绩在总成绩中的比重。平时成绩考察点多元化,包括课堂提问、课堂辩论、专题研讨、模拟法庭、志愿服务等教育环节。平时成绩评价的主体不只是授课的教师,还包括同学之间的互相评价、服务对象的评价。平时成绩还包括小组成绩,目的是鼓励合作精神,强调集体意识。期末考试题目的设计中,增加融入社会主义核心价值观的内容。这样的课程评价标准,明确地写在课程教学大纲之中。学生在课程学习时心里十分清楚应在这个过程中如何去努力。

浙江万里学院的公共基础必修课"大学英语"的课程评价体系别具特色。课程采用"过程评价（50％）＋期末评价（50％）＝总评成绩（100％）"的评价模式，其中，过程评价由自主学习研究评价和过程性学习评价两部分构成，各占50％。自主学习研究评价包括"新闻报告（40％）＋话题讨论（40％）＋晚听测试（20％）"，过程性学习评价包括"课后作业（50％）＋出勤（10％）＋课堂表现（40％）"。其中新闻报告、话题讨论和课后作业三项评价的内容涉及思政学习内容。新闻报告项的分值取学生3次新闻报告的平均成绩，话题讨论项的分值取线上数次思政话题讨论成绩的平均值，课后作业项的评价内容包括课后个人反思、翻译等，分值取数次作业的平均值。评价方式多样，有教师对学生课后作业的打分，有学生相互打分。如在学校Moodle平台上进行话题讨论时，每位学生必须依据跟帖的内容和英语表达能力，对排在自己前面的三位学生的跟帖酌情给分。这样的课程评价体系需要课程团队投入大量的精力，教师们要有奉献精神才能做到。

2.课程建设质量评价体系

浙江万里学院的管理部门对于课程思政也建立了评价体系。学校力推课程思政建设，自然要适时对建设情况做出评价，以持续推进课程思政建设的深入开展。由于课程思政是一种潜移默化的教育，所以管理部门只能侧重于工作评价，重在逐步提升课程思政的规范化水平。正如学者韩宪洲所说："课程思政工作评价是对课程思政建设是否已经开展，推进工作是否规范，落实部署要求是否到位等工作情况的综合评价。"[157]

浙江万里学院课程建设正是从建立规范做起。首先，学校规范了课程思政版的专业人才培养方案。为了适应人才市场需求的不断变化，浙江万里学院的每个专业每一年都要更新人才培养方案。在课程思政建设中，学校要求思想政治教育在专业人才培养方案中要突显出来。每一个专业的人才培养方案，首先要确定人才培养目标，其次要落实毕业要求及知识、能力、素质实现矩阵。在此矩阵中，毕业要求共分7项，首要的是人文素养和价值观，其他还有专业知识和专业技能、领导力和沟通能力、国际视野和国际竞争力、批判思维和创新能力、现代知识及工具应用能力、终身学习能力。在这个矩阵中，专业的每一门课程都要标明对毕业要求的支持度。显而易见，思想政治教育内容已融入专业人才培养方案之中。

其次，学校规范了课程思政版的教学大纲。每门课程的教学大纲先是要阐述课程的性质、目的与任务，接着要说明课程涉及的每一部分的教学内容，包括教学目的和要求、教学内容、德育要素、教学重点与难点，还要说明主要的教学方法，对课内外教学环节也要做出安排,还要注明课程考核内容及方式,以及教材和参考资料。每一个规范的课程教学大纲,足以保证将思想政治教育融入日常的每一节课的教学之中。

再次,学校规范了传平台的资料。学校引入 Moodle 教学平台,所有的课程在平台上都有对应的窗口。教师必须将自己的教学大纲、教学课件、课程教学设计、课程考核标准等教学文档上传到平台。还要在平台上布置作业、设置讨论区、与学生互动,共享网上的课程资源。学生的毕业论文和毕业实习指导过程材料,也要上传到相应的平台上。整个的教学过程都要在网络平台上留下痕迹,便于学校的检查督导。

最后,学校健全了课程思政督导评价制度。健全学校课程思政教育教学试点工作的评价督查机制,包括将课程改革情况列为各教学单位教学工作评价考核的重要指标,列为评价院系领导班子工作业绩的重要内容,纳入院系党建和思想政治工作评价范围。学校以评价和巡查为牵引,在一流专业年度评价、一流课程建设、校院两级课堂教学巡查、随机观摩课堂教学中设计相应指标点,把课程思政育人观测点融入专项检查与课堂教学全过程。通过听课评价、问卷调查等形式,持续开展优秀课堂和示范课程评比。深化对课程标准的研制与实施,明晰课程思政示范课程评价内涵,以思政育人内涵统领课程建设,提升育人成效。同时,浙江万里学院还研制了课程思政"六个一"项目建设验收标准,形成物化成果示范推广。

3. 教师课程思政能力评价体系

"提升高校教师课程思政建设能力需要科学评价予以引领和支撑。评价导向的有效发挥,有利于引导教师提升课堂思政建设能力,实现高质量人才培养目标。"[30]中共中央、国务院印发的《深化新时代教育评价改革总体方案》指出,"改进结果评价,强化过程评价,探索增值评价,健全综合评价",才能"提高教育评价的科学性、专业性、客观性"。四个维度同样适用于对高校教师课程思政能力的评价。一是改进结果评价。对高校教师课程思政能力的评价,不能只看其学历学位、课题项目、论文著作、职位职称、人才头衔等,还要看该教师把科研成果融入课程实现转化的育人实效,高校要破除"唯学历""唯职称""唯论文"的"三唯"惯性,根据不同学科、不同专业、不同层次的人才培养特点和目标进行科学合理的课程思政评价。二是要强化过程评价。过程评价体现的是一种全面的、发展的、反馈性的动态评价。我们可以充分利用大数据技术,对教学过程性数据进行挖掘,获取教师开展课程思政育人全过程的精准信息,从数据流上来把握整个教学生态,观察课程思政育人成效。三是探索增值评价。美国教育评论专家本杰明·布鲁姆认为："衡量学校的好坏的唯一标准是学生在原有基础上进步的幅度。"对教师课程思政育人现状进行评价时，不仅要关注学生的成绩，更要关注学生学习过程中的进步幅度、发展量化指标和努力程度等成长进步趋势，即思想行为变化、理论知识内化和实践转化情况。四是健全综合评价。健全对高校教师课程思政能力的综合评价，实现评价主体、评价内容、评价方法多元化。在评价主体上，构建包含学生、专家、教师、领导、教学督导、教学指导委员会等在内的评价共同体；在评价内容上，要通过"教师课程思政意识和情怀、育人能力和方法、科研成果和课堂转化等多维度和指标"[158]对教师进行全面系统评价；在评价方法上，坚持量化评价和质性评价、阶段性评价和长期性评价、结果评价和过程评价、主观评价和客观评价相统一。

学校根据《教育部财政部关于实施高等学校本科教学质量与教学改革工程的意见》及《浙江省教育厅关于进一步加强高校教师师德师风建设的意见》文件精神，制定了《浙江万里学院教师课堂教学质量评价办法》（浙万院教〔2017〕8号）。该办法强化了教师立德树人责任，坚持正确政治方向，强化了课堂教学管理；强化教师教学工作职责和质量意识，促进教师潜心教学，重视课堂教学改革与创新，提高课堂教学质量，也便于学校建立和完善课堂教学质量监控体系。

这一系列的课程思政建设的规范，共同编织了一个立体化的课程思政建设质量评价体系。浙江万里学院课程思政建设质量评价体系，涵盖了对学生学习情况、课程思政建设情况的评价，也包括对教师课程思政能力水平的评价，这个科学多元的评价体系促使课程思政建设工作落地落实、见功见效。

六、长效有力的课程保障体系

推进课程思政建设不断走深走实，健全保障体系尤为重要。浙江万里学院通过建立组织保障体系、健全制度保障体系、构建激励保障体系，为全面推进课程思政建设提供长效有力的课程保障。

1. 建立组织保障体系

浙江万里学院通过成立校院两级工作领导小组和校院两级课程思政教学研究中心，构建了党委统一领导、党政齐抓共管、教务部门牵头抓总、相关部门联动、院系推进落实的组织保障体系。

成立了校院两级工作领导小组。学校2018年成立了由校党委书记和校长牵头负责，统筹推进全校课程思政改革工作，由教务部、宣传部、团委、教师工作部、马克思主义学院等部门组成的校级"课程思政教育教学改革工作小组"。各专业学院根据学校顶层设计和制度要求,成立以院党委书记为组长、教学副院长为副组长的院级工作领导小组,结合学科专业特点开展工作。各学院出台细化实施办法,完善学科专业特点的课程思政教学评价制度;重点着力于基于学科特点的"课程思政"元素库建设,以及切入点探索研究和课堂融入。以专业建设、课程建设项目为载体,做好过程性指导、督查与经验推广。

成立了校院两级课程思政教学研究中心。2021 年 4 月,学校成立了浙江万里学院课程思政教学研究中心,包括校级中心及各学院二级分中心,形成校院两级组织架构。校级中心由教务部牵头,宣传部、教务部、教师工作部负责人及马克思主义学院与法学院相关教师、各二级分中心主任组成中心成员。校院两级课程思政教学研究中心为全面推进课程思政建设提供了组织保障。中心对课程思政建设重点、难点等前瞻性问题,及时展开跟踪研究;指导不同学科专业、不同类型课程,立足专业特色和课程育人特点开展课程思政建设,建成课程思政优质资源,建设宣传展示数字化平台,并开展推广共享;推动广大教师进一步强化育人意识,找准育人角度,提升育人能力,确保课程思政建设落地落实、见功见效。

2.健全制度保障体系

制度就是最好的保障。2016 年,中共中央、国务院印发了《关于加强和改进新形势下高校思想政治工作的意见》。2017 年,浙江万里学院便启动了"课程思政教学改革试点工作",推进课程思政"六个一"建设工程。落实教育部《高等学校课程思政建设指导纲要》、浙江省教育厅《浙江省高校课程思政建设实施方案》的文件要求,系统构建"思政工作类＋建设实施类＋考核激励类"课程思政制度体系。

完善了各项配套政策。梳理学校的各项规章制度,克服具体政策措施与课程思政理念、目标相背离的现象。在队伍建设、评优评先、工作规划、成果应用等方面,完善政策制度,为课程思政教学改革试点工作提供有力保障。截至 2022 年 7 月,学校系统设计和制订了思想政治工作类、课程思政建设实施类、课程思政考核激励类三大类 22 项相关制度(表 3.2)。这些制度涵盖了从课程思政到生活思政、从课程思政建设工作领导小组到课程思政实施工作方案、从人才培养方案修订指导性意见到课程标准修订、从教学工作业绩考核到职称评审与岗聘制度修订等各方面。

表 3.2 浙江万里学院课程思政制度体系

序号	文件标题	文号	类型
1	浙江万里学院关于进一步加强和改进思想政治工作的实施方案	浙万院党〔2017〕21号	思政工作类
2	浙江万里学院关于加强和改进研究生思想政治教育的实施意见	浙万院党〔2018〕9号	思政工作类
3	关于成立浙江万里学院大学生思想政治教育工作领导小组的通知	浙万院党〔2018〕31号	思政工作类
4	关于成立浙江万里学院生活思政研究中心的通知	浙万院〔2020〕24号	思政工作类
5	关于成立浙江万里学院课程思政教学研究中心的通知	浙万院〔2021〕15号	思政工作类
6	关于印发浙江万里学院2022年党建与思政工作要点的通知	浙万院党〔2022〕3号	思政工作类
7	浙江万里学院全面推进课程思政"六个一"建设方案	浙万院党〔2018〕5号	课程思政建设实施类
8	关于印发新形势下有效开展"生活思政"建设实施方案的通知	浙万院党〔2019〕16号	课程思政建设实施类
9	关于印发浙江万里学院教学荣誉奖评选办法的通知	浙万院教〔2019〕27号	课程思政建设实施类
10	关于印发关于加强"线上线下混合式一流课程"建设的指导性意见的通知	浙万院教〔2020〕11号	课程思政建设实施类
11	浙江万里学院关于加强基层教学组织建设及管理的指导性意见	浙万院教〔2020〕16号	课程思政建设实施类
12	关于印发《浙江万里学院课程思政建设实施方案》的通知	浙万院党〔2021〕36号	课程思政建设实施类
13	浙江万里学院本科专业人才培养方案指导性意见(修订)	浙万院教〔2021〕23号	课程思政建设实施类
14	关于印发浙江万里学院本科生生活思政学分管理办法(试行)的通知	浙万院教〔2021〕24号	课程思政建设实施类
15	关于印发浙江万里学院课程思政教学研究中心建设方案的通知	浙万院教〔2021〕37号	课程思政建设实施类

续表

序号	文件标题	文号	类型
16	关于印发浙江万里学院新时代美育工作实施方案(试行)的通知	浙万院〔2022〕35 号	课程思政建设实施类
17	关于印发浙江万里学院学生思想政治教育教师专业技术职务聘任实施办法(试行)的通知	浙万院〔2020〕38 号	课程思政考核激励类
18	关于印发浙江万里学院教师师德失范行为处理规定(试行)的通知	浙万院党〔2021〕13 号	课程思政考核激励类
19	关于印发浙江万里学院教师思想政治与师德师风考评工作实施办法(试行)的通知	浙万院党〔2021〕14 号	课程思政考核激励类
20	关于印发浙江万里学院第五轮岗位设置与聘任工作指导意见的通知	浙万院人〔2022〕13 号	课程思政考核激励类
21	关于印发浙江万里学院 2021—2022 学年考核办法的通知(本科生培养模块)	浙万院〔2022〕11 号	课程思政考核激励类
22	关于印发浙江万里学院 2022 年专业技术职务评聘工作实施方案的通知	浙万院〔2022〕53 号	课程思政考核激励类

3.构建激励保障体系

激励即动力。激励保障体系是激发课程思政教师教学内在动力的"稳定器""助推器"。提升高校课程思政建设能力需要激励保障机制提供物质基础和精神支持。

构建了精神激励体系。激发课程思政教师的职业认同感、荣誉感、责任感是促使他们做好课程思政建设的关键。浙江万里学院通过目标激励、榜样激励、兴趣激励、情感激励、行为激励、荣誉激励等形式的精神激励,切实增强课程思政教师的职业认同感和荣誉感,通过塑造一批课程思政教师先进典型,设立课程思政示范课程、领军人才、教学名师和优秀教学团队等,以及加大荣誉表彰的力度和强度,激发教师们开展课程思政建设的愿望和热情。近年来,学校设置了课程思政优秀示范课程评比、优秀基层教学组织评选、课程思政优秀教师评选、教学荣誉奖评选、生活思政示范岗创建等激励体系。以先进典型为示范引领,全面形成广泛开展课程思政建设的良好氛围。学校根据《高等学校课程思政建设指导纲要》提出的"把教师参与课程思政建设情况和教学效果作为教师考核评价、岗位聘用、评优奖励、选拔培训的重要内容"的要求,在职称评定、工作考核、荣誉评选、选拔晋升等方面对优秀课程思政教师给予政策性倾斜。据此,浙江万里学院就将"主持或作为主要成员参与课程思政"建设列入各级岗位评聘的要求[159],激励教师积极参与课程思政建设。

完善了物质激励体系。要为高校教师进行课程思政育人实践提供必要的经费支撑和物质保障,为其教学提供所需的教学设备、教学场地、教学资源等。浙江万里学院为支持课程思政建设,截至 2022 年 7 月,已投入近 1 亿元,建设了 270 间智慧教室,以及 400 余个校外实践基地和思政课程现场教学基地;建设了办公面积约 800 平方的校院两级课程思政教学研究中心、党员之家、教师发展中心等共享活动场所;在图书馆建设了总面积约 500 平方的思政课程情景实训室;在学生生活区建设了生活思政驿站;设置专项经费用于教师发展建设,组织和鼓励教师积极参加相关的教师培训、教学观摩、经验交流会等,设置专门的课程思政科研课题、教改项目、教学成果奖,等等。浙江万里学院设立每年 100 万元的专项经费用于推进课程思政教学改革研究项目,每年投入 500 万元用于引进优质师资、教师进修等;为教师增设课程思政相关教学津贴,在绩效工资方面给予一定体现。

除了创新课程目标体系、课程标准体系、课程评价体系和课程保障体系外,浙江万里学院还创新课程思政建设宣传体系,加大舆论宣传和工作研究。一是充分发挥"课程思政"专题网站的作用,及时总结推广研究成果、成效经验、教师工作心得、典型案例,以及优秀课程政微课、短视频,深入挖掘、大力宣传课程思政示范课程,同时利用校园网、微信公众号等平台,大力营造"处处有德育、时时讲育人"的良好氛围。二是创新宣传推广形式和渠道。将专业学习的显性教育和校园文化氛围的隐性教育相结合,创设有高度、有深度、有温度的育人环境。坚持成果导向,固化课程思政建设成果,推进课程建设、教材建设、教学改革等,全面提高人才培养质量。三是加强"课程思政"教育"互联网+"新阵地建设。结合学校大数据系统建设,准确把握学生思想动态,完善网络思政工作格局,从理念、内容和方式层面进行创新。制作传播贴近大学生特点的新媒体内容产品。开展网络宣传"课程思政"优秀作品评选奖励活动。四是以青年教师和学生骨干为主体,壮大网络舆论引导力量,唱响网上主旋律。强化网络评论员队伍和青年网络文明志愿者队伍建设,努力打造一批网络思政名篇,支持鼓励学生利用所知所学,正面发声、理性思辨,唱响好声音、传播正能量。

第四节 课程思政建设的路径创新

只是有了顶层设计还远远不够,更重要的是将其在工作中落实。浙江万里学院多管齐下,使学校课程思政建设工作得到由点到面的持续推进。具体地来说,浙江万里学院的课程思政建设大致沿着三个路径来进行:其一,党政齐抓,全员思政;其二,提升教师,抓住关键;其三,树立典型,以点带面。浙江万里学院正是从这些方面,来实现课程思政建设的路径创新。

一、党政齐抓,全员思政

浙江万里学院党政领导高度重视课程思政建设工作。学校首先成立了由校党委书记和校长牵头负责的"课程思政教育教学改革工作小组"。该小组由校党委分管学生工作的副书记、行政分管教学的副校长,宣传部、教务部、团委、学生事务中心、教师工作部、马克思主义学院,以及其他二级学院等部门的负责人共同组成,统筹推进全校改革试点工作。

学校党委及行政领导,在各类会议中多次强调,课程思政建设需要切实从工作认知上升到情感共鸣,各部门、各学院、各相关项目负责人要组织好、服务好、实施好、总结好,要充分发挥课堂主渠道在高校思想政治工作中的作用,使思政课程、综合素质拓展课程、专业基础课程等各类课程同向同行,形成协同效应,实现思政工作贯穿教育教学全过程,教务学务联动,教学科研融合,教风学风齐抓,管理服务与人才培养共融,多课堂结合,构建全员育人体系,推进课程思政理念深入人心。

1. 学校环境的课程思政

一进学校大门,便能看到一块草坪。草坪上竖立着社会主义核心价值观的雕塑。校园里也布有不少横幅,上面写有"立志做有理想、敢担当、能吃苦、肯奋斗的新时代好青年"等诸如此类的标语。教室、走廊的墙上,张贴着许多鼓励学生的话语,如"此刻打盹,你将做梦;而此刻学习,你将圆梦"等。在学生社团活动的场所,有宣传"四个意识""四个自信""两个维护"方面内容的专栏园地。各个二级学院的宣传园地也是各有特色,有宣传中国共产党党史的,有宣传党建成绩的,有宣传浙江万里学院简史的,百花齐放,精彩纷呈。学校食堂里的墙上或桌子上,也贴有温馨提示,倡导大家珍惜粮食,遵守秩序,相互礼让,尊重食堂师傅。每一栋学生的宿舍楼都有一个雅致的名字,如"文渊楼""文澜楼"等。宿舍楼里有公告栏,公布学生宿舍检查的结果。学校还充分利用校园网、钉钉群、微信群等线上平台,及时通告有关课程思政的信息,宣传课程思政成功的案例,大力营造"处处有德育,时时讲育人"的良好氛围。可以说,学校对环境的改造十分有利于学生健康成长。

2.教学单位的课程思政

课程思政的对象是学生,因此各二级学院作为学校教学单位要承担建设主体责任。因此,课程思政建设也是落实到二级学院要浙江万里学院每个二级学院,负责检查本学院所有专业的人才培养方案、所有课程的教学大纲还有网络平台所要上传的资料,为课程思政建设把关。每学期学院都要召开学生座谈会,及时了解教师的教育教学情况。各学院还特地加强教师与辅导员的定期沟通。辅导员组织班级活动或者社团活动,也要邀请授课教师参加,让教师与学生有更多的时间相互接触、相互理解。最重要的举措是学院安排部分教师兼职班主任,专业教学与成人教育直接打通。学院还规定每一位教师,在指导毕业论文和毕业实习时,要陪伴学生度过在校的最后一段时光,帮助学生解决一些实际问题,让毕业生真实地了解我国的国情,了解真实的社会,以积极的心态去面对就业。

3.教辅单位的课程思政

学校除了教学单位以外,还有一些教辅单位,如图书馆、保卫处等。这些教辅单位也在学校的课程思政建设中做出了自己的贡献。浙江万里学院图书馆在每学年的开学,都会对入学的新生进行入馆教育,让他们学习如何查找图书馆的纸质图书、利用学校的电子资源,还会教育新生明白学校图书馆的纪律,遇到问题时可以获得的帮助。学校的图书馆阅览室的座位是一种稀缺资源,学生都愿意到图书馆看书学习。图书馆教师合理安排学生座位,最大限度地发挥图书馆阅读、咨询、传播功能。学生志愿者到图书馆做义工,图书馆教师又手把手教他们服务知识和技能。总之,图书馆不仅是为师生提供服务的场所,也是帮助师生成长的道场。

学校的保卫处工作很琐碎,但也是帮助学生健康成长的重要力量。保卫处定期在校园网上通报一些大学生被诈骗的案例,向学生传递防骗、识骗的意识。走廊里有许多展板,向学生展示各种防骗技巧,决心打造"无骗校园"。校园里不能骑自行车带人、骑电瓶车要戴头盔、停车要放在指定地点、宿舍里不能使用大功率电器,保卫处安保人员每一次苦口婆心的劝诫,都是在助力大学生的成长。保卫处还经常举行消防知识有奖问答活动和消防演习,让大学生学习如何使用灭火器,如何避免火灾的发生。

4.学科竞赛的课程思政

大学里的学科竞赛是助推大学生成长的变压器,是高校开展课程思政建设的重要载体。浙江万里学院一直积极鼓励学生参与各类学科竞赛,目前,有49项学科竞赛入选浙江万里学院A类学科竞赛名单。其中,有些竞赛项目直接与思想政治教育相关,例如,"浙江省大学生中华经典诵读竞赛""'卡尔·马克思杯'浙江省大学生理论知识竞赛",有些竞赛项目虽不直接相关,但可以磨炼学生意志、增强团队合作、提升创新意识与能力,还可以培养他们做事严谨的科学研究态度,培养为社会服务的热情,等等。

5.应对危机的课程思政

学校教育工作不可能永远一帆风顺,有时也会遭遇一些突发情况。浙江万里学院总是能化危为机,将其变为思想政治教育的机会。自发生新冠疫情以来,学校的教育工作增加了许多新的内容。包括及时向上级汇报疫情信息,为全校师生定期做核酸检测,引导学生在食堂就餐时保持一定距离,尤其是2022年4月12日校园里发现新冠病例,有不少人被要求隔离。面对突发事件,浙江万里学院的师生在学校党委的领导下,众志成城,勇敢面对。大家讲大局,讲纪律,讲奉献,讲创新,涌现了一批英雄模范人物,传诵出许多可歌可泣的事迹,分享了许多成功抗疫的经验。师生参与其中,相互感动,相互改变。让学生在生活的风浪中去磨砺,这是最好的课程思政。

二、抓住关键,提升教师

课程思政建设,教师是关键。必须依靠授课教师去写课程思政版教学大纲,必须依靠授课教师去写课堂教学设计并将其落实到课堂。虽然说每门课程的专业知识和专业技能中都蕴含着思想政治教育的要素,但是教师如果没有这方面意识,他也不会开展课程思政。如果教师的水平有限,他也无法发现课程中的思政元素。因此,只有教师做到课程思政自觉,这项工作才能真正发挥实效。

教师作为一种职业,有自己的职业道德。教师的职业道德是社会对教师这一角色所提出的要求,即要求教师为社会培养所需要的人才。由此可见,课程思政是教师职业道德之中本有之义。有些教师只是去传授知识和培养技能,而忽略价值引领和正向引导,这是对教师本职的不自觉。浙江万里学院通过各种形式,唤醒教师的课程思政意识,在极短的时间内让"大思政"的理念入脑入心。浙江万里学院主要通过以下路径来提升教师的课程思政能力。

1.加强师德师风建设

教师如果没有师德,那么课程思政就无从谈起。因此,提升教师的课程思政能力,首先就要加强师德师风建设。浙江万里学院一直重视师德师风建设。2018年12月25日,学校党委教师工作部发布"关于贯彻落实教育部《新时代高校教师职业行为十项准则》《教育部关于高校教师师德失范行为处理的指导意见》的通知"。修订《浙江万里学院教师教学工作业绩评价指导性意见》,坚持把师德师风作为第一标准,纳入课程思政考核评估要求,落实新时代高校教师职业行为准则。浙江万里学院的师德师风建设从来就不放松。2018年12月,学校开展研究生导师立德树人职责履行情况自查。2022年10月,学校开展师德师风专项调研活动。学校在面对职称评审、评先进评优秀、申报各级课题、教师出国学术交流等重要事项时,首先就看教师的师德师风是不是过硬。学校还持续开展教师教学荣誉奖评选,引导广大教师教书育人和自我修养相结合,做到以德立身、以德立学、以德施教,更好担当起学生健康成长指导者和引路人的责任。

2.加强教师的党性教育

开展党内集中教育是我们党加强自身建设、推进自我革命的一大法宝。党的十八大以来,党中央一直没有放松党员的党性教育,先后组织开展党的群众路线教育实践活动、"三严三实"专题教育、"两学一做"学习教育、"不忘初心、牢记使命"主题教育、党史学习教育、学习贯彻习近平新时代中国特色社会主义思想主题教育等6次党内集中学习教育。浙江万里学院乘着党性教育的东风,组织全体教师学习马克思主义与中国伟大社会实践相结合的最新成果,学习红色文化。学校还组织教师集体收看庆祝改革开放40周年大会现场直播,收看庆祝中国共产党成立100周年大会现场直播,收看党的十九大、二十大开幕会。浙江万里学院还通过举行党员民主生活会和组织生活会、考评党支部堡垒指数和党员锋领指数等活动,让全体教师对中国共产党有更深的了解。

3.加强校内外教研交流

学校经常请校外专家进校园。如邀请中山大学王金发教授来校专门就课程思政建设与教师们分享建设经验。邀请吴清旺律师来校做主题为"你的案子、他的人生——一个职业律师对法律的人性观察"的讲座。邀请中国文化书院院长、国学院院长、北京大学哲学系宗教学系教授王守常,来校弘扬中国传统文化。邀请宁波大学孙丽教授讲授"大学教学的逻辑与策略"。邀请复旦大学张学新教授讲授"从教学的艺术走向教学的科学",分享"对分课堂"的教学理念。诸如此类,不胜枚举。

校内教师也经常举办教研沙龙。在浙江万里学院,"浙江省高等学校第十届青年教师教学技能比赛"特等奖获得者、生物与环境学院的熊尚凌老师,举行"雨课堂使用及分享"沙龙;基础学院的吴慧玲老师,举行"对分课堂使用分享"沙龙;商学院的袁葵芳老师、钱裕禄老师举行"省精品在线课程申报流程与建设经验分享"沙龙;大数据与软件工程学院的张延红老师、信息与智能工程学院的郑子含老师,以自己的课程为例,与大家分享"工科类专业课程思政探索与实践"。学校还让教师走出去,去参加浙江省课程思政建设培训,去参加宁波市高校慕课联盟课程建设与应用培训。如学校大学外语教学部召开课程思政研讨会。围绕"老师所理解的课程思政""如何将德育元素融入大学英语教学的课堂""以教学过程中的某一课为例,具体阐述课程思政的核心和应用"等内容,以教研组为单位进行了全员讨论,并形成了总结文字材料。

4. 加强教师科研能力

高校教师的科研与教学,就像车之两轮,鸟之双翅,一刻也不能分开。教师的科研水平高,他对教学内容就理解得深。教师的课程思政能力,与教师的科研能力息息相关。教师能否从课程内容中看出思政内容,能看出多少思政内容,能否巧妙地将思政内容融入课程内容之中,就取决于教师的科研能力。浙江万里学院历来重视培养教师的科研水平,不仅提高了科研成果的奖励额度,还通过各种途径,来鼓励教师从事科研,潜心科研。学校为新进校的青年博士设立科研启动资金;举办了多期青年骨干教师科研能力提升班;为青年教师设立国家基金培育项目;请校外著名专家来校为教师申报项目做指导;鼓励教师走出去,到国内外名校访学访工;鼓励各学院开办各种学术论坛,让本校教师在学术上有展示自我的平台;大力支持申报各类研究基地。所有这些措施,都促进了教师个人的发展,也为课程思政建设奠定了基础。

三、树立典型,以点带面

浙江万里学院课程思政建设的推进工作,是采用树立典型、以点带面的路径。2018年,学校推出"六个一"特色课程思政项目。法学院立项为示范建设学院,生物工程专业等11个专业立项为示范建设专业,网络安全技术课等51个课程立项为示范建设课程,马克思主义学院的3项课程立项为示范思政课程。为此,学校投入经费25万元,用来支持课程思政"六个一"项目。与此同时,学校对项目建设也提出要求。例如,对于课程思政"示范学院",要求要有示范专业、有示范课程、要召开现场示范会等。学校实施课程思政成果激励政策，对优秀案例集、论文等给予奖励。

有了"六个一"项目作为典型，到 2020 年，学校的课程思政建设工作全面铺开。所有的课程都要建设课程思政。此时，学校更多的是加强检查、督促、指导。学校早在浙万院〔2017〕8 号文件《浙江万里学院课堂教学质量评价》中，就强调教师的立德树人责任，坚持正确的政治方向。若教学内容违背此项原则，教师教学评价实施一票否决制，综合评价结果视为不合格。

在教学过程中，学校教务部定期组织开展教学巡查，并适时通报巡查结果。教学巡查主要观察点为教师教学态度、教师教学准备、课堂教学设计、教师课堂管理、课堂教学创新、学生学习状态等。教学巡查坚持示范引领，评选出课堂氛围优秀主讲教师和优秀班级，指出优秀课堂教学的亮点。同时教学巡查坚持问题导向，有针对性地提出存在的问题和改进建议。据统计，2022—2023 学年校巡查听课 250 门次，校对院听课 249 门次，校督导听课 397 门次，教学巡查已实现常态化、规范化。

学校每年有各种类型的教学竞赛和评奖。如教师教学创新大赛、青年教师教学技能大赛、优秀教学成果评奖等。每年评选课程思政优秀教师若干名、还根据连续多年来的教学表现，每年评出教学卓越奖若干名，教学新锐奖若干名。总之，为教师树立身边的典型，营造比学赶帮超的氛围。

第五节　课程思政建设的方法创新

浙江万里学院有了"大思政"课程思政教育教学理念，有了大气、长久、开放的课程思政大格局，有了顶层设计的课程思政教学体系，有了实践课程思政的明晰途径。在此基础上，全校教师员工瞄准课程思政的建设目标，发挥每个人的聪明才智，去实现自己的课程思政建设内容，探索创新出许多课程思政建设的方法。所谓教学方法是指师生为完成一定的教学任务而在共同的教学活动中采用的手段，既包括教师教的方法，又包括学生学的方法。浙江万里学院教师在课程思政建设实践中，积累了大量的建设经验，并且将这些经验进行总结和提炼，实现课程思政建设方法的创新。比较突出的有下列五种方法，现一一举例说明。

一、合作研讨式教学法

合作研讨式教学法分两个层面展开，一是同一课程组的教师就课程教学进行合作研讨,大家各抒己见,相互协同,最终目的是取得最佳教育效果。二是同一班级的学生合作研讨,学生就相关问题讨论,最终学到了知识,获得了情感能量,也提升了自我。浙江万里学院早就向课堂引进这种教学方法,并将其逐步精致化,该方法在课程思政建设中发挥了很大作用。

"中国古代文学"是汉语言文学专业的核心课程。课程团队由4位教师组成,该团队开展合作研讨式教学已有多年。教学之前,课程团队成员进行了集体备课,就教学大纲、教学形式、教学资源、教学课件以及考核办法进行了充分讨论。对于教学任务,也根据每人之所长,做了明确的分工。该课程有两块教学内容,一是中国古代文学史,二是中国古代作品选。这些都是优秀的中国传统文化,都是极好的思政内容。关键是教师应如何让学生感受到古代文学的美。对此,课程团队采用大班上课、小班讨论的教学形式。大班主要讲中国古代文学史专题知识,让学生对古代文学知识有一个系统性掌握。小班讨论由教师事前出题,让学生阅读具体文学作品,查找相关资料,进行独立思考,然后小组内讨论,最后在小班里汇报讨论结果。阅读同样的文学作品,分享的感受却有差异,学生相互取长补短。一场讨论下来,学生对古代文学作品认识提升了,更受到了情感上的熏陶。

风景园林专业的一些课程团队也是采用这种合作研讨式教学。他们将教学分为四个阶段,第一个阶段是接受任务,第二个阶段是任务分解、课题调研、分头实施,第三个阶段是总结成果量化,第四个阶段是小组汇报交流、专家点评。这种教学方式,可以培养学生沟通与团队协作能力、弘扬工匠精神的职业素养以及终身学习习惯。

合作研讨式的教学方法是一种较好的教育方式,它不以传授知识为唯一的教学目的,而是多方面地培养学生能力,包括查找资料和分析资料的能力、独立思考能力、沟通能力、团结协作能力、语言表达能力和理论思辨能力。更重要的是在这个教学过程中,学生都需要全身心投入,在不知不觉中涵养自己多方面品质,这对学生将来面对社会大有裨益。

二、德育知识显影法

学校教育,每门课程都有自己的特定任务,要传授一定的知识,训练一定的技能。课堂所要传授的知识和技能,有一个必要前提,那就是有利于学生的成长和社会的发展。也就是说,每门课程都隐含着对学生德育的培养。正如古希腊著名哲学家苏格拉底的一句名言:"美德即知识。"这是强调知识与美德密不可分。可以说,任何知识都有德育功能,只是有些知识的德育功能显而易见,有些知识的德育功能暗含其中,需要教师通过钻研、挖掘使其显现。

浙江万里学院的教师深知需要在这方面下功夫。例如，计算机科学与技术、软件工程、大数据等 IT 专业的核心课程"数据库技术"，要实现的知识点有三个：一是数据库技术的概述、发展与学科前沿知识，二是数据库的访问、操纵、控制与测试用例，三是数据库的安全保护与完整性结构。针对第一个知识点，让学生知晓我国运用的数据库，国产的不到两成，大部分还是国外数据库，中国常遭外国人"卡脖子"，这自然就激发了他们爱国热情，发愤读书，为国争光。在教学第二个知识点的时候，教师有意识地培养学生的坚定追求探索、勇于攻关、不断挑战自我的信心。针对第三个知识点，学生在掌握安全保护应用系统技能的同时，可以学会自我保护，预防网络诈骗，能识别国外各种敌对势力对我国的觊觎和谣言诽谤。

再如，"税法"是会计学、财务管理等专业的基础课程。其所涉及的知识点主要是消费税征税范围、个人所得税的改革之路和企业所得税的税收优惠。对于消费税征税范围，可以引导学生理性消费，形成健康的生活习惯，树立低碳生活理念。对于个人所得税的改革之路，可以使学生感受到国家对公平与效率的平衡和考量，体会到国家促进共同富裕、促进公平。对于企业所得税的税收优惠，可以让学生体会到国家强化科技强国的理念，引导社会资源投入乡村振兴战略、粮食安全保障，这也有助于交通设施和公共项目的完善。像西部优惠政策，有利于地区平衡发展，加速实现共同富裕目标。总之，税法不只是冷冰冰的条例，而是体现了中国特色社会主义的国家意志。

由上二例可知，所有课堂所传授的知识，不管是文科也好，理工科也好，都寓有道德教育。也就是说，专业知识和专业技能本身，就自带有德育内容。教师有责任有义务通过课程思政教育教学实践将其自然显现出来，而不是额外硬加上什么内容。教师在上课过程中，也不用生硬地特地强调"这是思想政治教育内容"，而是要做到心里有数，在不知不觉中，将这一部分内容传达给学生。

三、身边案例教学法

案例法是一般教师在课堂教学中乐于采用的一种教学方法，也是一种富有成效的教学方法。如果采用身边的案例来教学，则效果更佳。现实生活常常如此，身边的榜样有时胜过千言万语。浙江万里学院的教师在课程思政建设中，特别喜欢采用身边的案例，尤其喜欢用万里学院本身的案例。要将身边案例运用于教学之中，必须具备两个条件：其一，教师必须参与到社会服务之中，能够运用自己的专业知识和技能为地方经济和文化服务。其二，教师必须要做一个有心人，对于自己所经历过的社会实践要有理论思考和政治站位，要有"大思政"理念。有了这两点以后，就如黄宗羲在《明儒学案》中所言："修德而后可讲学。"教师只有自己亲身经历过,才能更好地教育学生。

如前文所提到的"数据库技术"这门课程,课程团队参与了与宁波市审计局联合开发的数据库,这是一个针对宁波市各区县五项社保基金审计的数据库,由浙江万里学院的大数据与软件工程学院独立开发。该数据库通过外部访问技术,来实现内部审计查询。这个数据库做得很成功,是浙江万里学院产学研项目的一个成功案例,在审计期间,仅医保一项就查获了数百万元的违规事件,该案例被审计署授予优秀案例奖,目前宁波审计局仍然在使用该系统。该案例是任课教师全程参与之事,课堂上教师向学生娓娓道来,充满着激情,还有一些技术细节,是书本上学不到的知识。学生由此感受到自己所学的数据库技术知识在现实生活中的实际应用与重大价值,也知道了做任何一个项目都要有坚韧不拔的毅力。

再如"会议管理"是会展专业核心课程。课程一是要了解会议业的一般知识,二是要掌握会议策划,三是有关会议的公关宣传。课程团队在课堂教学之中,列举了大量的会议案例,其中包括在浙江宁波举行的世博会首场高峰论坛"信息化与城市发展论坛简介信息化与城市发展",在苏州举行的第二场主题论坛"城市更新与文化传承",任课教师作为主要会议工作人员,参与到上述论坛的筹备当中,并在部分议题中承担同声传译工作。教师在课堂教学中,对此案例进行了分析,教育学生会议策划和管理方面,要有大局意识,要有国家情怀,要有战略思维,使会议产业成为"参与国际治理、推动国际秩序变革、打造人类命运共同体的重要手段"。

浙江万里学院将培养高素质应用型人才作为自己的教育目标。不仅要使学生能与社会零距离,教师也要与社会零距离,这样才能在课程思政建设中,将自己亲身的案例引进课程教学。高校教师要服务于社会,不仅只是产生一些经济效益和社会效益,而且也是教育本身的必然要求。这种亲身案例教学法的教育效果是异常显著的。教师将自己的亲身感受传达给学生,不用再说多余的话,学生都会牢记在心中。

四、项目教学法

所谓项目教学法,是在教师指导下,将一个相对独立的项目交由学生来完成,信息的收集、方案的设计、项目实施及最终的评价,都是由学生自己来负责。项目教学法最显著的特征就是"以项目为主线,以教师为主导,以学生为主体"。在实施项目教学法的过程中,思想政治教育工作主要体现在学生与教师相互促进,共同成长上。

"建筑设计 3"是建筑学专业的必修课程,主要是教学生学习设计主题博物馆或者纪念馆。要完成这样的教学任务,需要经过三个环节,即主题策划,概念设计,设计深化、表达及交流。课程教学以产出为导向,让学生根据自己现有条件,自主地选择设计博物馆的主题,只是要求所选主题要有"四度一性",即作者熟悉度、对象明确度、地域匹配度、大众认知度、意识积极性。结果有学生设计"连家船博物馆",有学生设计"越剧博物馆",有学生设计"钢琴博物馆",大家不拘一格,各显神通。虽然只是一份课程作业,但是任课教师要求学生将作业当作真实的项目来完成。学生在设计作品的过程中,对时事热点、家乡的地域文化或中国人创新精神,都增进了理解。

"数据库技术"课程是将服务社会的开发项目,带进课程教学。当时浙江万里学院为宁波船务代理有限公司开发的船务代理系统项目,项目团队包括 4 位计算机学院的教师、10 位学生,主要是做数据库开发应用。这个项目历时 9 个月,教师身体力行,同学全力以赴,终于完成了这个项目的开发。直到今天,宁波船务代理有限公司仍然采用该系统处理业务。在这个项目的运作过程中,学生不仅学得了知识,掌握了技能,而且养成良好的团队合作精神,以及锲而不舍的钻研品质。

浙江万里学院教师的项目教学法,有些是现实生活中真实发生的项目,有些只是采取项目管理的形式。不管怎么说,将项目带进课程,使学生在做项目的过程中,获得知识,收取能力,还受到良好的素质教育。学生通过做项目,养成做事要有明确目标、要有清晰行动路线、要有持之以恒的专注力、更要有团结协作的精神。项目教育的本质是让学生在做中学,在学中做,做到知行合一。就在具体的实操之中,学生的思想政治教育得到落实。

五、情境教学法

人类的行为,都是在一定情境中发生。要正确理解人们的行为,就必须结合行为发生的情境。情境教学法是教师在课堂上,运用语言描述或者音像资料,有目的地引入或者创设具有一定情绪色彩的、以形象为主体的生动具体场景,从而给学生带来沉浸式体验,加深他们对所学知识的理解。课程思政教育关键环节就是引起学生情感体验,这样才会对学生人格形成产生积极影响。浙江万里学院教师在课程思政建设中,特别擅长运用情境教学法。

"物流学基础"是物流管理专业的核心课程。该课程引进了"啤酒游戏"课堂情境学习项目。所谓"啤酒游戏"是 20 世纪 60 年代麻省理工学院斯隆管理学院发明的一种策略游戏,目的是培养学生有效进行系统化思考的能力。在设置的情境游戏里,在出货时间推迟、相关资讯不充分的产销模拟系统中,教师和学生分别扮演消费者、生产商、代理商、批发商、零售商等不同的角色,最后以团队为单位,计算每个角色的利润、库存成本、缺货成本、订货量等。在这种模拟情境之中,学生可以习得岗位适应能力、沟通协调能力和团队合作能力,可以提升职业素养。

"刑事诉讼法"是法学专业的核心课程。该课程在教学中,采用模拟法庭的教学方法。让学生分别扮演法官、书记员、法警、鉴定人、翻译人员、公诉人、辩护人、证人等,开庭审理、宣布开庭、法庭调查、法庭宣判等一切法庭审理程序都演示一遍。在活动过程中,学生不仅可以学到相关的法律知识,而且还可以体会到法律的神圣性,树立起用法律来维护社会公平公正的信念。这对于学生学习专业课程有直接的推动作用。

学校教师在实践中,深切地体会到,情境教学法基于人的同理心,将学生置于特定的情境之中,让学生去感受、去体验,是触及学生心灵的教学方法,最能体现以学生为中心的教育理念。这种教学方法有利于学生素质的培养,可以塑造学生的道德情感。

浙江万里学院教师在课程思政建设实践中,采用的教学方法还有很多。如讲解法、设问法、参观法、演示法、实验法等,还有线上线下混合法、翻转课堂、对半课堂等,真是举不胜举。带有综合创新性的方法,以上列举了五种。其实,教有定法,也是教无定法。"不可为典要,唯变所适。"时代在不断发展,社会在不断进步,世上就没有包治百病的灵丹妙药。所有的教学方法都要有利于促进教学内容的呈现、有助于实现立德树人的根本任务。

第四章 案例:新时代高校课程思政建设的万里实践

浙江万里学院课程思政建设聚焦立德树人根本任务、聚焦教育使命担当、聚焦"大思政"内涵建设、聚焦师德师风建设、聚焦学生发展,基于"学院—专业—课程"开展"一个学院一个培养模式""一个专业一个课程体系""一位教师一门示范课程"的"六个一"课程思政建设校本实践,全面形成广泛开展课程思政建设的良好氛围,构建了全员全程全方位的"大思政"育人新格局,出现了一批新时代高校课程思政建设的优秀案例。

第一节 "一个学院一个培养模式"的模式探索

课程思政是高校全面、系统落实立德树人根本任务的重要载体,是一项系统工程。校院两级在推进课程思政建设过程中要加强对课程思政建设的领导和指导,强化顶层设计,进行系统谋划、总体部署、统筹推进。从理念、标准、模式、评价、保障等多维度构建一体化课程思政建设体系,并确保课程思政建设落地、落细、落实,形成"一院一品"课程思政特色。

模式一:课程标准五度课堂
——课程思政建设的文科实践

浙江万里学院法学院围绕培养德法兼修、高素质应用型法治人才目标,着力打造"立德树人、实践育人、协同育人"特色。近年来,法律系先后获浙江省教育系统"三育人"先进集体和"工人先锋号"荣誉,法律援助工作站被共青团浙江省委授予"先进青年志愿者服务站"称号,获"五星级规范化调解委员会""消费维权先进单位"称号;法学院已培养了一批优秀学子,如"全国法律援助工作先进个人"和"浙江省优秀青年律师"黄道进、甘于吃苦乐于奉献的村民"贴心人"村干部项玉君。全院上下立德树人氛围浓厚,关注民生、服务基层、奉献社会的育人风气已蔚然成观。

1. 以课程标准为抓手,着力推进"思政五融入"

德法兼修从课程标准开始,明确"教""学""督"各方要求,构建了落实立德树人根本任务的课程标准体系。

第一,思政理念融入课程理念。为课程注入理想之源、信念之泉。如"法理学"课程标准明确坚持马克思主义法治观和社会主义法治理念,引导学生树立与新时代主题同心同向的理想信念,养成自由、平等、公正、法治的社会价值观。

第二,思政要求融入课程目标。如"民法总论"课程标准,有机融合社会主义核心价值观与平等、自愿、公平、诚信等民法基本原则及具体制度,助力学生形成富强、民主、文明、和谐的国家价值观,爱国、敬业、诚信、友善的个人价值观。

第三,思政内容融入课程具体知识点。"合同法"课程标准在"违约责任"部分将社会主义核心价值观融入课程具体知识点。如依法依约调处违约纠纷,维护社会经济繁荣稳定,强化学生富强、民主、文明、和谐价值观认同。

第四,思政话语融入课程语言氛围。润物无声地将正确价值追求和理想信念传递给学生。如"物权法"课程标准将"富强"这一社会主义核心价值观嵌入市场主体依法积极创造追求财富中;将"坚持党的领导"这一社会主义法治基本内涵融入土地承包经营权制度发展趋势中。

第五,思政目标融入课程考核体系。课程标准专设"课程考核"内容,将法学课程所涉法律关系分析、法律纠纷调处、法律适用等法律职业核心能力与公平正义、爱岗敬业、诚信友善等职业伦理道德要求有机融合。

2. 思政深度锻金课

浙江万里学院法学院秉持"育人格局更大一点儿""思政进路更深一点儿""实践育人更实一点儿""育人载体更宽一点儿"的理念,探索"静态建模＋动态演练"教学模式,建设有深度的"法学金课"。

第一,静态建模。一是建构法律理性人人格模型,孕育理性之德。此人格模型活跃于不同课堂,"合同法"课堂上"他"是货物买方,收货后及时检验并通知卖方质量不符情形;"行政法"课堂上"他"是实施行政职权之人,不得擅自改变已生效行政许可。二是渲染国家利益色彩,涵育政治之德。教师要立足国情,运用国家利益分析范式，解析社会主义法治理论，不做西方理论搬运工。如在"民事诉讼法"课堂引导学生领悟大调解机制对西方司法中心主义的改造，感知中华民族以和为贵的理念。

第二，动态演练。一是案例传递实现角色动态。教师将焦点、经典、鲜活案例传递课堂，将课堂转化为模拟法庭，将学生翻转为不同当事人。学生在"你方唱罢我登场"中唇枪舌剑，在"为什么不那样呢""还有没有别的方案"中质疑释疑。二是项目驱动实现任务动态。如教师将立法调研项目分解成不同子任务，学生提前参与法治中国建设事业，体验经世致用的成就感。三是校政企联动实现场域动态。学院与政府部门合作实体化，设立法援工作站、人调委员会、消费维权联络站、妇女权益保护委员会等有形站点，学生直接接触群众，亲身担负起服务社会的公民责任。

3. 打造"五度"课堂，思政实践入生活

以现实生活为舞台，将学生从相对封闭的课堂空间解放出来，做到实践育人在场在线；以思想引航将育德融入日常，做到实践育人入脑入心；以文化涵育将育格融入生活，做到实践育人有理有品；以项目推动将育技融入教学，做到实践育人上手上身。生活化课堂实践育人即生活思政，人人都育人、事事都育人、时时都育人、处处都育人。

第一，着力打造"五度"生活化课堂。有高度的课堂——教师融入社会主义核心价值观、社会公益、中华优秀传统法律文化教育，鼓励学生探索以己之力带动全社会崇德向善的路径。有深度的课堂——让学生下基层进社区，如大学生创业法律服务中心进宁波青创园、志愿服务法院导诉台与社区矫正中心等，引导学生读国情书、基层书。有温度的课堂——让学生面向群众接触群众，通过法援工作站、人调委员会、消费维权联络站等社团向市民提供法律服务，引导学生读群众书、听百姓声。有宽度的课堂——融知识、能力与素质培养三位于一体，学生得以拓展观察能力、提升沟通技巧、完善解决问题的策略。有亮度的课堂——学院紧密对接区位优势，主动服务区域经济与文化特色发展需求，如依托宁波市地方优势资源，设立地方立法调研、小微企业知产风控服务、法治政府建设绩效评估等项目。

第二，"五度"生活化课堂推动教学制度再造、要素重组。课程体系上，学院推行项目导向，构建多元学科交叉融合的互通结构，实现由单一学科教育到兼顾职业教育的转变。学分管理上，常规项目与滚动式项目并举，常设志愿者公益项目，计必修学分；接受学生自选创新项目，计选修学分。教学组织上，组建个性化社团为新学习单位，采团队考核。学习形式上，引入学生在前教师在后的知识检验模式,学生自主观察、自主解决,做中学、学中做。评价方式上,引入社会奉献度、团队合作度、能力提升度等多样化评价指标。

模式二:团队共研价值引领
——课程思政建设的理工科实践

课程思政是实现立德树人根本任务的重要手段,但理工科专业长期以来对思政教育和专业知识教育难以做到有机衔接,思政教育走不出"孤岛"困境。浙江万里学院生物与环境学院课程思政分中心根据学校定位,基于立德树人和成果导向理念,专注培养环境、生物和食品类高素质应用型技术人才,积极开展各类课程思政活动,将理工科的"专业内容"与"思政元素"有机融合。至今,学院已获批省级课程思政示范课 2 门,省级课程思政教学研究项目 1 项,获得"浙江省第二届高校教师教学创新大赛课程思政专项赛"优秀奖 1 项,学院 3 位教师获得宁波市"高校优秀课程思政教师"称号。

1. 强化培训,提升思政育人水平

学院以党建引领,通过校内外思政培训、院内专题研讨、思政示范课教学观摩强化课程思政育人理念,提升思政育人能力。校内外思政培训依托学校教师发展中心,鼓励专业教师积极参加全国高校课程思政教学工作坊、高校课程思政教学能力网络培训、校级课程思政系列论坛等;院内专题研讨的模式为学院在请专业负责人和思政示范课程负责人分享"课程思政建设经验"的基础上,按专业研讨"一流专业"以及"思政建设示范专业"核心课程的思政育人目标,构建思政育人体系;思政示范课教学观摩活动为学院定期请院内教学经验丰富的省教学竞赛获奖教师、教学卓越奖和新锐奖获奖教师上课程思政示范课,通过课堂学习、课后互动交流,提升专业教师思政育人能力。学院开展基层教学组织研讨 20 余次,组织教学观摩和主题讲座共 10 次,近三年,学院教师参加思政培训百余次,发表思政类教改论文 7 篇。

2. 团队共研,积聚思政育人力量

基层教学组织既是制定人才培养方案的主体,又是落实教学任务和开展教学研究的主体,对构建大思政育人体系,提升课程育人效果起着重要作用。学院组建"生物技术创新教学团队""污染监测与控制课程组""食品质量与安全核心课程教学团队""基础化学教研室"等团队以构建思政育人共同体,通过集体教研顶层设计思政目标,共同开发思政资源,促进思政建设体系化,目前学院已有1个组织获首批校级"优秀基层教学组织"荣誉。

"基础化学教研室"以服务生物、环境和食品类专业的应用型人才培养为目标,通过团队研讨、集体备课、教学培训、以老带新等加强团队建设,增强实力,持续提升思政育人水平。该教研室以课程群为统领,定期组织教师参加教学研讨,从顶层设计课堂理论与实验教学的思政目标,深挖思政元素,通过实践并优化以问题为导向的PBL(project-based learning,项目式学习)教学方法和混合式分层教学模式,扎实推进服务专业教学的课程建设与教学改革。团队每年组织并指导学生参加浙江省大学生化学竞赛、生命科学竞赛、生态环境设计大赛等,提高学生解决问题和研究创新的能力,培养学生科学精神,实现知行合一。

3. 价值引领,构建思政育人体系

生物与环境学院根据专业特色和人才培养目标,育教相融,构建专业课程思政体系。如"食品质量与安全"专业课程思政体系以组织队伍的统筹协调和保障制度的指导督促为前提,通过基础课程和专业课程,提升学生人文、科学和职业素养,培养学生爱岗敬业、严谨求实等精神,对学生形成知识技能的训练和价值观的塑造,达到培养主动适应未来发展的新时代德才兼备的食品领域卓越人才的目标。

对于专业课程的课程思政建设,学院则是根据不同课程的特色、立足学科视野,设计家国情怀、道德修养、科学精神和辩证唯物主义相关的思政案例。如"免疫学"课程通过免疫器官、细胞、免疫分子结构与功能关系揭示局部和整体的统一;通过疫苗制备、质量监控渗透"大国工艺"精神;通过反思"疫苗之殇"使学生树立职业敬畏感;通过获得性免疫缺陷综合征教学,引导学生关爱艾滋病人,塑造健康人格。"环境工程微生物学及实验"课程思政体系则以大量的环境污染工程案例、日益改善的生态环境、课程中本身蕴含的生命科学常识为切入点,实施思政教育。"无机及分析化学"课程通过化学史实资料,引导学生领悟理论知识背后的艰苦研究以及科学家的爱国、敬业、严谨、诚信、奉献等精神;通过辩证唯物主义世界观和方法论,教育学生坚持和运用这些立场观点认识问题、分析问题和解决问题;化"学"为"用",增强学生专业自豪感、职业认同感和社会责任感。

总体来看,课程思政不是某一教师的行为,不是零散的,杂乱的,更不是想到哪讲到哪。如何团队协作进行课程思政建设、如何把握课程思政的真正内涵,并结合学科知识寻找切入点,这仍然需要我们"摸着石头过河"。育无止境,我们要不断探索课程的教学内容、教学方法,在做好专业知识教学的同时放好思政之"盐",实现全程育人、全方位育人,这是教学改革一直追求的目标。

模式三：聚合跨文化思政资源 聚焦民族文化担当
——中外联合培养模式下的课程思政建设

浙江万里学院德国品牌应用科学大学联合学院是经教育部批准设立的中外合作办学机构,采用"4+0"模式,开展视觉传达设计(品牌设计,Brand Design)、广告学(品牌传播,Brand Communication)专业人才培养。品牌设计专业教研团队响应国家发改委等部门《关于新时代推进品牌建设的指导意见》中关于培养品牌建设专业人才的号召,基于学校"本土国际化创新应用型大学"定位,借助与德国品牌应用科学大学合作共建的国际化教学平台与资源,秉持"课程思政引领""品牌思维导向"原则,通过"中德互通、校企联动"的人才培养路径与"艺+商+媒"跨学科多维度融合的教学模式(图4.1),以中国传统视觉艺术与中国文化认知为切入点,以加速本土企业品牌建设与强化国际传播力为初衷,以中国品牌建设与海外推广培养国际化未来素养型品牌设计人才为目标,开展了跨文化语境下品牌设计类专业课程思政多维度融合的系列改革实践与探索。

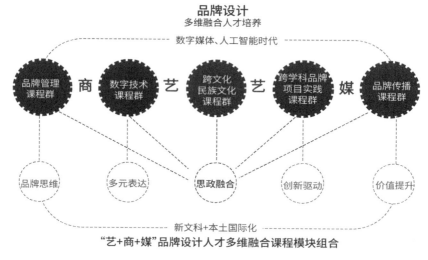

图4.1　"艺+商+媒"品牌设计人才多维融合课程模块组合

1.国内本土国际化应用型高校品牌设计课程思政建设的现状

品牌设计专业教研团队通过前期田野调查、访谈记录整理、教学实践、文献调研等多角度的研究发现,国内品牌设计专业课程思政仍处于初步探索阶段,尤其是在跨文化教学背景下品牌设计专业课程思政理论研究与教学实践方面,国内现有研究与实践大多基于个别课程。国际化教学局限于国际合作、国外课程引进、师资配备等国际化教学所需的前期要素集成,缺乏服务国家发展战略的课程思政顶层设计,缺乏从品牌建设"学科思政"到"专业思政"到"课程思政"的系统设计与研究;爱国主义教育生硬、程式化,尚未将思政理论与本土国际化专业设计实践教学整体融合。

2.跨文化联合培养背景下课程思政建设的痛点分析

加强对中外联合培养模式下学生的爱国主义教育,做好潜移默化的引导工作,对于我国长期发展具有重大意义。目前在对国际联合培养学生进行爱国主义教育时,存在着地域和时空差异、中西文化理念冲突、学生个体内在矛盾,以及当下思政课程存在局限性等问题。

第一,教育理念差异下的文化冲突。中外联合培养模式下的学生从进入高校就开始接受中西双方文化的学习,跨文化和国际化的教育会让他们感受到异国文化与本国文化之间的差异与冲击,他们有时不能对不同的世界观、人生观、价值观进行理性分析和选择,容易产生摇摆心态。

第二,时空差异造成的推进困难。在海外求学过程中,留学生所面临的环境与国内有着较大差异,时差和空间的复杂性导致学生与国高校无法面对面沟通,这导致国内高校对他们思想变化的掌握存在滞后性,这些学生的思想问题不易被及时发现,国内高校对这些学生开展思想政治教育工作的难度较大。

第三,海外留学背景下的身份认同。海外环境存在复杂、多元的价值观碰撞,如果学生对本民族文化掌握不足,逐渐价值观念模糊,又不能融入他国文化,在海外留学时很容易对祖国国情的认知逐渐脱离实际、民族自豪感与民族担当逐渐削弱、爱国意识淡化、自我身份认同模糊。

第四,思政课程在跨国培养中断序。中外联合培养的学生在国内学习时,思政课程作为高校的公共必修课往往只存在于大一、大二低年级段学习,目前存在思政课程与大三、大四高年级段专业课相脱节、国内与国外断序的现象,这是因为缺乏可接续的系统化四年一贯制思想政治教育支撑。

3.跨文化联合培养模式下品牌设计专业课程思政建设的价值意蕴

第一,课程思政与跨文化的有机融合,对培育学生民族文化国际输出能力具有指导意义。为推动教育国际化进程,浙江万里学院把本土国际化教学作为一项发展战略。帮助学生建构多元文化背景下的身份认同,培育既有国际视野又具备民族文化担当精神的应用型人才,是本土国际化教学要面对的重要又现实的问题。品牌设计专业教研团队在中德国际合作教学的前提条件下,探索在品牌设计专业课程体系中有机融入思政元素与跨文化素养培育内容,指导学生跨越文化边界,以包容的态度接受并适应中西文化差异的同时具备自我更新能力与思辨能力,培育学生民族文化国际输出能力。

第二,助推本土国际化教学实践,为国内企业的品牌建设提供国际化人才支撑。品牌设计专业教研团队基于"中德联合"国际育人经验,将课程思政与本土国际化教学有机融合作为改革原点,探索在四年一贯制本土国际化人才培养中嵌构课程思政教学体系。为我国的创意产业发展、"中国品牌创建行动"、中国产品"走出去"等发展战略提供人才和服务支撑,推动我国相关产业迈向全球价值链中高端,助力区域中高端消费、数字经济、产业升级、共享经济等领域新增长点的培育。

4.跨文化联合培养模式下品牌设计专业课程思政建设的方法路径

第一,学院顶层设计,建构"PSB"四年一贯制课程思政育人体系。在教学实践经验和海内外学生问卷调研的基础上,综合国内外主客观影响因素,对中外联合培养学生的爱国主义意识进行全方位分析和解剖,挖掘问题本质,通过"平台协同"(platform)、"阶段贯穿"(stage)、"思政融合"(belief)宏观视角构建的全方位、多维度的"PSB"体系(图4.22),来推进中外联合培养模式下的学生在本科阶段一贯制的爱国主义教育。

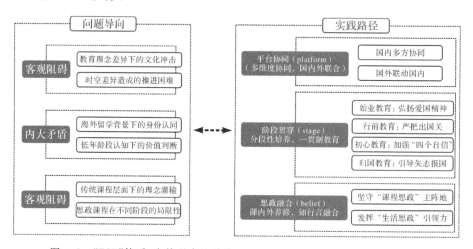

图4.2 "PSB"体系:中外联合培养模式下"一贯制"爱国主义教育构建方案

第二,专业分层融合,创建"艺＋商＋媒"开放协同的课程模组。学院结合国家文化品牌战略同步思考国际教育,以服务我国区域品牌建设为宗旨,充分利用浙江万里学院国际合作教学基础与学校汉堡校区的优势条件，以学院建制，以思政引领，系统引进德国双元制大学特色学科与专业，对其并进行优化改造，创设"品牌建设"跨学科专业群（品牌传播、品牌管理、品牌设计）。品牌设计专业教研团队围绕思政引领，不断增强思政教学的思想性、亲和力，并以培养未来素养型国际化品牌设计人才为己任，以成果产出为导向、问题驱动，建立分层认知导向，分阶段转换实践场域，分层实现能力培养，分层递阶模块化实践教学，培养学生实践与设计成果转化能力，形成"艺＋商＋媒"开放协同的课程结构体系（图 4.3），在不同模块知识内容间形成跨文化多维度融合，实现课程思政从理论到实践的完整闭环，达成从"学生"到"品牌全案设计师"的职业角色转换的实施方案。

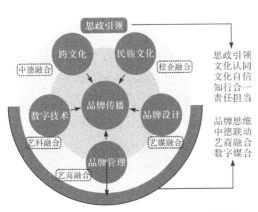

课程思政引领下品牌设计课程建设多维融合人才培养模型

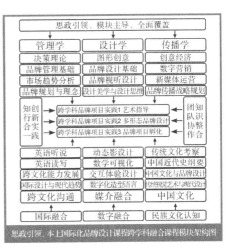

图 4.3　"艺＋商＋媒"开放协同的课程结构体系

　　学院课程建设与课程思政改革受到国内外院校与企业认可，首届毕业生国际化升学率达 91.5％，其中被 QS 世界高校排名前 100 大学录取的毕业生比例达 44％，升学品牌建设相关专业对口率超过 90％，学院有 84％的毕业生获包括德国宝马、戎马广告、玛莎拉蒂在内的海外名企实习经历。共 149 名学生参与"2＋2""3＋1"中德联合培养学分互认项目，获得国外大学学习经历。全球新冠疫情前，共有 128 名学生参与学校汉堡校区海外实践项目。

　　第三，聚合跨文化资源与思政教学资源，实行思政中德"双导师制"。品牌设计专业教研团队对跨文化资源与思政教学资源进行全面梳理整合，聚焦思政资源挖掘，创新中德"双导师制"思政课堂教学模式与管理机制。学院组建了一支中德深度融合、结构合理、教学效果好、能服务地方经济、具有优良师德师风的国际化师资队伍。该专业导师中，96％的国内教师具有海外名校留学经历，25 名专聘德籍教师全部具备 8 年以上品牌行业工作经验;专业课程中英双语、全英授课覆盖率 93%;94.2%的专业教师与企业开展横向课题。跨文化联合教学能够最大程度地激发学生创新意识、创新活力和构建"人类命运共同体"的责任担当。学院创新跨文化思政育人场域氛围,力争将思政素养培育体现在专业教学过程中的每个环节,拓宽课程跨文化与课程思政成果辐射面,不断增强思政教学的思想性、亲和力、渗透力,在不同模块知识内容上形成跨文化多维度融合,实现课程思政从理论到实践完整的闭环。师生在共同面对本土企业项目沟通过程中能够跨越文化边界,以包容的态度接受并适应中西文化差异。在这个过程中,学生的跨国团队协作能力、国际沟通能力、综合采用多种思维方式分析和解决复杂设计问题的能力快速提升。

第四,聚焦民族文化担当,搭建"品牌设计赋能+"大思政平台。在专业群的建设过程中,学院开拓各类国际化思政教学与实践平台,建设高质量课程群。学院通过组建中德跨国实践基地、中德企业联合品牌实验室、汉堡校区省级首批"'一带一路'丝路学院",与宁波市共建"一带一路"教育国际合作特色平台,主办"中德品牌创新论坛(宁波)",参与举办"德中品牌对话"论坛,引进教育国际合作项目、欧盟"Erasmus+项目"等,将中国文化与设计实践项目的任务选题紧密联系中国国情,将习近平新时代中国特色社会主义思想、社会主义核心价值观、"四个自信"以及中华民族传统美德、家国情怀、奉献与担当精神融入每个专题任务中,润物无声地提高国际化课程思政成效。

学院课程思政建设坚持从品牌设计专业的角度切入,彰显专业优势、国际师资优势,在学科门类中找准任务主题定位,结合本土企业最新实践项目,梳理古今传统文化价值与传统视觉艺术,让学生通过在企业中进行真实设计项目实践,来理解中国人的精神价值、生活方式、集体人格,融会贯通;以"品牌设计赋能+"为主题,通过项目训练,跨越不同国家、不同民族之间的文化边界,从不同的文化视角帮助学生在多元文化与多元价值观的碰撞中重塑社会主义核心价值观。学生在此期间对中国文化精髓从认知到认同、从文化感知到实践服务,设计能力不断得到提升。课程内通过设计服务本土企业,以中国故事为主要内容,以品牌设计为载体,推动中华优秀传统文化创造性转化、创新性发展,为中国品牌塑造专属传播符号,在项目实践中助力中国品牌传播与品牌出海,讲述中国品牌故事、传播中国文化,让世界知道"发展的中国""开放的中国""为人类文明作出贡献的中国",增大中国品牌国际传播力度和广度,在全世界提升中国文化价值。

学院课程思政建设中跨文化与思政元素融入课堂教学的切入点与实施路径,如表 4.1 所示。

表 4.1 跨文化与思政元素融入课程教学的切入点与实施路径

育人元素	任务主题	课程教学切入点	实施路径
中国文化认知 ＋ 人类命运共同体意识 ＋ 知行合一能力 ＋ 社会担当精神	品牌设计赋能甬城乡建	以宁波地缘地域文化为切入点,为舟山开渔节、横溪茶厂、冷西村、它山堰、大堰镇等进行品牌视觉形象设计与品牌建设,培养学生中国文化认知	课堂教学 课下调研 汇报展览
	品牌设计赋能本土企业	以中国"家文化"与"孝文化"为切入点,为上海九如城养老企业、宁波洲际酒店"瑞宝亲子汇"做品牌重塑与品牌视觉形象设计,让学生体会中国文化,强化其社会担当精神	行业导师进驻课堂 自主学习 课堂提案
	品牌设计赋能国经济	以中西方文化精髓与跨文化融合为切入点,为"中国(宁波)海洋经济博览会""中国—中东欧国家博览会"进行视觉形象设计,夯实学生人类命运共同体意识	课堂教学 课下调研
	创新精神赋能前沿科技	在所有项目实践过程中培养学生差异化、情感化的创新能力,赋能本土企业前沿科技,创造有温度的国际品牌,促进地方经济发展	企业实践 企业调研 小组汇报

第五,建立"校＋政＋协＋企"多维协同、联动、共建、共育机制。借鉴德国"双元制大学"与行业企业紧密联动的先进经验,借助品牌设计与国际化传播虚拟教研室,将思政教学实践改革聚焦本土国际化产学融合,突出品牌设计人才培养服务地产业的重心,在专业课中大量引进企业课题,企业导师参与教学,以项目制教学方式串联、并联专业群平台课程,真题实做。利用海外校区地理优势协同国外行业协会和企业,构建理论与实践相结合、国内与国外相结合、产学研相结合、文化与创意相结合、品牌与市场相结合的实践教学模式,以教学成果转化助力国外企业品牌本土传播,国内企业品牌出海。校、政、协、企共同搭建教、科研与产业衔接的枢纽,与企业同步进行产学研创协同育人机制创新与实践、高素质国际化人才培养创新与实践,共同探索具有跨文化视野、交叉学科基础和创意创新能力的人才培养模式。建立可持续的国际化"校＋政＋协＋企"多维协同、联动、共建、共育机制(图 4.4),形成梯次接续的系统布局,有效提高学生国际化实践能力,提升国内外企业协作积极性。

学院的思政育人平台多维联动协同,人才素质提升显著,毕业生受到国内外高校与企业青睐。四年来,学院参加专业大赛、大学生科技创新计划项目或竞赛的学生人数不断增加,截至 2024 年 4 月,有 69 人次获国内外各类品牌专业大赛奖项,联合完成跨专业企业品牌课题 34 项,310 件作品为国内外企业所采用,8 门课程获省级一流本科课程认定,其中国际化一流课程 6 门;学院教师发表教研论文 41 篇,其中 2 篇获省级奖项。

图 4.4 "校+政+协+企"多维协同、联动、共建、共育机制

5.教学实施与成效

课程思政教学是从感性认知到理性认知再到发散性思维的一个逐步内化的过程,品牌设计专业课程以 OBE(outcomes-based education,基于学习产出的教学模式)为导向,以 CDIO(即 conceive 构思、design 设计、implement 实现和 operate 运作)为理念,强化"做中学"的实践精神,同时结合 PBL 教学方法,课堂组织运用 BOPPPS 教学模型推进,在教学中注重对学生的引导与观察。

课前,教师设计教学进程,将课程思政与责任担当高度融合。课中,企业加盟教学、项目进课堂。强化从经验中学、从实践中学,将日常理论与设计技法在企业项目实践中激活,将传统教学中的教师权威转化为市场权威。在调研、设计实践中拓宽学生的专业视野、培养批判性思维、提高学生实践能力、自主思考能力与技术素养;通过阶段性成效检测、教师导学、线上学习、课堂研讨、实践学习、教学效果反馈等六个步骤，构建中外联合的多元视角，协助学生建构知识体系，由浅到深通过识记、领会、运用、分析、综合、评价，逐步达到课程思政教学目标内化的目的；课后，通过实地考察、沉浸式产教融合实践场域体验，使学生了解企业实际设计需求，在校企双导师指导下完成真实项目课题，学生在此过程中更加深入地了解真实中国国情，体悟中国改革成就，以设计解决企业实际问题，在课后实训中达成"做中学"的教学理念。这样的课堂教学模式创新与管理机制创新，能够最大程度激发学生创新意识、创新活力，提升学生自主学习能力。课堂是创新型人才培养的第一战场，力争在其专业素养培育过程中的每个环节体现思政元素，达到知行合一的目标。

学院教学成果获得教育主管部门、协会、企业一致好评，媒体广泛报道学院人才培养成效。在2020年省本科专业评估专家"回头看"和2021年省教育厅中外合作办学专家组评议过程中，学院专业群办学成效获得专家好评；学院获邀在"第七届中德论坛：高层次应用型人才培养"上介绍办学经验；中国广告协会、德国设计委员会致函，时任驻德大使史明德前来视察，肯定学院办学成效；学院多项课程项目得到企业采用。学院国际化相关教育交流活动和培养成果已被中央电视总台、新华社、人民网、央视网、第一财经、外交部网站、民政部网站、"学习强国"等媒体平台报道200余次。

综上，学院品牌设计专业以2035年远景目标与新文科建设融合为出发点，对接国家企业发展和市场实际需求，以课程思政为核心引领，以为国家培养品牌设计本土国际化应用型人才为目标，结合商业视角，整合设计、艺术、营销与传播等专业，创建"艺＋商＋媒"跨学科国际化"品牌设计"课程群，将爱国主义教育、民族责任、民族担当"多维度分层"融入教学，迭代升级人才培养模式，打破常规视觉传达设计专业"重设计轻品牌""重实践轻思政"的状况；在学科交叉融合中培养能够对接国家发展需求、对接国际化产业链需求、跨界互联互通的未来素养型品牌设计人才，有效解决当前政府、社会、企业人才需求问题；同时为教育系统构建更加完整的符合时代发展的人才培养体系，解决目前高校教育中存在的品牌设计类课程设置分散、单一、各自独立等问题，提升国内品牌教育的体系化和模块化建设的速度，加快追赶发达国家在品牌教育方面已经取得的人才培养优势，为浙江"万亿产业"发展做好优秀品牌设计人才储备。

第二节 "一个专业一个课程体系"的建设范式

专业是高校人才培养的基本单元,是建设高水平本科教育、培养高素质人才的"四梁八柱"。通过专业思政的系统化设计、一体化推进,思政教育能更好地融入专业培养各环节、各方面,让学生在专业培养全过程中接受主流价值观的熏陶,树立正确的世界观、人生观、价值观,为培养德智体美劳全面发展的社会主义建设者和接班人打好坚实基础。

范式一:知、情、匠、行
——风景园林专业课程思政建设

风景园林学作为一门建立在广泛自然科学和人文艺术学科基础上的应用型学科,是人居环境的三大主导学科之一,是各专业中践行乡村振兴战略和习近平生态文明思想的主力军。目前国内风景园林专业在人才培养上存在文化根基缺失、重知识传授轻情感养成、重技能训练轻思维养成、产学研相脱节等问题。基于课程思政的深入推进,浙江万里学院风景园林专业围绕专业核心素养优化课程思政结构体系,构建课程思政指标体系、优化教学内容与评价方法,按照新时代高校课程思政建设的新要求,将课程教学目标的教育性、知识性、技能性融合,将学生的专业技能培训与个人理想、社会责任感培育有机结合,在教学过程中体现学科的科学性养与人文性,使专业实践课程同样承载正确的职业观、成才观教育,形成风景园林专业人才培养特色。

一、专业核心素养及课程思政指标点梳理

核心素养既是 21 世纪人才竞争的重要参数,也是高校人才培养的风向标。风景园林专业参照"高等学校风景园林学科专业指导委员会"对风景园林学人才培养的要求,梳理了新时期核心素养的四个维度,即思想素养、文化素养、专业素养、身心素养,并细化出课程思政指标点 12 条,提出产教协同的"实·情"项目化风景园林学核心素养(图 4.5);强调学生适应社会发展、解决复杂问题的几个关键因素:生态文明思维是基础、传承与创新是关键、交叉的知识结构是重点、与时俱进是价值观的体现。在专业思政和课程思政建设过程中,梳理专业教育中所蕴含

的思政元素,并将其有效融入专业教育和课堂教学的各个环节,是当前推进专业思政和课程思政的重要内容。

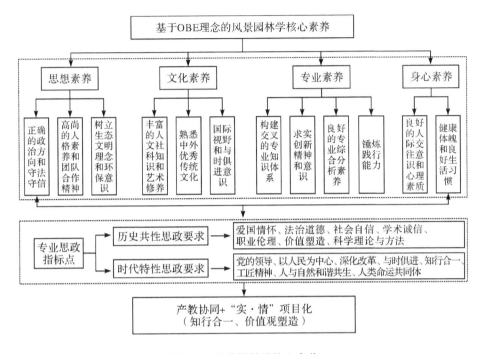

图 4.5　风景园林学核心素养

二、基于核心素养的专业思政推进举措

1.树立产教协同的"实·情"项目化全人教育理念

风景园林专业以乡村振兴战略背景下的风景园林行业发展及新工科建设需求为导向,形成"绿色乡建＋红色党建"的思政引领,强调学生的创新能力、职业道德和社会责任感以及多学科交叉的工程实践能力培养。面向全体学生,开展"乡建主题"的党支部活动,将"乡建主题"融入校史教育、创新创业教育、课程思政教学、劳动教育中,树立学生的"乡建志向",培育学生的"知农、爱农、兴农"情怀、吃苦耐劳的园林人精神。提出了"实·情"项目化全人教育理念,构建了以风景园林"三实体系＋情境教育"为主线的项目化教学课程思政建设脉络(图 4.6)。同时将"立德树人""以文育人"的思政教育融入尊重自然、改造自然、与自然和谐共处的"天人合一"大生态理念中,落实风景园林课程思政示范建设要求。

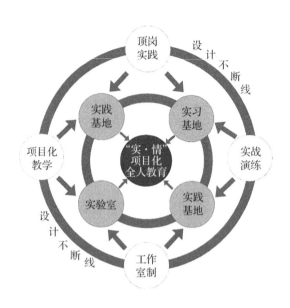

图 4.6 "实·情"项目化全人教育理念

2. 构建基于核心素养的风景园林专业跨学科人才培养模式

通过对风景园林学核心素养的分析和比较,风景园林专业有序推进面向新的国家战略和新时代高等教育改革要求的新工科风景园林专业高素质复合应用型人才培养改革。面向乡村振兴战略与行业需求,风景园林专业根据风景园林行业发展对工程技术人才的要求,以乡村振兴战略和习近平生态文明思想为指导,坚持立德树人初心使命,确定"知识、能力、素质"协同发展的跨学科人才培养目标,立足价值塑造、知识体系、实践能力、教学评价四个方面,形成以"思政引领、学科交叉、协同育人、质量保障"的"四维一体"风景园林专业高素质复合应用型人才培养模式(图 4.7),将创新创业能力培育贯穿整个人才培养过程,改革人才培养课程体系,营造创新型工程师培养的生态系统,培养大批高质量具有"乡建特长"、能胜任乡村振兴战略与行业发展需求的应用型人才。

3. 核心素养嵌入专业思政建设各环节

风景园林专业将核心素养嵌入课程思政各个环节,重新梳理专业教育中所蕴含的思政元素,将思政教育盐溶于水,融入乡村振兴战略和"天人合一"的大生态理念中,实现风景园林专业高素质复合应用型人才培养目标。下面以"景观设计与工程综合实践"课程为例,详述风景园林课程思政示范建设要求的落实。

第一,在教学目标上,风景园林专业结合学校"应用型、服务型、创业型"办学定位,紧跟风景园林行业"新工科"产业的发展,梳理出"知、情、匠、行"课程思政元素,即树立"知行合一"理念,弘扬工匠精神,以"人-社会-教育"三维互动关系,培养学生匠心意识、劳动意识、服务意识、社会责任感与使命感,实现学生自由全面发展的素质培养目标。

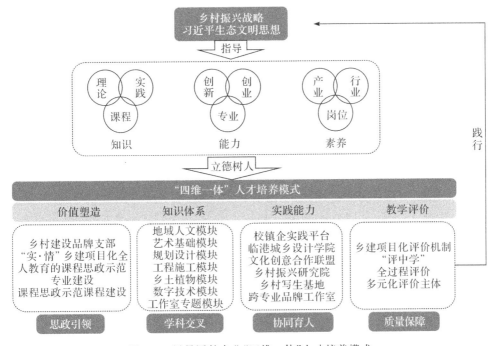

图 4.7 风景园林专业"四维一体"人才培养模式

第二,在教学内容上,风景园林专业以核心素养为目标,以"实·情"项目化教学为主线,以提升学生的学习成效为导向,促进创意课堂和知行课堂双课堂联动(图 4.8)。其中,创意课堂开展项目化全周期综合能力训练,知行课堂通过社会实践检验学生学习成效。同时,双课堂联动还拓展、延伸至暑期社会实践。专业教师结合暑期社会实践,组织学生深入乡村,双导师全程参与,通过"协同化、基地化、现场化"教学方法,增强学生服务社会的意识和能力。一方面,理论指导实践,创意课堂先行。通过梦工厂基地"创意花园设计",实现"设计—施工—运营"全周期综合能力训练,培养学生扎实肯干的劳动精神。另一方面,实践检验理论,知行课堂实行。通过组织学生走进乡村、社区和企业,检验其学习成效,强化"工匠精神"教育,增强学生职业责任感。

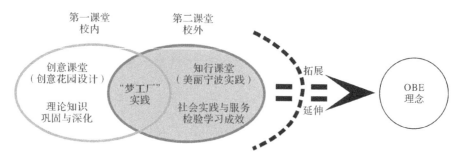

图 4.8 双课堂联动

第三,在教学方法上,以核心素养为基础,运用多样化的教学方法。课程实施坚持以生为本,教师引导,师生全程参与,形成"OBE 师生知识共同体"的全新的教学方法(图 4.9),助力"工匠精神"教育。采用项目驱动教学,引导学生线上线下自主学习,通过开展基地现场调研、自主设计项目方案、自主实施项目施工过程、自主进行实践总结,来调动学生积极性,培养学生自主学习、分工合作和社会服务能力。在组织形式上采用分组训练、合作研讨的方式,要求学生通过分组调研、分组讨论、分组施工、分组到基地实践来培养学生的沟通与团队协作能力;通过全程参与,系统训练,形成师生知识共同体,让学生树立"知行合一"理念,弘扬工匠精神,培养学生终身学习习惯。

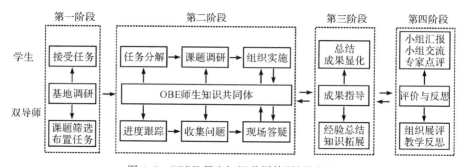

图 4.9 "OBE 师生知识共同体"教学方法

第四,在教学评价上,以核心素养生成度为目标,引入行业标准,实行多元化考核。通过让行业导师参与日常教学与管理、指导与评价,将工匠精神的要素融入过程考核,形成对接行业标准的教学与管理体系。同时,采用"校内导师评分(35%)+校外导师评分(30%)+学生互评(35%)"的计分方式,发挥学生的自主性,将过程性评价与终结性评价结合起来,从调研、创意设计、现场施工组织、基地实践、合作表现、实践周报、实践报告等多方面,着重考核学生爱岗敬业、诚实守信、精益求精、协同合作等多维系统化的新时代工匠职业素养,同时还融入了企业的绩效考核,给予荣誉和物质奖励。

下面以"美丽宁波"实践项目为例,详细介绍风景园林专业通过教学设计,将"工匠精神"融入专业实践项目,开展课程思政建设的过程(表 4.2):

表 4.2　"美丽宁波"实践项目课程思政建设教学设计

序号	教学设计	能力要求	思政元素
1	查阅资料: 1.了解乡村振兴战略的时代背景和现实意义,分析中国特色乡村建设经验; 2.比较国内外乡村建设现状和经验总结,组织学生讨论当前乡村建设中是否存在鱼目混珠现象。	通过让学生分析、解读党和国家关于乡村振兴战略的相关政策和目标,提高学生收集和使用信息资料能力。	树立园林工作者自信心和严谨认真的乡村工作态度。
2	田野调查: 1.宁波美丽乡村建设现状和目标; 2.田野调查,让学生走进乡村,认识乡村;与村干部和村民交流沟通,了解其需求及建设过程中存在的问题。	以"两山"理念为宗旨,开展田野调查,引导学生正确分析问题、解决问题,学会辩证地认识社会问题。	塑造学生吃苦耐劳和脚踏实地的品质。
3	分组讨论: 1.分组分区域对乡村建设提出可行性方案; 2.与村民尤其是能人巧匠充分交流,发掘村民的潜能,调动其主观能动性,与学生们共同讨论与时俱进的乡村发展之路及空间环境诉求,为乡村建设赋能。	训练学生处理复杂园林工程所需要的设计创新和实践技能、团队合作的领导能力、沟通和社会实践运行能力,以及自我管理能力。	增强学生创新思维、创新精神、创新能力;增强学生责任意识和协作意识。
4	现场实操: 1.运用乡土材料为主与村民代表共同完成改造方案; 2.由村里的能工巧匠与学生们共同完成施工。	传承传统工艺和当地材料,并思考如何与当代生活相结合,让学生在言传身教中学习。	关注乡村生态环境保护、培养团队协作精神。
5	成果汇报: 与村民代表一起归纳总结经验,并展望下一步计划。	总结经验和不足,切实了解乡村振兴战略的意义和目的。	在乡村实践中培育学生精益求精的工匠精神

三、专业课程思政特色与成效

风景园林专业坚持不懈创新教育教学实践——理论教学,教师在顶层领跑;

实践教学,学生在乡间奔跑。夯实课程思政教育与专业教育的实践基础——专业教育,教师铸就"知行"底蕴;思政教育,学子尽显"行学"本色。实现产教协同育时代新人与使命担当的有机统一——双导师主引,践行育人初心使命;学生主体,感悟成长成才精髓。

1. 核心素养专业特色融合

提出"实·情"风景园林项目化全人教育思想,构建以风景园林"三实体系+情境教育"为主线的项目化教学课程思政建设脉络,同步修订人才培养方案,进一步明确价值塑造、知识传授和能力培养路径,以"知、情、匠、行"为落地实践的核心抓手,落实"生态文明""绿水青山"卓越风景园林人才培养目标。用人单位对专业往届毕业生的认可度高,毕业生有比较好的吃苦耐劳精神,2018年专业毕业生的创业率达到11%,位居全校前列;暑期乡村社会实践中,多支师生团队获得浙江省文学艺术界联合会、共青团浙江省委员会颁发的"艺术振兴乡村优秀落地成果奖"、宁波市教育局颁发的"创意点亮乡村"最佳创意奖及最佳设计奖;景观设计与工程综合实践让学生进入企业,通过实地训练提升学生专业综合素质,使学生受益匪浅,实践成果受到企业的高度赞扬。

2. 课程建设效果显著

风景园林专业课程思政建设提高了学生的学习兴趣和热情,尤其是专业教师将与风景园林相关的深厚文学积淀巧妙运用到教学中,引起了学生很大的反响,诗词歌赋、园林意境之美激发了学生的学习热情,加深了学生对专业知识的理解与应用。"风景写生""景观设计1(庭院设计)"两门课程已作为课程思政示范课程展览汇报,得到了师生的普遍认可。"综合性公园调研设计"获2017年浙江省应用型师资优秀教学案例评比三等奖;"景观设计与工程综合实践"课程于2020年获批省级一流本科课程,2021年获批首批省级课程思政示范课程,2022年获批省级劳动一流本科课程;"风景园林专业创业目标市场指导"课程获2022年省级线上一流本科课程认定,获评2019年浙江省本科院校"互联网+"教学优秀案例二等奖,任课教师董艳会老师获宁波市优秀课程思政教师荣誉称号。

3. 人才培养效果显著

风景园林专业思政课程教学已经成为向学生传播正能量的重要渠道之一,尤其在乡村建设、生态文明教育和中华优秀传统文化传承方面,人才培养效果显著。2021—2023年参与横向课题研究的学生有40多人次,横向经费投入400多万元;产教协同,校内外导师共同指导学生实践;学生主持国家大学生创新创业项目7项,浙江省大学生新苗计划5项;学生发表论文《基于共享理念下的传统村落民宿开发探析——以宁波象山上马岙为例》《诗意韶光——西溪综合性公园景观设计》等 10 余篇。

<h2 style="text-align:center">范式二:构建育人共同体 打造示范课程
——电子商务专业课程思政建设</h2>

电子商务专业以"立德树人"为根本,以"思政育人"为标准,面向新文科背景下电子商务行业未来和服务电子商务产业发展目标,优化课程思政人才培养方案,构建复合型育人共同体,打造课程思政示范课程,致力于培养适应新时代社会主义现代化建设与国家战略发展需求,德智体美劳全面发展,具有浓厚家国情怀和社会责任感,具有创新精神、创业意识、实践能力、国际视野、团队合作和终身学习能力的高素质应用型人才,专业课程思政建设总体思路如图 4.10 所示。

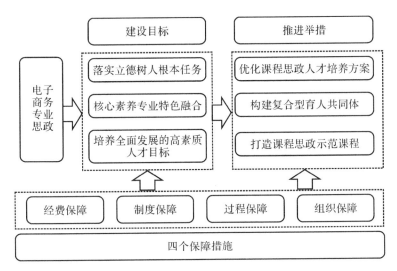

图 4.10 电子商务专业课程思政建设总体思路

一、专业核心素养及思政指标点梳理

电子商务专业将专业教学先进性与思政教育进行高阶融合,从内涵属性、实践形式和作用地位出发,构建涵盖历史共性和时代特性的课程思政指标点 17 条。根据专业培养方案所包含的具体课程,分别列出各门课程对应的具体思政要求,并构建了专业核心课程和选修课对思政指标点的支撑矩阵表(表 4.3)。

表 4.3　电子商务专业非思政类课程对课程思政指标点的支撑矩阵

课程类别	课程名称	历史共性课程思政指标点								时代特征课程思政指标点								
		1.1	1.2	1.3	1.4	1.5	1.6	1.7	1.8	2.1	2.2	2.3	2.4	2.5	2.6	2.7	2.8	2.9
专业核心课和必修课	电子商务原理	▲	▲				▲			▲	▲							
	供应链与物流管理			▲			▲					▲				▲		
	国际市场营销		▲		▲	▲								▲				
	信息技术基础			▲			▲	▲					▲					
	网络应用技术			▲			▲	▲					▲		▲			
	网络营销			▲	▲	▲	▲							▲				
	多媒体应用技术			▲	▲			▲				▲				▲		
	网络交易与贸易			▲	▲			▲				▲						
	管理信息系统			▲				▲	▲									▲
	电子商务项目管理			▲				▲	▲									▲
	专业劳动教育	▲		▲				▲	▲	▲								
	电子商务专业英语				▲	▲	▲							▲				
	电子商务法律与法规		▲				▲	▲		▲								
	电子商务实践	▲		▲			▲					▲				▲		
	毕业实习与毕业综合报告	▲					▲			▲								
专业模块课	创新与创业管理			▲				▲	▲							▲		
	企业资源计划——ERP			▲				▲	▲									▲
	互联网用户体验			▲				▲	▲									▲
	电子商务运营与实务			▲				▲	▲	▲	▲							
	跨境电商运营管理		▲	▲	▲							▲		▲				
	跨境电商实务		▲	▲			▲			▲								
	视觉营销设计			▲			▲									▲		▲
	UI 设计基础			▲			▲	▲								▲		▲
	WEB 程序开发							▲	▲					▲				▲
	移动 APP 开发							▲	▲					▲				▲
	数据分析方法与实战			▲				▲										▲
	电商数据化运营			▲				▲										▲

注:表中"▲"表示课程对思政指标点的显著支撑

1.历史共性的课程思政指标点

1.1 爱国情怀:新时代高校大力弘扬爱国主义精神,在专业教育中通过介绍国家各行业标志性工程、项目和人物引导学生厚植爱国主义情怀,立志扎根人民、奉献国家。

1.2 法治意识:深入理解法治是国家治理体系和治理能力的重要依托,使学生理解我国电子商务和跨境电子商务领域内现行的法律规定,以及电子商务专业与法律两者之间的相互影响关系。

1.3 社会责任:在专业教育过程中,培养学生对他人、集体、国家和社会所应尽的责任的认知、情感和信念,使学生树立与此相对应的承担责任、履行义务的自觉。

1.4 文化自信:引导学生在国际跨文化背景下沟通和交流的时候,积极接纳一切文化的优秀成果,并将自己在文化创新创造中取得的成果奉献给世界。

1.5 人文精神:使学生从中华民族发展历史出发,追寻其轨迹和规律,培养有方向、有良心、有道德、有责任、有使命感的电子商务领域高级人才。

1.6 诚实守信:在电子商务管理领域开展规划、设计、研究、实施、管理等技术活动时,大力推动形成崇尚精品、注重诚信、讲求责任、互学互鉴、积极向上的优良学风。

1.7 职业伦理:使学生充分认识到各行业中的权利和义务,了解社会主义建设者的职业道德素养评价体系,不断提升自身的职业道德修养,能够约束自己的行为。

1.8 价值塑造:引导学生将自己人的自然属性和电子商务领域从业者的社会属性密切联系,以辩证唯物主义和历史唯物主义的世界观认识和改造客观世界。

2.时代特性的课程思政指标点

2.1 中国特色社会主义新时代是我国发展新的历史方位:我们要主动适应新时代中国特色社会主义的发展要求,不断推进和落实国家发展战略。

2.2 我国社会主要矛盾的变化是关系全局的历史性变化:我们要充分理解我国社会主要矛盾已经转化成人民日益增长的美好生活需要和不平衡不充分的发展之间的矛盾,从全局的高度思考和谋划各领域各项工作,理解和解决主要矛盾。

2.3 以人民为中心是新时代坚持和发展中国特色社会主义的根本立场:引导学生把人民对美好生活的向往作为奋斗目标,自身工作成效最终要落实到实现好、维护好、发展好最广大人民的根本利益上,任何改革都要倾听人民呼声,汲取人民智慧。

2.4 坚定不移贯彻新发展理念:创新、协调、绿色、开放、共享的新发展理念,集中体现了我们党对新时代国家发展基本特征的深刻洞察和科学把握,标志着各行业领域发展要提升到新的认识高度,也是今后必须长期坚持的重要遵循。

2.5 开启全面建设社会主义现代化国家新征程:教育学生把学习和工作目标转化为一项又一项具体可行的任务,分步实施、分阶段完成,坚持高质量发展,作为新时代的建设者要快干、实干、会干,增强忧患意识,注意防范风险。

2.6 形成全面开放新格局:我们要以"一带一路""互联网+"等国家战略建设为重点,坚持引进来和走出去并重,遵循共商共建共享原则,加强创新能力开放合作,坚持主动开放、双向开放、全面开放、公平开放、共赢开放、包容开放。

2.7 建设美丽中国:我们要以资源环境承载能力为基础,以自然规律为准则,以可持续发展、人与自然和谐共生为目标,坚定走生产发展、生活富裕、生态良好的文明发展道路,正确处理好工程建设、经济发展和生态环境保护的关系。

2.8 构建人类命运共同体:为了应对新一轮科技革命和产业革命,我们要坚持对话协商、共建共享、合作共赢、交流互鉴、绿色低碳,才能建设一个持久和平、普遍安全、共同繁荣、开放包容、清洁美丽的世界。

2.9 努力掌握马克思主义思想方法和工作方法:我们要做到实事求是、战略定力、问题导向、全面协调、底线思维、调查研究、抓铁有痕、历史担当这八个坚持,把指导民族复兴的科学理论转化为认识世界改造世界的科学方法。

二、基于核心素养的专业思政推进举措

1. 构建复合型育人共同体

电子商务专业以专业教师为核心,构建复合型育人共同体。引导专业教师从经师向人师转型,从知识型教师向素养型教师转变。强化专业教师人格魅力示范效应,以高尚品格培育高尚品格,以核心素养培养核心素养。以课程思政和专业班主任为纽带,构建"专业课程教师+思政课程教师/院系辅导员/社会导师"复合型育人共同体。

做好顶层设计,以指导专业思政和课程思政建设,调动资源和力量投入育人共同体中。构建"专业教研室+教师党支部+教师"三位一体的协同推进组织体系,将教师党支部建在基层专业教研室,强化教师党支部的战斗堡垒作用及其与专业教研室的协同育人作用,将专业思政和课程思政建设作为党支部集体活动的重要内容。

协同建设实践平台,以劳动实践教育为铺垫,构建思政教育与专业教育、课程教学实践全面融合的一体化路径。劳动实践与专业实习一体化,完善实践教学过程,在全时段实践教学中完成思政元素与专业教育无缝对接。将思政元素有机融入大一学段的认知实习、大二学段的劳动教育、大三学段的课程实践以及大四学

段的毕业实习等全过程。

2.打造课程思政示范课程

将核心素养嵌入到课程思政建设的各个环节中,以高质量课程思政建设有效支撑高水平专业思政建设,促进耦合育人功能实现及其价值最大化,打造"跨境电商运营管理""电子商务项目管理""网络营销"等课程思政示范课程。

下面以"跨境电商运营管理"课程为例,详述电子商务专业打造课程思政示范课程的过程。

(1)设计教学内容。以完成教学目标为核心,按照跨境电商运营的先后顺序、由浅入深地安排与组织教学内容。按跨境电商运营顺序安排的教学内容为账号注册/登录、店铺装饰、订单处理、售后服务;按跨境电商知识难易程度安排的教学内容为程序性知识、规则性知识、数据分析性知识。

(2)挖掘蕴含的思政元素。根据跨境电商运营的教学内容,挖掘出的课程思政指标点包括1.2法治意识、1.3社会责任、1.4文化自信、1.7职业伦理、2.4坚定不移贯彻新发展理念、2.6形成全面开放新格局等。

(3)思政元素融入教学内容的方式。思政元素采用"隐性嵌入"的方式融入教学过程中。比如对比"文化自信",通过中外思想文化、饮食文化、社会传统文化的对比,促使学生形成文化自信;对于"法治意识",通过跨界电商运营中必须遵守的商标法、专利法,提高学生的法律意识;对于"职业伦理",通过跨境电商运营中售后纠纷的解决案例,让学生换位思考,提高学生的职业素养。

(4)改进教学方法。实施以学生学为中心,以学习产出为价值导向的混合式教学。教学方法上,根据教学内容及其承载的思政元素,采用案例教学、探究式教学、翻转课堂、对分课堂等方式,实现有教育的教学;在教学工具上,借助互联网技术,利用QQ、微信、微博等软件平台来促进交流、巩固课堂教学成果,拓展德育的渠道;在教学手段上,通过团队协作、辩论、演讲、展示等,培养学生的自主性、合作精神和竞争意识,塑造学生的思想品德和行为规范。

(5)改进教学评价体系。在原有过程性教学评价的基础上,把教学育人中思政元素和德育功能方面的测量指标融入教学评价中,实现课堂教学"情感、态度与价值观"目标。例如,对于团队协作项目,教师在评价学生对教学内容掌握程度的同时,添加团队协调能力、沟通能力方面的评价指标,实现教书与育人的融合。

"跨境电商运营管理"课程思政建设实现的育人效果主要体现在以下几个方面。

(1)了解世情国情。使学生在了解跨境贸易、贸易国风土人情的同时,能够紧跟国家大政方针,增强思想政治意识。共建"一带一路"国家跨境电商贸易的迅猛增长为学生关注国家政策提供了生动的案例。

（2）增强法治意识。跨境电商运营要遵守各个国家的专利法、不能侵权，使学生在学习各国贸易规则的同时，培养法治思维、增强法治意识。

（3）遵守规矩意识。跨境电商运营必须遵守平台的规则，违反规则会有扣分、关闭店铺等处罚，培养学生遵守规则的意识。

（4）保守国家秘密的国家安全意识。跨境电商是对外贸易，应严防间谍渗透和国家机密泄漏等，培育学生的国家安全意识。

（5）融入社会主义核心价值观教育。跨境电商运营时，敬业、诚信、友善是工作人员的必备品质。例如，"货不对版"等非诚信经营将受到平台的严厉惩罚，诚信经营有明显的比较优势。通过案例对比，培养学生的诚信意识。

三、专业课程思政特色

1. 课程思政融入学科竞赛，提升本科生创新能力

电子商务专业将课程思政从课堂教学拓展至学科竞赛，使其与教学改革相互促进，组建了以党员教师为负责人的课程团队，针对大学生电子商务竞赛、全国"三创赛"跨境电商实战赛、大学生多媒体作品设计竞赛、大学生统计调查方案设计大赛等实施课赛融合改革。截至 2023 年底，专业学生获得电子商务类竞赛奖项 130 多项，包括国家一等奖、二等奖 9 项，省级一等奖 34 项，二、三等奖 90 余项。2022 年，专业教师指导学生获得全国大学生电子商务竞赛二等奖 2 项、浙江省大学生电子商务竞赛特等奖 1 项、一等奖 13 项，专业的跨境电商实战赛省级获奖数为全省第一。

2. 课程思政融入社会实践，增强学生的社会责任感

社会实践是将思政元素渗透到专业教育中的最好渠道，它唤醒了学生对专业的热爱、对国家的认同、对社会的责任。电子商务专业充分利用校企合作资源，开展产教融合项目，实现院校招生、人才培养和就业创业的有机衔接，使教育链、产业链和人才链的有机结合，培养社会真正需要的电子商务类人才。通过与企业共建产教融合平台，整合学校、政府部门、行业协会和企业的资源，多方共同投入建设全国市级层面行业学院——宁波市跨境电子商务学院，该学院成功入选浙江省首批重点建设现代产业学院和宁波市现代产业学院。

范式三:元素融入教法　多元评价拓展
——日语专业课程思政建设

日语专业从厘清"课程思政与专业思政的关系"出发,结合日语专业特点,梳理归纳了日语专业课程思政指标点,并绘制了日语专业课程思政矩阵,坚持"教学目标是引导,教师是关键,教材是基础,制度是有力保障"的原则,汇聚专业上下各方资源形成合力,共同推进课程思政示范专业的建设和发展。日语专业有其自身独特的学科属性与知识体系,这就需要我们不断探索和完善课程思政建设方案及指导意见,合理规划培养目标、专业设置、学科发展、课程设置、教学评价体系等。

一、"专业思政"与"课程思政"的关系

"专业思政"不仅以"课程思政"为载体,同时包含将思政元素融入专业人才培养的全过程及各环节,如课程体系、实践教学、教学规范、师资队伍、教学条件和质量保障等。其中,"课程思政"作为最重要的因素应起到承上启下的作用,既对应专业培养目标中的育人目标,同时通过思政元素和教学设计,作用于与此紧密相连的专业教材、专业实践活动等各个环节。"课程思政"是"专业思政"整个空间体系中的核心和关键,两者形成了同向同行的关系,两者的协同发展可以使"1+1>2",更好地发挥整体优势(图 4.11)。

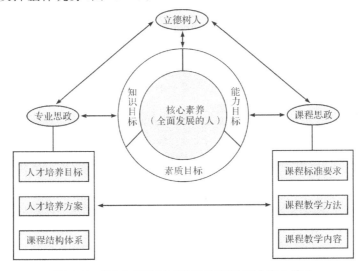

图 4.11　"专业思政"与"课程思政"的耦合育人关系

二、课程思政指标点及课程思政矩阵

在课程思政示范课程前期建设的基础上,日语专业结合 2016 年发布的《中国学生发展核心素养》的总体框架,根据本专业育人目标和特色,归纳了涵盖历史共性、时代特性、专业特色三方面的课程思政指标点共 20 条(表 4.4)。

表 4.4　日语专业课程思政指标点

序号	思政指标点	内涵
1	遵纪守法	深入理解法治是国家治理体系和治理能力的重要依托,学法、知法,增强法治意识,自觉遵守学校、单位、行业的纪律和规范
2	专业使命	对所学专业有全面整体的认知,自觉将专业梦、我的梦与中国梦有机衔接,依托专业为地方建设作出贡献,实现自我价值
3	环保意识	尊重自然、保护自然关心人类对自然的影响,做有环境素养的公民,共同构建人与自然生命共同体
4	可持续发展	个人的可持续发展包括身体健康、职业生涯、个人见识与修养、家庭关系等能够长久向好的方向发展
5	国家意识	通过对国家的认知、认同,对中国历史、文化、国情等的认识和理解,逐渐积淀成对国家的责任感、自豪感和归属感
6	理想信念	坚定对马克思主义的信仰,对社会主义和共产主义的信念,对中国特色社会主义道路、理论、制度、文化的自信
7	制度自信	坚定对中国特色社会主义政治制度的自信,增强走中国特色社会主义政治发展道路的信心和决心
8	爱国情怀	在专业教学中通过语言文化比较、历史现实比较、标志性事件或人物事迹的引导,弘扬爱国主义精神,增强学生对祖国、对民族和文化的归属感、认同感、尊严感与荣誉感
9	社会使命	培养学生对他人、集体、国家、社会所负责任的认知和信念,使其切实承担起推进新时代中国特色社会主义事业的使命,努力成长为新时代德智体美劳全面发展的社会主义建设者和接班人

续表

序号	思政指标点	内涵
10	职业操守	使学生充分认识从事职业活动必须遵从的道德底线和行业规范。深刻理解社会主义职业道德的五项基本规范，即"爱岗敬业、诚实守信、办事公道、服务群众、奉献社会"
11	人文精神	带领学生从中华民族发展史和中日交流史出发，探寻其发展轨迹和规律，塑造学生全面发展的理想人格。引导学生维护、追求和关切人的尊严、价值、命运，珍视人类遗留下来的各种精神文化现象
12	学术诚信	引导学生在考试、完成作业、研讨、撰写实践报告、论文写作等活动中，获取知识的同时乐于分享自己的见解和感受，能够恰当引用和自由表达，杜绝剽窃和抄袭等行为
13	吃苦耐劳	使学生在专业学习和实践中磨炼意志，形成不怕困难、百折不挠、开拓进取的优秀品质，增强抗压能力，以适应社会激烈的竞争形势
14	团结协作	引导学生在专业学习、项目作业、学科竞赛过程中互相支持、互相配合，顾全大局，在工作中尊重他人，为达成工作任务和共同目标而努力
15	专业精湛	具备扎实的基础知识、精深的专业知识和较强的应用能力
16	全球视野	具有国际化意识和知识结构，视野和能力达到国际化水准，在全球化竞争中能够把握机遇。对中国、日本及其他国家的政治、文化、科技、军事、安全、意识形态、生活方式、价值观念等有所了解
17	文化自信	通过专业学习使学生加深对中华优秀传统文化和新形势下承前启后、继往开来的社会主义先进文化的理解，对中国特色社会主义先进文化的生命力持有的坚定信心并积极践行
18	协调沟通	在专业学习和实践中应妥善处理好同学、师生、上下级等各种关系，减少摩擦，进而调动各方的工作积极性
19	终身学习	使学生树立终身教育的思想，养成主动、不断探索、自我更新、学以致用和优化知识的良好习惯。为适应社会发展和实现自我发展的需要，将学习过程持续贯彻一生
20	自主学习	倡导自立、自为、自律，让学生自觉成为学习的主体，独立地分析、探索、实践、质疑、创造等来实现学习目标

日语专业课程对课程思政指标点的支撑情况如表 4.5 所示。

表 4.5　日语专业课程对课程思政指标点的支撑矩阵

课程类别	课程名称	遵纪守法	专业使命	环保意识	可持续发展	国家意识	理想信念	制度自信	爱国情怀	社会使命	职业操守	人文精神	学术诚信	吃苦耐劳	团结协作	专业精湛	全球视野	文化自信	协调沟通	终身学习	自主学习
专业核心课	初级日语(一)(二)			●	●				●				●		●	○	●		●		○
	中级日语(一)(二)			●	●				●				●		●	○	●				○
	高级日语(一)(二)			●	●				●				●		●	●	●	●	●		○
	日语语法													●	●					●	○
	日语泛读			●									●				●				
	日本文学史及文学作品选读				●				●			○					○	●			●
	学术论文写作				●						●		○				○	○		●	
专业模块课	初级日语听力(一)(二)				●										●		●				●
	中级日语听力(一)(二)				●										●		●				●
	日语口语(一)(二)				●										○		●		○		●
	商务日语		●							●					●		●				●
	商务谈判日语					○			●						●	●			○		
	簿记	●								●	○		●							●	
	商务日语综合训练				●							●				●			●		
	经营学概论	●		●						●		●			●		●				
	日汉互译					○	○	○	○									○	○		
	日语口译实务		●			○	○	○	○			●			●	●	○	○			
	实用传媒翻译						●	●	●	○		●				●			○		
专业模块课	日本商务礼仪文化				●	●				●	○	●		○		●	○			○	
	日语词汇学											●						●			
	日语语言学											●						●			
	日本概况			●	○		●	●				●					○	○		●	

续表

课程类别	课程名称	支撑思政指标点																			
		遵纪守法	专业使命	环保意识	可持续发展	国家意识	理想信念	制度自信	爱国情怀	社会使命	职业操守	人文精神	学术诚信	吃苦耐劳	团结协作	专业精湛	全球视野	文化自信	协调沟通	终身学习	自主学习
专业模块课	阳明心学在日本				●	○	○	○	○	●		●							○		●
	日语教学法		●						●		○			●			○			●	
	第二外语(英语)				●									●			○	○			●
	第二外语(法语)				●												○	○			
	第二外语(德语)				●												○	○			
	第二外语(西班牙语)				●																
专业实践课	专业见习(一)~(四)	○	○	○			●			●	●			●	●				●	○	○
	毕业实习	○	○	○			●			●				●	●	●			●	○	○
	毕业论文				○				●								●				
素质拓展课	第二课堂(社会实践、学科竞赛、外语沙龙)		○	●			●		●					●					●		
	职业发展与规划、职业素养提升与就业指导、创新创业基础	●	●				●		●	●	○			●					●	○	○

注:"○"代表课程通过思政教育对表中非技术指标点的支撑,思政内容在课程考核环节考核;"●"代表课程教学过程中涉及更广泛的思政教育,思政内容在课程考核中不做硬性要求。

三、教材中思政元素的挖掘

教材是课程思政的重要内容,是育人育才的重要依托,蕴含着丰富的育人资源。教材体系的选择,特别是主干课程教学内容的选取,体现了知识的价值导向。一方面,教师在教材选用上要严格规定,尽量使用国家统编教材,同时深挖教材中的思政元素。日语专业"日语听力"课程的任课教师根据原有教材内容的内在联系,重新编排该课程的教学大纲,明确列出了教材中的思政元素。另一方面,可集中骨干教师力量,统筹优势资源,努力推出高水平的教材。如"阳明心学在日本"课程的任课教师结合课程内容和专业特点,编著了适合专业学生使用的全新教材,这在满足学生不同兴趣需求、促进学生个性发展、拓宽学生知识面、培养学生的创新精神等方面起到了积极的作用。

四、课堂教学方法的改革

教师是课堂活动的指挥者,是教学内容的设计者,是教学效果的评价者。然而,将思政教育融入专业课堂中,绝非照本宣科地将思政内容生搬硬套地填入课堂,这与语言课程多元化教学方法的潮流相悖,也不符合学生的认知模式。为了将思政教育与专业教学有效结合,日语专业的教师尝试采用多种教学方法。例如,"初级日语"课程任课教师采用问题导向法探讨日本汉字的起源;"商务礼仪文化"课程任课教师采用情景教学法探讨礼仪文化的重要性;"高级日语"课程任课教师采用小组合作辩论的方法讨论中日传统文化的保存与发扬;"日语听力"课程任课教师设立"学生小助教",让学生担任教学助手,体验学生角色与教师角色的不同,让学生在实践中感悟,身体力行,从而实现学、知、行合一的德育,在这个过程中学生通过制作PPT、课堂讲授、与教师沟通交流,认识到了合作的重要性、教师的不易,学会了换位思考;"阳明心学在日本"课程任课教师借助"雨课堂"平台组合使用多样化的智慧教育手段,让"读屏一代"利用手机或其他移动终端进行课堂学习和互动,使"低头祸首"成为"抬头利器"。

五、课程评价体系的完善

日语专业的小班授课方式在课程思政建设中有其独特的优势,但实际课程教学目标设计与定位仍存在不足。教师往往将精力集中在语言教学或跨文化交际教学,并未兼容思政教育理念。因此,相应的教学目标中对学生能力的要求没有很好地体现思政教育的导向。从修订2019级人才培养方案开始,日语专业对外语类课程教学目标进行了重新定位,在教学目标中添加了德育目标。例如培养学生谦虚、好学的品格;培养学生勤于思考、做事认真的良好作风;培养学生主动沟通及团队协作的精神;培养学生分析问题、解决问题的能力;培养学生勇于创新、专注目标的精神等。同时,为进一步将语言文化教育与思政教育嵌合,日语专业对原有的评价体系进行了完善,采用过程性评价和终结性评价结合的方式,将具有思政教育成效的德育评价纳入考核标准中。例如具有文化自信心、具有诚信意识、具有社会主义荣辱观等。要求教师在教学过程中不仅关注学生对知识与技能的掌握,还对其学习过程中的"德行"进行中肯的评价。这一部分评价由教师和学生评价两部分构成:教师主要围绕遵章守纪、礼貌仪表、守时诚信等方面给予评价;学生围绕爱护班级、和谐寝室、友善待人等方面给予评价。综合两部分得出学生"德行"评价,分值占总评10%以内。

六、专业课程思政特色的打造

1. 发挥国际化特色优势

日语专业围绕课程特点和人才培养目标定位，采用外籍教师与中国教师共同授课的模式，形成"中日教师联合""线上发表知识共享""中日夏令营研学"等多样的授课方式。这种模式可以使学生与不同文化理念充分互动，在多元文化环境中感受中日文化差异，不仅可以习得更地道的语言表达，而且可以接受不同文化背景和价值观下教师的评价和指点。此外，日语专业教师都有海外求学、求职的经历，对国家的发展和强大有着切身的感知，对我国的制度优势和传统文化的魅力同样体会深刻。在授课中，他们能够在异文化理解方面对学生进行潜移默化的引导。一次与国外大学的网络联合授课，中日大学生围绕某一话题展开发言和讨论，日语专业学生在介绍中国文化时的自豪感油然而生。可见课程内容、学习方式、师资队伍的国际化，在提高学生"四个自信"方面作用明显。

2. 发挥"第二课堂"实践效能

日语专业构建了以校外课程思政实践基地为主，校内学科竞赛实训为辅的"第二课堂"多种实践教学体系。目前已与宁波阿尔卑斯电子有限公司、东忠人才开发有限公司等多家企业建立校外课程思政实践基地，利用寒暑假的"顶岗实习""技能实践"让学生在工作一线感受不同的企业文化，加强敬业精神和工匠精神教育。此外，鼓励学生参加各级各类教学实践技能竞赛，以赛促学，学生在实践中不仅获得展示专业知识的机会，同时能够提高团队协作能力、增强集体荣誉感。截至 2023 年底，学生获得浙江省 LSCAT 翻译大赛、"人民中国杯"日语国际翻译大赛、全国日语专业配音大赛等省级以上竞赛项目三等奖以上奖项百余项。一方面通过实践课程培养学生良好的职业道德、技能、素养，另一方面通过学科竞赛提升和展示学生的知识技能，两者相互融合，共同助推学生思想引领和价值观塑造。

3. 发挥教师的关键作用

课程思政的效果取决于教师的育人意识和育人能力，教师应坚持教书和育人相统一，既做"经师"又做"人师"。专业课程的教师要成为塑造学生品格、品行、品味的"大先生"。要把知识传授、能力培养、思想引领融入每一门课程的教学之中，发挥每一门课程的育人功能。日语专业在示范专业建设期间共立项，以及完成校级以上教改、课改、示范课程建设 20 余项，获省级一流课程认定 2 门、省级思政示范课程 1 门、阳明博雅学堂专项课题 1 项；专业教师获校级以上优秀共产党员、"三育人"先进个人、优秀班主任等荣誉 10 余人次。这一系列荣誉的获得，是学生对日语专业教师在"教书育人"上辛勤付出的认可，是专业教师"学高为师，身正为范"的体现。

范式四：优化设计　强化过程
——计算机科学与技术专业课程思政建设

计算机科学与技术专业学生毕业后从事的工作经常会接触到后台数据库处理、数据信息处理、数据安全保密等，这就要求本专业培养的学生除了要具备出色的专业知识和技能外，还需要拥有高尚的个人品德和职业道德。因此，本专业需要将思政教育有机地融入专业教学和整体教学方案。

一、建设思路

第一，专业设计了家国情怀、工匠精神等16项一级课程思政指标点，及技术自信、行业责任等24项二级课程思政指标点，构建计算机科学与技术专业课程思政的目标映射与支撑矩阵，绘制德育"教与学"目标地图。第二，专业调整课堂教学评价体系，将课程教学评价、学习效果评价从单一的专业维度，向人文素质、职业胜任力、社会责任感等多维度延伸，细化对教师教学活动的指导和对学生学习效果的测量。第三，是发挥优秀典型的示范作用，在各类教学演示、成果表彰、课堂竞赛中均设置德育的评价指标，全面引导教师开展课程思政教育实践。第四，是组织开展课程思政的教学改革研究，包括教学方案设计的思政元素融入、课程思政微课制作、课程思政案例集研制等。

二、具体举措

第一，在人才培养方案的毕业要求中明确规定环境和可持续发展、职业规范等方面思政要求，包括有良好的职业修养和道德水准，在工程项目设计和实施过程中能主动实施技术风险、经济风险和社会风险控制，自觉承担有关环境、健康、安全等社会责任。具体包括以下几个方面。

①设计/开发解决方案：能够针对计算机工程领域的复杂工程问题设计解决方案，开发满足特定需求的系统、模块或流程，并能在设计和开发环节中体现创新意识，考虑社会、健康、安全、法律、文化及环境等因素。

②工程与社会：能够基于计算机工程相关背景知识进行合理分析，评价计算机工程实践和复杂工程问题解决方案对社会、健康、安全、法律以及文化的影响，并理解应承担的责任。

③职业规范：具有人文社会科学素养和社会责任感，能够在计算机工程实践

中理解并遵守工程职业道德和规范,履行职责。

第二,在教学大纲中明确课程所对应的思政指标点和对毕业要求的支撑程度,并详细阐述毕业要求中的课程思政指标点与课程教学内容的具体联系。突出培育求真务实、实践创新、精益求精的工匠精神,培养学生脚踏实地、耐心专注、吃苦耐劳、追求卓越等优秀品质,培养心系社会并有时代担当的高素质应用型信息技术人才。

第三,通过全方位的教学设计、全过程引导,将思想政治工作"润物细无声"地融入专业教学。立足专业学科的学术内涵和传承脉络,发挥专业课程本身的特色,提炼出爱国情怀、法治意识、社会责任、文化自信、人文精神等要素,并将其转化成社会主义核心价值观教育最具体、最生动的有效载体。从小处着眼,从细节入手,注重课堂话语传播的有效性,力避附加式、标签式的生硬说教,悉心点亮学生对专业课程学习的专注度,引发其认知、情感和行为的认同,将社会主义核心价值观教育落细、落小、落实在每一堂课。

下面以"数据结构与算法""数据挖掘"课程的教学设计为例,详述计算机科学与技术专业将思政元素有机融入专业课教学的过程。

"数据结构与算法"课程可挖掘的思政元素包括:遇到难题时的刨根问底、孜孜不倦的工匠精神,软件开发案例分析中的职业操守和行为规范,队列知识中的先来先到的社会公共规则,哈夫曼书中的拯救孤儿、奉献爱心的社会道德,遍历二叉树中的换位思考、与人为善的品格等。专业教师在教学过程中通过案例引导,融合专业教育与正确的人生观、价值观和软件职业操守教育,完善学生素质教育,积聚、传播社会正能量。"数据结构与算法"的部分课程知识点与思政元素的对应关系设计如表 4.6 所示。

表 4.6 "数据结构与算法"课程知识点与思政元素教学设计

专业课知识点	思政元素
最小生成树	每天多学一点,积累四年就学到了很多
哈夫曼树	拯救孤儿,奉献爱心
遍历二叉树	换位思考,与人为善
队列	有秩序,先来后到
递归	脚踏实地
组建足球队	优胜劣汰,历练自我,成为强者
免费馅饼	不要期待不劳而获
二分匹配之课代表示例	谦让有礼貌

"数据挖掘"课程中"决策树分类"知识点的教学设计如下。

①课前自主学习阶段。根据课程安排,学生已经在课程开始前完成了项目选题和数据探索环节。各组经过分组讨论也完成了对分类算法的基本应用的了解。这个阶段主要培养学生的自主学习能力和团队协作能力。

②课程讲授环节。分类是数据挖掘中的经典问题,教师首先引入信用卡欺诈案例来阐述分类算法,同时利用案例让学生了解欺诈客户的消费行为特点,给学生以警示,让学生树立正确的消费观。然后对重难点进行讲解,包括算法应用条件、算法实施过程、结果评价分析、对策建议,这里重点融入工匠精神、职业规范和团队合作等思政元素。

③项目实践环节。让学生分析分类问题,实践决策树算法,培养其自主学习能力和团队协作能力;学生根据实践结果进行阶段性的汇报和问题反馈,教师针对项目实施的情况给出后续改进意见,增进师生互动交流;教师对当前实施过程进行总结,为后续模型优化和结果改进提供思路,培养学生精益求精的职业素养;让学生根据数据分析结果,撰写数据分析报告,并给出决策建议,培养学生的文档撰写能力和职业素养,提高其就业竞争力。

三、专业课程思政特色

计算机科学与技术专业在人才培养方案中明确毕业要求的课程思政指标点;在教学大纲中明确课程所对应的思政指标点和对毕业要求的支撑程度,并详细阐述毕业要求中的课程思政指标点与课程教学内容的具体联系;通过全方位的教学设计、全过程引导,将思想政治工作"润物细无声"地融入专业课程教学。

<h2 style="text-align:center">范式五:深耕地域文化 思政融入实践
——浙东文化实践与创新教学团队课程思政建设</h2>

一、团队特色

浙东文化实践与创新教学团队,2021年成为浙江省高校课程思政示范基层教学组织,主要特色是教师在教书育人、科学研究、服务社会等方面都努力挖掘、传播、弘扬浙东文化尤其是宁波地方文化,将思政元素融入专业课程教学。团队以知识目标为基础,能力目标为核心,价值目标为准绳,围绕"三目标"开展教育教学,培养践行社会主义核心价值观的高素质人才、以语言文字运用能力为核心的

"汉语言文学＋"应用型复合型人才,并以浙东文化的梳理、挖掘和传播为特色,培养具有一定文化底蕴的研究型人才。

二、建设思路

1.构筑蕴含社会主义核心价值观的教学体系

"课程承载思政,思政寓于课程",在价值传播中凝聚知识底蕴,在知识传播中强调价值引领,打造构建社会主义核心价值观的课程内涵和课程体系。对于每一门课程,团队均根据专业课程思政 18 个指标点修订教学大纲,并完成课程思政教学改革项目。

2.建构以专业能力为核心的多元能力培养系统

团队以语言文字运用能力为核心,设置了多个选修模块课程,与网络与新媒体、新闻学和广告学专业打通多门课程,训练学生"汉语言文学＋新闻采写/短视频制作/网络舆情检测/广告文案写作/文化国际交流"等跨专业的综合能力,培养学生解决当今时代需求的综合能力。

3.打造教学、实践、服务社会相结合的立体育人体系

从课程思政向生活思政推进,以课程为抓手,创新课堂教学方式,融入研讨式、表演式、调研式、项目化等多种形式,结合素质拓展项目、学科竞赛、社团活动等,把学生的学习、实践和教师的科研、社会服务结合起来。

三、实施路径

团队依托宁波市院士文化研究中心和浙江万里学院阳明学院两个平台,引进多位专家教授,带入多个项目开展研究,吸纳部分专业学生参加项目研究与实践。重新梳理和落实了实践实训基地,新签约多家企事业单位,与单位联合培养人才。

1.形成了良好的专业思政教学机制

课程建设把知识体系、情感体验和正确价值观引导有机结合起来。如"国学经典导读""中国文化概论"课程教师在知识传授中更加注重引导学生关注灿烂的中华优秀传统文化,了解中华民族独特的情感表达方式、思维方式、人生观、价值观,这有助于树立学生的文化自信,并引导他们思考如何将优秀传统文化进行现代转化。"中国现当代文学"课程教师在传授知识过程中注重让学生了解 20 世纪中国波澜壮阔的发展历史,深刻理解中国现当代文学在 20 世纪中国发展历史中承担的重要作用,增强学生的使命意识与担当意识。"文学概论"课程贯穿"文学

是人学"的理念,加强学生对人的理解,人生境界的理解,培养学生人文情怀,提高其审美水平。在团队共同努力下,2021 年 8 月,"国学经典导读"获批省级一流本科课程;2021 年 11 月,"中国古代文学"获批省级课程思政示范课程。

2. 为学生提供多元的实践实训平台

团队采用学生喜闻乐见的活动联动课堂与课下。多门课程通过开展多项活动,让学生在体验和实践中锻炼语言能力、组织能力、沟通能力和文化创新能力。如"中国古代文学"课程每一学期都开展学生活动,或是"古典诗词与人生"演讲大赛,或是古典诗歌吟诵大会,或是诗词飞花令比赛等,让学生用自己的方式向中国古代经典致敬。"中国传统文化概论"课程有时让学生分组调研宁波市区的各个文化园区,写调研报告,分析文化园区繁荣或衰败的原因,有时让学生寻找生活中的传统文化元素,并将其图文并茂地呈现,探讨传统文化如何在新时代传承。"非物质文化遗产理论"课程教师会带领学生走访古镇古村,采访非遗传人,开展交流活动,探寻传统文化的现代传承和区域文化特色。此外,团队还开展"名家进课堂"系列教改活动,每学期都邀请作家进课堂,零距离和学生接触,为学生讲述他们的创作经历、推荐新书新作,教授诗词写作,指导文学创作。

团队重新梳理和拓展了学生实习实践基地。截至 2023 年 7 月,团队教师负责签约的实习基地有近三十家。学生的实习实践活动有序开展,如周尧昆虫博物馆,在《昆虫记》研学活动中,有六名学生集体备课,做中小学生研学活动的导师;又如浙江厚昇文化科技有限公司主营短视频类广告制作,学生分为策划组和表演组,承担相应的一些工作;学生积极参与学科竞赛,并在浙江省大学生中华经典诵读竞赛、全国大学生文学作品大赛等比赛中获得丰硕成果。

3. 形成了有一定影响力的浙东文化研究团队

团队在浙东文化尤其是宁波的院士文化、阳明文化、甬商文化等方面的研究取得了一定成绩,具有一定的影响力。在口述史的采访和整理过程中,在各类项目的数据调研中,都吸纳了部分学生参加,对于学生综合能力的提升助益良多。

2022 年,宁波院士文化研究中心的团队教师承担并完成了郑哲敏院士科学家精神研究,发表文章 3 篇;甬籍院士故(旧)居的现状调研项目结题;《宁波籍院士文献资料目录汇编续编(2015—2020)》出版;《科学人生:甬籍院士口述实录(第一辑)》出版,部分教师参加了赠书仪式,陈亚珠院士亲临现场。立项省社科规划项目"浙江现代科学家群落现象研究"。

阳明学院的团队教师撰写的《阳明心学视域下的〈论语〉问答》出版,《知行合一的力量:宁波企业家口述实录》出版;承担并完成宁波市社科规划项目"阳明心学的互动视角解读""互动仪式链视域下的阳明学派会讲研究";立项"清末民初宁波帮文化创意企业的创新发展对当下启示的研究"。2022 年 11 月,承办召开《大道人心:纪念王阳明 550 周年诞辰论文集》发布会。此外多位教师多次参加各类图书馆、各级工会组织开展的文化讲座,把传统文化、阳明文化送进社区和企业。

范式六:"德"铸魂 "行"操守 "范"推广
——大数据技术主干课程教学团队课程思政建设

一、团队特色

大数据技术主干课程教学团队,自 2022 年成为浙江省高校课程思政示范基层教学组织起,设计了家国情怀、工匠精神等 16 项一级思政点,以及技术自信、行业责任等 24 项二级思政点,形成了完整的大数据技术类专业思政育人体系;实践形成了理论课堂注重"德"铸魂、实践环节强化"行"操守、公众平台强调"范"推广的"三维融通"课程思政路径。

二、建设思路

1. 构建专业思政育人体系

设计了家国情怀、工匠精神等 16 项一级课程思政指标点(图 4.12),以及技术自信、行业责任等 24 项二级课程思政指标点,构建专业课程思政的目标映射与支撑矩阵,形成涵盖"第一、二、三课堂"的大数据技术类专业的大思政育人体系。

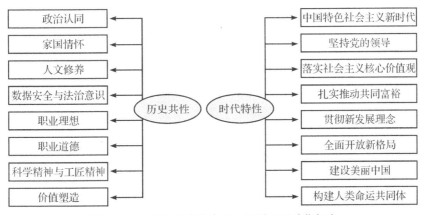

图 4.12　大数据技术类专业一级课程思政指标点

2. 修订课程教学大纲

团队在教学大纲中明确本课程所对应的思政指标点,并详细阐述课程思政指标点与课程教学内容的具体联系。突出培育学生求真务实、实践创新、精益求精的工匠精神,脚踏实地、耐心专注、吃苦耐劳、追求卓越等优秀品质,培养心系社会并有时代担当的高素质应用型大数据技术人才。"数据分析"课程的课程思政设计如表 4.17 所示。

表 4.17 "数据分析"课程思政教学设计

课程思政指标点	教学设计
政治认同	以中国经济与社会发展数据讲社会主义制度优越性,通过中国数据,讲好中国故事,体现国家的发展状况和竞争力,增强"四个自信"
法治意识	以数据安全、隐私保护为依托,利用数据欺诈等案例,深入理解相关领域法律规定,增强法律意识
职业道德	关注数据伦理道德,加强学生在数据采集、存储、管理和使用过程中职业道德
工匠精神	以数据为事实依据,帮助学生保持求真、求是、精益求精的积极心态。以学情数据分析,体现学习态度、学习行为对成绩的影响,促进学生明确学习目标,鉴定学习信念,改善学习方法
价值塑造	大数据技术发展带来社会进步的同时,也带来信息安全、网络欺诈等社会问题。客观看待大数据技术发展引发的社会问题,明确对大数据技术的认知,塑造正确的价值观
贯彻新发展理念	树立大数据意识,利用大数据技术在医疗、教育、电商、金融、交通等领域的应用案例,拓宽学生视野,提升创新能力和创造力

3. 设计"三维融通"课程思政建设路径

理论课堂注重"德"铸魂、实践环节强化"行"操守、公众平台强调"范"推广的"三维融通"课程思政路径。大数据分析技术类专业的"三维融通"课程思政建设路径设计如图 4.13 所示。

4. 建设专业课程思政案例库

开展教学方案设计,制作体现课程思政理念的课程微课,编写课程思政示范案例集,建设大数据技术类课程思政的示范课程。例如,团队结合课程实验综合案例"疫情大数据应用平台项目",引导学生理解、领悟、认同我国的独特而有效的防疫政策,带领学生反思自己在抗疫中的责任与担当。

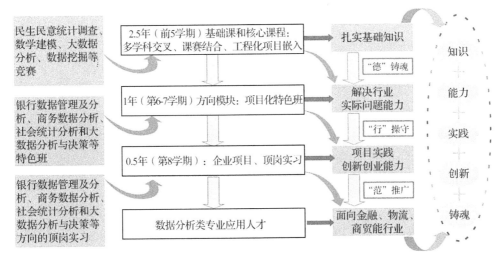

图 4.13　大数据分析技术类专业的"三维融通"课程思政建设路径

5.实施课程思政教学资源校际交流共享

与兄弟院校大数据技术类专业定期开展交流讨论,共同设计大数据技术类专业课程思政育人体系、课程教学大纲、课程思政实施路径,实现共研共享,共同打造大数据技术类专业的课程思政品牌实践基地等。通过宁波市慕课平台,开展"数据库原理"等课程的校际课程互选。

三、实施路径

充分运用课程组集体讨论、老教师传帮带、教材教案编写、先锋模范人物示范、定期邀请思政课程教师"跨界"合作等手段,提升团队的课程思政育人能力,促进知识传授、能力培养和思想引领在大数据技术主干课程教学过程中有机融合。相关举措固化为基层教学组织的培养机制、运作机制和协调机制。

第三节　"一位教师一门示范课程"的建设案例

课程是学校育人的基础环节和主渠道,做好每一门课程的教学设计,是落实课程思政的关键所在。课程思政的实施离不开有目的、有计划、有结构的课程设计,教师应按照课程建设规律,结合课程特点,将思政元素有机融入各类课程之中,达到润物细无声的育人效果,以实现课程知识传授、能力培养与价值引领的目标。

案例一:理念 元素 资源 方法——"税法"课程思政教学设计

课程名称	税法		
课程性质	专业基础课	授课对象	会计学、财务管理专业 大二学生
章节名称	1.消费税征税范围的 选择	2.个人所得税的改革 之路	3.企业所得税的税收优惠

一、切入课程思政的课程知识点

1. 知识点 1

消费税征税范围及其选择性:消费税征税范围共 15 大类,可大致分为特殊消费品、奢侈品、高污染高能耗消费品、不可再生资源类。

2. 知识点 2

个人所得税的改革历程:个人所得税改革的历程、个人所得税税制的设计、税制改革的重点和趋势。

3. 知识点 3

企业所得税的税收优惠政策:企业所得税税收优惠的类型(税额式优惠、税基式优惠、税率式优惠),各种税收优惠政策具体设置和条件。

二、课程思政目标

1. 总体目标

(1)引导学生坚定正确的政治方向,培养学生的爱国情怀和政治素质。结合专业知识的案例教学,让学生能思考税收政策背后的人文关怀、价值考量和制度定位,充分意识到税收强国的原理,树立制度自信。

(2)激发和培养学生的社会责任感和纳税光荣意识。结合上市公司及部分群体的社会责任分析案例,教育学生今后无论是企业税务会计还是普通纳税人角色上,都应具有高度的社会责任感和依法纳税的意识。

(3)树立和培育学生正确的荣辱观和爱岗敬业的职业观、诚实守信的职业品格。通过增值税金税工程的介绍,强调如实申报、如实纳税的重要性。培养学生民族自信,通过对祖国近几十年来的经济发展与税收制度及改革的关系,理解相关的政策,加强学生职业使命感和责任感,形成政策认同,自觉维护执行税收政策。

(4)培养学生形成良好的消费观、价值观。结合课程内容,要求学生反思自己的消费观、价值观,通过对内容的正反例证,引导学生树立注重环保、节约资源、低碳生活、绿色可持续发展的理念。

(5)向学生渗透和深化无私奉献、关爱弱势群体、利他的理念,使其认同科技强国理念。使学生理解税收优惠政策的重视研发、鼓励创新导向,以及扶持小微企业、关注残疾人员就业的人文关怀,结合个人,强化学生政策认同和职业道德,使其自觉维护、执行好税收优惠政策。

2.具体课程目标

(1)针对知识点 1(消费税征税范围及其选择性)的课程思政目标

从消费税政策调整后看出税收政策对消费的引导作用,鼓励学生理性选择,形成健康的生活习惯和合理的消费观、正确的价值观,倡导低碳生活理念;从部分应税消费品对资源的消耗和环境的影响,强化学生资源节约和环境保护意识。

(2)针对知识点 2(个人所得税的改革历程)的课程思政目标

引导学生从个税改革历程体会个税的立法精神,感受政策制定背后制定者对公平与效率的平衡和考量,以及税收政策体现的温度和民生关怀,认同政策促进共同富裕、促进公平的政策取向带领学生从收入变化强化民族自豪感和制度自信,从专项附加扣除的项目设置看出个税改革体现的民生关怀和考虑的量能负担。

(3)针对知识点 3(企业所得税的税收优惠政策)的课程思政目标

通过介绍企业所得税税收优惠政策的设置,强化学生科技强国理念,使学生理解优惠政策的引导方向,公共基础项目的税收优惠有助于交通设施和公共项目的完善,西部优惠有助于地区平衡发展,加速实现共同富裕目标。通过介绍企业为残疾人员提供工作岗位,引导学生承担社会责任,关爱弱势群体。

通过税收优惠政策的全面性,引导学生关注优惠政策背后的价值考量,增强学生职业使命感,将规范税务处理、不做假账与职业道德结合讲授,增强学生职业使命感、职业道德。

三、知识点与思政教育结合的教学设计

1. 针对知识点1(消费税征税范围及其选择性)的教学设计

(1)教学内容

消费税征税范围及其选择性

(2)教学案例

材料导入引发问题思考。导入一段"2019年全国各省市消费税收入排行榜"的视频,通过视频中显示的云南省消费税收入排名全国第二,但GDP排名却是全国第18位,引出专业问题,通过提问引发学生思考和学习兴趣。问题一:是否所有消费行为都有消费税的存在?问题二:为什么云南的消费税收入规模能居全国第二?问题三:消费税征税对象是怎么选择的?

内容讲解实现价值塑造。通过重点讲解"应税消费品范围的选择性"知识点实现价值引领。①特殊消费品:烟酒等过多消费对身体健康不利,"寓禁于征"。②奢侈品:消费高档手表、游艇、高尔夫球及球具等奢侈品,需要承担价款中额外的消费税,起到调节收入分配的作用。③高能耗高污染消费品:小汽车、电池、涂料、鞭炮焰火等,这些消费品消耗能源、污染环境,对其征税会使其售价提高,从而通过经济手段调节消费;通过小汽车根据排量大小从1%到40%的消费税率区别,可以明确看出消费税政策意图。④不可再生资源:成品油、实木地板、木质一次性筷子等,通过征消费税的方式减少消耗、引导消费,从而保护资源和环境。

(3)教学延伸

基于消费税应税产品的选择性,你觉得未来应税消费品中可能还会出现哪些货物呢?消费税改革窗口期,你会提出哪些建议?鼓励利用专业知识进行思考,体现职业使命感和责任感。

(4)教学总结

从消费税征税范围的选择性和税率设置理念,总结出消费税是一种绿色税、生态税。可以看到国家对产业结构、消费水平、消费结构以及节能环保等方面的考虑,通过税收手段让生活更美好。

2. 针对知识点2(个人所得税的改革历程)的教学设计

(1)教学内容

个人所得税的改革历程

(2)教学案例

材料导入引发问题思考。导入一段视频资料,视频介绍了2019年1月1日开

始实施的修订后个税政策。通过视频内容,教师引导学生明白新政合理降低了税收负担,个人普遍获得减税红利,并引出问题和延伸思考:个税制度改革的历程如何? 对普通人产生了哪些影响?

内容讲解实现价值塑造。通过重点讲解"个税制度建立以来的几次重要改革"知识点实现价值引领。①建立背景和初期政策:为了有效调节不同社会成员间收入水平的差距,我国从 1980 年开始建立实施个人所得税制度。建立初期,个人所得税的费用扣除标准为每月 800 元,1980 年我国城镇居民人均月工资为 64 元,因此绝大多数的人都不需要缴纳个税。②工资、薪金所得项目减除费用标准的历次调整:从 1980 年的 800 元,到 2006 年的 1600 元,到 2008 年的 2000 元,到 2011 年的 3500 元,到 2018 年的 5000 元,改革的背后,是人民日益提高的收入和生活水平,从温饱不足迈向全面小康,从积贫积弱迈向繁荣富强。③2018 年个税改革解读及亮点:亮点一是免税人群扩大;亮点二是改革后中等收入人群受益多,通过列表对比,突出对中等收入群体(扣除社保公积金后月收入在 15000 元以下的人群)57% 以上的减税比例,量化体现中等收入群体的受益程度;亮点三是增加了专项附加扣除,包括赡养老人、子女教育、住房租金、住房贷款利息、继续教育、大病医疗等,关注纳税人的实际负担;亮点四是采取综合所得征税,更加公平惠民,加强了对高收入群体纳税的监管,更加有力地调节收入分配。④税收规模及占比的横向比较:占比较低,同其他国家相比,我国的税收负担相对较轻。

(3)教学延伸

个税制度的"高收入者多缴税、低收入者少缴税或不缴税"的立法精神,分好财富的蛋糕,以税收手段调节收入分配、缩小贫富差距、促进社会公平。要求学生结合个税制度考虑政策对自己和个体的影响,结合自己的理解思考个税制度未来的改革的方向和思路。

(4)教学总结

我国个税改革的历程,是一部中国人逐渐富起来的历史,个税改革让人民对未来的美好生活有了更大的信心。通过对个税改革历史的了解,使学生体会个税的立法精神,认同政策促进共同富裕、促进公平的政策取向。

3.针对知识点 3(企业所得税的税收优惠政策)的教学设计

(1)教学内容

企业所得税的税收优惠政策

(2)教学案例

材料导入引发问题思考。华为发布的 2023 年年度报告显示,2023 年华为全球销售收入7042亿元,净利润870亿元;华为一向重视研究与创新,2023年研发投入达到1647亿元,占全年收入的23.4%,十年累计投入的研发费用超过11100亿元。由此引出要求学生思考的专业问题:华为的研发投入比净利润还高,它是如何维持发展的? 企业所得税为什么要设置多样的优惠政策?

内容讲解实现价值塑造。通过重点讲解"企业所得税的优惠政策"知识点实现价值引领。①对应纳税额的优惠,主要包括国家重点扶持的公共基础项目,享受"两免三减半"优惠,公共基础项目的税收优惠有助于交通设施和公共项目的完善;对农林牧渔项目,有应纳税额免税或者减半征税的优惠,该优惠政策对乡村振兴战略、粮食安全保障等具有明显促进作用;对环境保护、节能节水项目,实行应纳税额"两免三减半"优惠,这对环境保护、低碳社会目标达成具有明显作用;对民族自治地方及西部企业,实行应纳税额"两免三减半"优惠,西部优惠有助于地区平衡发展,加速实现共同富裕目标。 ②对应纳税所得额的优惠,主要包括对研发费用加计扣除、残疾人员薪酬100%加计扣除优惠、创投企业投资额抵免70%所得额的优惠、综合利用资源的生产企业收入减计10%的优惠,以及对500万以下的固定资产一次性折旧的优惠等;通过对这些税基式优惠政策的介绍,强化创新驱动发展理念,鼓励学生在岗位和工作学习中应该具备创新意识。对残疾员工的薪酬加计扣除优惠是为了促使企业为残疾人员提供工作岗位,承担社会责任,鼓励学生友好对待残障人士,关爱弱势群体,做力所能及的社会贡献。③税率的优惠,主要是高新技术企业15%税率优惠、小型微利企业20%的税率优惠,使学生理解税收政策对科技强国、创新的支持,形成税收政策的理念认同,对小微企业的大力扶持体现了国家对小微企业的支持和民生关怀。

(3)教学延伸

企业所得税的优惠政策体现了明显的政策导向和意图。引导学生结合时事进行展望与思考:①新冠疫情发生后,企业所得税有哪些税收减免和税收优惠政策? 这些政策对相关企业起到了什么作用? 你对身边的企业可以提供哪些专业建议? ②作为将来从事财税工作的"主力军",我们如何掌握技能执行好、维护好这些政策?

(4)教学总结

企业所得税的优惠政策都是有针对性的鼓励政策和有力度的扶持政策,体现了国家对创新创业、技术研发领域的扶持倾向,这些优惠政策对我国重点产业、重点技术及重点领域的研发和突破起到了关键的指引和导向作用。

四、教学实施

1.课前阶段

挖掘思政元素、培育思政思维。教师基于学情,对教学内容和知识点进行分析,设计思政元素融入的环节和方式,学生课前在线上通过视频和图文资料形成初步认识,并通过参与线上讨论对教学内容有简单认识,鼓励学生带着问题进入课堂。

2.课中阶段

融入思政案例、体会思政内涵。线下教师通过案例或者情境导入讲解知识点,学生通过探究学习内化吸收,通过准备课堂辩论提升自主学习能力、思辨能力,通过参与辩论锻炼概括表达能力,在对内容的深度参与中总结提升,形成价值观的直接碰撞。

3.课后阶段

评价思政效果、践行思政理念。通过延伸思考、思维导图等线上资源链接,以及作业提交、线下认识内化与行动转化混合形式达到育人目标。

教学设计思路及实施具体如图4.14所示。

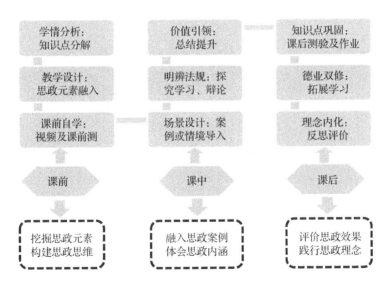

图4.14 教学设计思路及实施

五、特色及创新

思政元素的深入挖掘。围绕教学内容、体现专业特色,充分挖掘税收法律法规背后的人性考量、价值关怀与制度定位,基于学科知识、职业情怀、职业精神进行元素凝练,深入挖掘教学内容中的思政元素。

思政理念的有机融入。通过场景创设、案例融入、热点追踪等手段,遵循课程教学规律和学生的成长规律,将思政理念和目标有机融入教学进程中,引发学生的知识共鸣、情感共鸣、价值共鸣。

思政资源的多元应用。打造大课堂,将课堂内外、社会与职场的案例文本和视频等多种思政资源,通过线上线下平台、教学辅助工具等对资源进行多元化立体式应用。

思政方法的灵活践行。思政牵引教学内容的组织和开展,通过言传身教、思想沟通、问卷调查、网络平台讨论、课堂辩论、职业体验、实践操作等多种方法灵活践行思政理念。

案例二:善用案例热点 拓展教学场景
——"国际贸易实务"课程思政教学设计

课程名称	国际贸易实务		
课程性质	专业核心课	授课对象	国际贸易、国际商务专业大二学生
章节名称	1.信用证与企业信用	2.CIF贸易术语与职业素养和思维	3.原产地证书与RCEP的战略意义

注:CIF(cost insurance and freight,到岸价格),RCEP(Regional Comprehensive Economic Partnership,《区域全面经济伙伴关系协定》)。

一、切入课程思政的课程知识点

1.知识点1

信用证:信用证的产生背景、含义与特点,信用证案例分析,信用证运用与总结。

2.知识点2

贸易术语：贸易术语之于外贸业务的重要性，CIF贸易术语基本知识点，CIF贸易术语案例分析，贸易术语运用与总结。

3.知识点3

原产地证书：宁波港的历史演变，海上丝绸之路与原产地证书，原产地规则，RCEP及其战略意义。

二、课程思政目标

1.总体目标

基于学校高素质应用型人才培养的定位，考虑到国际经济与贸易专业学生就业方向主要为中小外贸企业的外贸业务员、跟单员、单证员、货代员等，学生的业务能力不仅关乎公司业务是否符合法律和规范，更重要的是还关乎国家尊严、国家利益和家国情怀，所以需要培育学生的职业精神、法治思维和民族自豪感。专业教师结合人才培养目标和"国际贸易实务"课程特点，结合学生具体学情，遵循学生认知规律，确定了"从国贸人到逐梦人"的课程培养目标，形成"六融合"育人模式，构建多元立体的思政元素融入体系，运用显隐结合的方法，使专业课程与思政课程协同育人，为人才培养目标和职业素养、价值观塑造提供有力支撑（图4.15）。

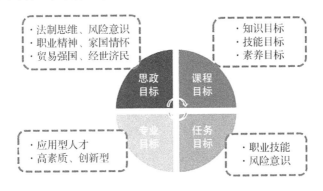

图4.15　课程目标、任务目标与专业目标和思政目标协同融合

"国际贸易实务"课程的总体思政目标如下。

（1）培育"国贸人"素养：树立正确的职业精神，践行社会主义核心价值观，注重遵守国际法、国际条约、国际贸易惯例、国内法，增强风险意识，规则意识诚实守信、杜绝欺诈的道德养成。

（2）内化社会主义核心价值观：通过贸易政策及制度分析，形成国家认同、政策认同和合作共赢理念内化，增强创新精神和社会责任意识做到热衷专业、奉献社会。

（3）深化国家安全意识、民族自尊自强意识：通过自主品牌、产品质量标准及国家贸易政策的解读，强化国家安全意识和爱国情怀，建立民族自豪感，深化建设社会主义强国、实现中国梦的雄心壮志。

2.具体课程目标

（1）针对信用证的课程思政目标：重视企业信用，遵守法律框架。

（2）针对贸易术语的课程思政目标：形成职业素养，培养法治思维。

（3）针对原产地证书的课程思政目标：关注经贸热点，培养家国情怀。

三、知识点与思政教育结合的教学设计

1.针对知识点1（信用证）的教学设计

（1）教学内容

信用证结算的三个特点：开证行负首要付款责任、独立的法律文件、纯单据业务，引申出开证行业务程序的基本出发点，由买卖双方相互不信任进一步说明商业风险的普遍性和商业信用的脆弱性。

（2）教学案例

通过信用证结算中"信用"一词引入，以2021年公布的98.24万企业失信名单新闻视频导入，介绍信用证产生的背景和作用，强调企业信用对企业长远发展的重要性。

利用外贸业务中的信用证业务案例，结合基本知识点，深入分析开证申请人、受益人、开证行的立场和思维方式，使学生理解信用证开证行负首要付款责任和纯单据的内在含义。

通过2020年瑞幸咖啡财务造假的案例进一步提升学生对企业信用的重视度。

（3）教学延伸

强调征信体系建立对企业规范运营和企业信用的重要意义。

（4）教学总结

总结和归纳信用证结算方式的本质及其现实启示。要求学生一要掌握信用证结算方式的本质和关键点，在适合的业务中合理使用信用证，规避信用证使用中的陷阱和风险；二要充分认识企业信用对企业持续发展的重要意义，坚持诚信经营，守正创新，开拓进取。

2.针对知识点2(贸易术语)的教学设计

(1)教学内容

要求学生掌握《国际贸易术语解释通则2020》中CIF贸易术语的基本含义,能够运用基本知识点开展案例分析,并能灵活运用。结合如下问题:CIF贸易术语风险和费用划分界线分别是什么? CIF贸易术语是装运性质还是到达性质? 如何理解CIF贸易术语属于象征性交货?采用"雨课堂"平台弹幕和提问的方式开展互动式学习。

(2)教学案例

①结合"贸易术语-商品价格-合同-外贸业务"的逻辑关系,指出贸易术语与外贸业务的关系,结合合同分析外贸人的职业素养和法治思维对于处理贸易争议的重要性。

②利用实际贸易案例展开分析。结合外贸业务流程复杂、环节琐碎、贸易争议频出的特点,让学生分析实际业务中的案例,引导其抓住繁杂信息中的重点,利用专业知识和法律规定解决实际问题,反向印证掌握专业知识和法律条文的重要性。

(3)教学延伸

专业素养形成与法治思维的养成。

(4)教学总结

进一步提炼课程思政元素:职业素养和法治思维,强调专业知识学习不容忽视,法治社会必须信仰法律、遵守法律、服从法律、维护法律,从而维护企业正当的社会经济权利。

3.针对知识点3(原产地证书)的教学设计

(1)教学内容

突破传统,将课堂拓展到宁波博物馆,利用博物馆里古代海上丝绸之路和宁波港近现代发展演变专题展馆,讲述外贸单证中重要单据之一——原产地证书的作用、分类、认定和签发机构,自然联系到当前经贸热点RCEP及其原产地规则,让学生切身感受中国古代文明和当前经贸战略,培养学生关注经贸热点、政策和国家战略的良好习惯,增强学生民族自豪感和爱国意识。

(2)教学案例

结合博物馆中宁波古代贸易展板,从宁波对外贸易的遗址和主要产品——瓷器讲述原产地证书的作用、分类、认定和签发机构,自然联系到中国通过八年艰苦谈判后2022年1月1日开始正式生效的RCEP及其原产地规则。

（3）教学延伸

联系自由贸易与保护贸易、中美经贸摩擦、新冠疫情暴发以来贸易公司的挑战，讲述 RCEP 对中国和亚洲区域贸易的战略意义，这是中国外贸企业、外贸工厂的重大机遇，引发学生对经贸热点问题的思考，激发学生的民族自豪感和爱国意识。

（4）教学总结

引导学生作为未来的希望和建设者，要不忘历史，以史为鉴、以史为师、以史明志、以史明理，立足当前，把握国家政策和发展趋势，树立远大理想，分阶段实现个人目标，为伟大中国梦的实现贡献自己的力量。

四、教学方法与实施

1. 课前阶段

课程采取线上线下混合式教学模式。课前，学生通过观看中国大学慕课平台视频学习基本知识点，掌握各章节基本框架、知识体系和重点知识。课堂上教师不再全部重复讲述基本知识点。

2. 课中阶段

课堂上，教师利用"雨课堂"平台，通过知识点提问（问题式学习）和贸易案例分析（精选案例），提炼知识点和课程思政元素，提高学生学习兴趣和主动性。

3. 课后阶段

课后，教师根据课堂内容及时布置与知识点密切相关的经贸热点作业，培养学生自主学习、独立思考的习惯和能力；同时，积极拓展教学场景，增强学生对外贸业务的直观认知，激发其学习热情和创业动机。

五、特色及创新

合理融入课程知识点中的思政元素。在法律体系知识讲授中，学生理性、客观、冷静地对待贸易争议和纠纷，本着诚实守信的原则，以外贸人的职业素养和职业精神，运用法治思维和法律武器，揭示复杂贸易案例中的主次矛盾，灵活解决各个环节可能出现的问题。

以案例分析与经贸热点来强化外贸业务的专业知识。"国际贸易实务"课程是集法律、贸易、营销、谈判、沟通、实操于一体的专业核心课程，教师通过案例分析和经贸热点、贸易政策，传授学生专业知识，提升学生的学习兴趣，启发学生的思辨精神，开阔学生的学科视野。

拓展课堂教学场景,激发学生学习兴趣和实操动机。利用宁波的港口优势,带领学生到博物馆、港口、集装箱堆场等地开展实地教学,增强学生的城市认同感,激发学生从事外贸业务的动力。

案例三:典故启发　多元评价
——"计量经济学"课程思政教学设计

课程名称	计量经济学		
课程性质	专业核心课	授课对象	金融学、金融工程专业二年级学生
章节名称	1.回归关系中的现象与本质	2.总体回归和样本回归	3.多元回归与主次矛盾

一、切入课程思政的课程知识点

1.知识点1

回归关系中的现象与本质。

2.知识点2

总体回归和样本回归。

3.知识点3

多元回归与主次矛盾。

二、课程思政目标

1.总体目标

结合学校"应用型人才培养"办学定位,课程首先培养具备良好的经济金融数据分析处理和量化研究能力的应用型金融人才,课程总体思政目标如下。

(1)知识目标:要求学生掌握计量经济建模的基本原理和使用方法,包括模型的设定、数据的搜集与处理、参数的估计、模型的检验与修正、模型结果的应用等知识点和方法论;训练学生的社会科学研究能力和学术论文撰写能力,提高学生计量经济研究命题设定的科学性、计量分析方法运用的合理性、计量研究应用的思辨性,以及对计量经济模型研究局限性的科学认识等。

(2)能力目标:提高学生对计量经济研究的问题设计能力、专业软件操作能力、现实经济金融数据分析能力和模型应用能力,培养学生团队协作、主动探索学习、批判性学习和辩证思考分析能力。

(3)素质目标:传播中华优秀传统文化和马克思主义哲学思想,引导学生树立科学的世界观、人生观和价值观,形成全局、辩证和批判的思维方法以及科学严谨的研究探索精神。

2.具体课程目标

(1)针对知识点 1(回归关系中的现象与本质)的课程思政目标

通过对经济变量的函数关系、相关关系和因果关系的概念辨析,明确回归关系的定义和本质认识,明确经济计量模型的变量因果关系设定原则,引导学生领悟"透过现象看本质"的哲学思想,让学生学会从因果逻辑关系视角把握经济变量之间的内在关系,增强学生认识、了解并运用经济本质规律的能力。

(2)针对知识点 2(总体回归和样本回归)的课程思政目标

通过成语典故启发和案例模型演示,阐述总体和样本的概念,以及随机抽样推断的计量建模思路,明确总体回归和样本回归方程的联系和区别,以及根据有效样本信息推断事物总体发展规律的模型设计和抽样原则,并将马克思主义哲学中整体和局部的辩证关系融入总体和样本回归关系教学,让学生领会局部和整体既有联系也有区别,使其能够运用全局思维,选择科学合理的抽样方法认识并把握总体发展规律。

(3)针对知识点 3(多元回归与主次矛盾)的课程思政目标

通过对经济变量演化的多因素分析,明确多元回归模型的定义和特征,明确经济计量模型的多元影响关系设定原则,引导学生领悟"事物发展的主要矛盾和次要矛盾"的哲学思想,让学生学会从多视角和主次矛盾关系视角把握经济变量之间的内在影响关系,增强学生全面、重点看待问题和处理问题的思辨能力。

三、知识点与思政教育结合的教学设计

1.针对知识点 1(回归关系中的现象与本质)的教学设计

(1)教学内容

经济变量的回归关系分析,包括经济变量的关系分类和辨析、回归关系的定义和本质属性、回归方程中的变量因果设定原则。

（2）教学案例

引入国外超市啤酒销售量和婴儿尿片销售量两个看似不相关的统计变量,通过真实的统计样本数据展示它们之间的相关关系。通过举例进一步说明表面看起来没有联系,但实质上却存在相关关系的统计现象。说明表面现象中看起来不相关的事物之间,有可能存在我们未发现的联系,这在通过现象看本质的过程中,不能轻易忽视。

进一步对上述变量关系进行深层次分析,发现两个统计变量的关系属于相关关系但并非因果关系,原因是这两个变量都受到一个第三方变量(男性照顾婴儿行为上升)的共同影响,这导致两个统计变量出现相关关系。以此说明经济变量关系不能停留于简单的统计表象,需要进一步结合理论和逻辑关系深入论证,寻找具有因果逻辑的变量关系,才能更好地理解经济世界。

最后引入经济统计变量,说明经济变量的因果回归关系不能本末倒置,否则会出现错误的结论。同时指出因果关系在计量回归模型中的作用和重要性,指导学生透过现象认识事物本质及其规律,引导学生不仅要了解经济变量的关系结构,也要了解经济关系结构形成背后的深层次原因,把握事物发展的本质规律。

（3）教学延伸

通过案例启发,引入透过现象认识事物本质的哲学思想,让学生明白在实际建模中,不能根据统计数据表象简单分析经济变量的相关关系和回归关系,而是要将理论假设与统计数据分析相结合,通过观察原始统计数据发现反常的经济变量关系,然后根据理论逻辑和经验观察揭示经济变量统计关系背后的深层次原因,透过"现象"认识经济变量之间的内在联系,揭示经济系统内部的深层次关系。

（4）教学总结

通过现实经济变量关系的案例启发,引入透过现象认识事物本质的哲学思想,让学生明白在经济变量的回归关系分析中,仅仅根据统计数据的相关分析不能正确揭示变量之间是否存在因果关系,相关关系包含因果关系,但并非所有的相关关系都是因果关系,可能仅仅是包含了共同影响因素。如果要挖掘变量之间的回归关系,不仅要考察变量之间的相关程度,同时还要从事物关系本质(理论逻辑)上分析变量之间是否存在因果影响。以此使学生学会透过现象认识本质,在计量建模中正确识别和把握经济变量的回归关系本质。

2.针对知识点2(总体回归和样本回归)的教学设计

（1）教学内容

总体回归和样本回归,包括总体回归模型和总体回归方程的含义、表现形式和经济意义,抽样推断原理和样本回归模型的含义、表现形式和研究方法,总体回归和样本回归模型的联系和区别。

（2）教学案例

通过"很多经济研究对象无法全部观察"这一问题引入,提出"从样本推断总体"的计量建模思路和方法论原理,介绍总体回归和样本回归研究关系。

引入两大家组耳熟能详的中华成语典故——"以小见大、见微知著、一叶知秋"和"一叶障目、坐井观天、盲人摸象、管中窥豹",提出两组成语典故隐含的冲突性文化寓意,引发学生对"整体"与"局部"辩证关系的思考,然后深入阐释马克思主义关于整体与局部辩证统一的哲学原理,包括"整体由局部组成,并通过局部表现;整体不等同于局部,整体功能往往大于局部功能之和;整体和局部是辩证统一,在一定条件下可相互转化"等,在此基础上明确总体和样本的辩证关系以及抽样推断的方法论原理。

引入某社区100个家庭储蓄和收入统计数据案例,根据"随机抽样"和"非随机抽样"原则,进行不同形式的样本抽样和统计推断,对比分析不同形式的样本回归参数和总体回归参数误差大小及其收敛性特征,讲解抽样推断的过程原理和知识要点,深化学生对总体回归和样本回归参数的关系认识。

通过成语典故和案例启发式教学,总结教学内容,明确"从样本到总体"的随机抽样推断方法的运用原理和基本原则,鼓励学生在实践中采取抽样方法开展计量研究。

（3）教学延伸

通过成语典故和社区家庭储蓄模型实例演示,让学生了解到总体和样本关系的辩证性:一方面人们在主客观条件约束下,仍可以利用样本信息去推断事物的总体性质或发展规律;另一方面并非所有样本信息都能客观真实反映总体发展规律,统计抽样推断研究要遵循"随机抽样"原则,不能以点代面,以偏概全。使学生养成从局部到整体的全局观思维,学会根据有效样本信息推断总体特征。

（4）教学总结

通过成语典故和案例启发,引入局部与整体的辩证统一哲学思想,让学生明白在实际建模中,主客观因素导致总体单位无法一一调查时,我们可以通过样本信息来推断总体性质或发展规律,即运用抽样推断方法。同时,通过整体与局部的辩证哲学思想的融入,让学生更好地理解总体回归和样本回归的联系与区别,同时明白并非所有样本都能代表总体,需要遵循随机抽样原则,采取科学严谨的抽样推断方法,才能得出有效的实证研究结论。

3.针对知识点3(多元回归与主次矛盾)的教学设计

(1)教学内容

多元回归模型设定,包括多元回归建模的动机和原则、多元回归模型的表达形式、多元回归模型的回归参数和经济意义解释。

(2)教学案例

回顾一元回归模型的表现形式,肯定一元回归模型在挖掘两个经济变量之间的回归(因果)关系中的重要作用,同时抛出新的研究问题:现实中很多经济变量发展变化往往非单因素主导,而是受到多个因素的共同影响,如何在计量建模中反映多个因素对某个经济变量的共同影响? 多个影响因素对经济变量的影响路径和程度是否相同? 哪些是主要因素或次要因素,如何识别? 以此,激发学生思考。

引入马克思主义唯物辩证法中的主次矛盾原理,全面阐述事物发展过程中主要矛盾和次要矛盾的地位及相互关系原理,同时列举一些俗语和成语来说明这一事实。

提出多元回归模型设定原理,明确多元回归模型的线性表达式和参数经济含义,同时说明主次矛盾哲学思想在计量经济学多元影响变量选择中蕴含的方法论原理。

通过案例启发,导入商品需求与商品价格、消费者收入之间的计量回归模型案例,以模型设定、数据分析、高维最小二乘法参数估计过程,展示商品的价格和消费者收入两大因素对商品需求的重要影响,同时得出价格因素相比收入因素更加重要的经济学结论,再次融入主次矛盾哲学思想。进一步导入消费支出与收入、消费习惯的关系模型案例,从最初的一元回归(支出-收入)模型逐步拓展到多元模型设定、估计和经济意义解释,得到消费习惯对消费支出的关键作用,进而回顾著名的消费棘轮理论和司马光的俭奢论断,指出西方经济学结论与我国传统道德文化的不谋而合。同时证明养成理性科学的消费习惯的重要性。

(3)教学延伸

通过中华典故和计量建模案例演示,让学生明白在计量建模的影响因素分析中,应根据事物主次矛盾的辩证关系原理,既要全面、综合地分析经济变量变化的各类影响因素,又要明确不同影响因素对经济变量的影响路径和程度并非均等一致,具有主次之分。在当前条件下,我们必须接受经济影响因素不可穷尽的现实约束,尽可能抓住主要影响因素,从纷繁复杂的经济关系中把握核心规律。因此在计量建模的变量选择中,要将研究对象的主要影响因素作为解释变量单独列出来,其他次要因素可以合并到随机误差项,这样的模型设计既综合考虑了事物主次矛盾因素,同时也突出了主导因素,有利于模型的实际开展和应用。

（4）教学总结

通过中华典故和计量建模案例引入事物主次矛盾的辩证哲学思想,让学生学会在多元回归模型设定中引入多个解释变量（代表多个主要影响因素）和随机误差项（反映次要影响因素）的处理方法,这样既能够综合反映多个影响因素,同时也突出重点影响因素,解决了现实中经济变量关系复杂和经济影响因素不可穷尽的客观难题。

四、教学方法与实施

1. 课前阶段

引导学生加强课前预习和自主学习,提前发布相关章节的微课思政视频等网络专题学习资料,引导学生了解课程教学内容;在微助教事先发布主题讨论,引导学生形成问题意识,能够结合自身实践思考提出问题,参与主题讨论。

2. 课中阶段

在课堂上主要通过"知识点引入—案例启发或成语典故介绍—教师提问—专业知识点讲授—典型模型和方法论演示—师生互动研讨——教学总结"的教学流程,将多种教学手段融合,自然地将思政元素融入课堂专业知识教学活动。

3. 课后阶段

课外加强师生在 Moodle、微助教和钉钉群等网络教学平台上的资源共享和交流讨论,采取多元化教学评价考核方法,多方位考查学生综合能力;设立学生建模合作小组,引导学生通过课外合作研讨和分工协作等方式,加强对课堂知识点的实践运用,在小组互助合作中进一步领悟课程思政思想;鼓励学生参加计量研究相关的学科竞赛或专题比赛,让学生学以致用。

五、特色及创新

知识传授和文化素养融为一体。在专业知识中融入思政元素,引入中国传统文化故事和成语典故,传播"透过现象认识本质""把握事物主次矛盾""整体和局部辩证统一"等科学认知论,激发学生家国情怀,提高学生文化素养,培养学生不盲从权威、求真务实、积极向上、持之以恒的观念。

多种教学手段的综合运用。充分考虑新时代大学生的学习兴趣和学习习惯,采用多样化教学手段,专业知识和思政元素有机融合,第一课堂(课堂案例导入、研讨引导、成语典故解读等)和第二课堂(课外思政微课视频学习、小组建模讨论)的有机配合,"线上＋线下"混合式教学渗透等,寓教于乐,提高学生学习效率。

多元化考核评价方法的实施。采取多元化评价方式,将专业知识学习、能力培养和价值观塑造都纳入考核评价范畴。针对核心专业知识模块,设计线上慕课和线下课堂教学两类考核方式;针对学生应用能力的培养,设计计量实验上机操作和学生自主建模论文两大考核方式;针对学生人文素养的培养,设计小组合作建模论文考核,考查学生的集体协作精神和职业素养。

案例四:深度结合国情　引入混合式教学
——"物流学基础"课程思政教学设计

课程名称	物流学基础		
课程性质	专业核心课	授课对象	物流管理工业大二学生
章节名称	1.中国物流发展历程	2."啤酒游戏"课堂情境学习项目	3.配送的内涵及路线选取

一、切入课程思政的课程知识点

1.知识点1

中国物流发展历程:物流学的产生与发展、中国物流业发展的四个阶段(1949—1978年"储"与"运"组合、1978—2000年创新发展社会化物流服务、2000—2010年现代物流业快速发展、2010年至今物流业转型升级与高质量发展)。

2.知识点2

库存管理:基本原理和方法,库存在供应链中的地位和作用,面临的挑战(供应链库存管理的协调、供应链库存管理信息的共享、供应链库存信息传递过程中的扭曲、供应链库存系统结构越来越复杂、供应链库存管理中的不确定性、供应链库存管理技术方法的改进),库存管理与控制的一般方法。

3.知识点3

物流配送的内涵及路线选取:物流配送的含义与特征、影响物流配送的因素、物流配送路线选取的原则及流程。

二、课程思政目标

1.总体目标

"物流学基础"是物流管理专业必修的核心主干课程,是专业知识学习的开篇课程,采用线上线下混合式教学方式,承载着专业人才培养和思想引领的重任。课程思政立足知识传授、能力培养、价值引领和素质提升的育人目标,秉承"知行合一,润物无声"思政教育理念,设计"时代创新""工程伦理""求真务实""环境保护"四大主题探究活动,采取"(课)上(课)下并行,渗(透)润结合"两条主线,实现课程思政全过程融入。课程结合"强港建设""重要窗口"等地方物流特色实践,培养学生振兴中国物流业家国情怀和担当精神,使其形成对中国特色物流业发展的文化认同、实践认同和职业自信。通过实践探究模式让学生亲身感受实践创新的喜悦,体会环境保护的意义,感悟团结协作对个人成长的重要作用、科技强国战略和无私奉献精神的伟大,自觉树立知行合一、守正创新的价值观。通过"学思践悟"的循环达成知识内化于心、外化于行的思政教育目标。培养具备扎实的物流管理基础理论和分析解决企业常见物流问题的能力,兼有勤于思考、团结协作、严谨务实、爱国敬业等良好品质的创新型物流人才(图4.16)。

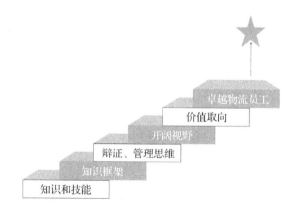

图4.16 "物流学基础"课程思政总体目标

2.具体课程目标

(1)针对知识点 1(中国物流发展历程)的课程思政目标

从社会主义核心价值观出发,通过我国物流发展历史、现当代物流发展历程的学习,使学生了解党带领下的我国人民是如何艰苦奋斗、不屈不挠将物流业发展到如此先进的水平的,增强民族自豪感和自信心,深刻认识年轻一代继往开来的使命,明白幸福都是奋斗出来的,树立更远大的志向,真正担起新一代的历史责任。

通过课堂教学、学生课外查找资料、课堂讨论等,帮助学生了解我国物流发展过程和现状,并在此基础上进一步传授现代物流发展趋势知识,培养学生通过文献检索,运用基础理论及专业知识对物流与供应链管理问题进行识别的能力,培养学生不畏困难、努力学习、创新发展的自觉性和决心。

(2)针对知识点 2(库存管理)的课程思政目标

通过理论学习,向学生传授专业知识,包括库存管理的基本原理和方法、库存在供应链管理中的地位和作用、供应链管理环境下的库存问题特点、库存管理与控制的一般方法等知识点,结合国家中长期经济发展战略目标,将供应链领域的新知识、新成果、经济热点引入教学,对学生进行思想引导,传播主流价值观。

通过项目实操,在生产与配销单一品牌啤酒的产销模拟系统中开展情境游戏,提高学生素质能力,让学生在增长知识的过程中提高沟通协调能力、团队合作能力,提升职业素养,全面提高学生的岗位适应力及职业发展力。

通过总结拓展,使学生充分认识"牛鞭效应"的原理,并深刻体会其对供应链的影响,充分理解供应链管理的系统化思想。让学生了解不同角色之间的互动关系,深刻认识树立全局意识、信息沟通以及建立战略合作伙伴关系的必要性,在工作生活中"信任可以简化很多问题"。

(3)针对知识点 3(物流配送的内涵及路线选取)的课程思政目标

以疫情常态化为教学背景,以学生亲身经历——无接触配送物流为教学实例,将物流基层配送工作者坚守岗位、兢兢业业、严谨踏实的工作态度,与物流配送活动的内涵、复杂性及配送在整个物流系统中的重要性结合起来,进一步明确影响配送的各项因素。培养求真务实、科学严谨、团结协作的物流新青年。

展示无人配送车、无人仓等现代化物流设施,介绍 5G、人工智能、物联网等先进技术的物流应用场景,解读无人物流经济对物流行业的推动助力,将国家智慧物流建设内容、物流人创新故事,与配送通用配送流程结合起来,帮助学生理解现代化配送流程,掌握配送路线制定具体的原则及方法。激发学生创新热情,帮助学生树立从事专业创新工作的决心,培养具有改革创新、使命担当的物流新青年。

三、知识点与思政教育结合的教学设计

1.针对知识点 1(物流发展趋势)的教学设计

(1)教学内容

物流活动的产生、各发展阶段的物流活动特征、21 世纪物流的发展趋势。要求学生自学了解历史学中对于物流的记载(参考世界历史、中国历史文献的相关内容),理解人类社会发展对物流的产生与发展的影响,掌握各发展阶段的物流活动与管理的特征,了解国内外物流发展状况及 21 世纪世界物流的发展趋势。教学设计如图 4.17 所示。

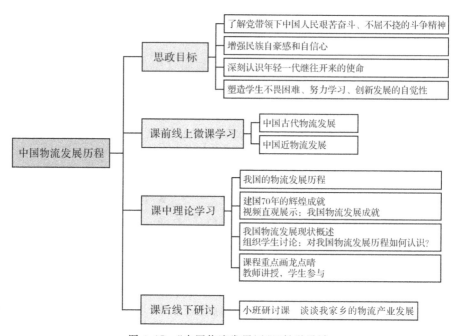

图 4.17　"中国物流发展历程"教学设计

(2)教学延伸

围绕"谈谈我家乡的物流产业发展"主题,研究小组内某成员家乡的物流产业发展历史或者现状,如家乡运输业、仓储业、港口物流发展,物流信息化发展或家乡某个重要的与物流有关的事件或新闻,也可以对小组几位成员家乡的物流特点进行对比,提出家乡物流产业发展中存在的问题,进行分析解决。采用小组合作方式,小组共同完成一部微电影、一段视频剪辑或一份 PPT 报告,如有能力可以加入后期制作,如增加字幕、配音、剪辑,以及音响效果等。

（3）教学总结

课程对学生产生了较大影响。学生们在作业"谈谈我家乡的物流产业发展"中会自觉开展实地参观等,在物流领域,"厉害了我的国"已经深入了学生们的心中,他们也愿意更多地了解该领域、更好地去做出自己的努力。同时教师在课堂中也应该指出,我国在原创性理论、方法和技术方面还有待继续发展,另外我国物流发展并不均衡,还有很多方面亟待提升,这激发了学生的奋斗精神,使他们有了严肃的使命感。

2.针对知识点2(库存管理)的教学设计

（1）教学内容

库存管理理论知识点由学生在课前线上学习。课上开展"啤酒游戏"情境学习项目。啤酒游戏是20世纪60年代麻省理工学院斯隆管理学院发展出来的一种策略游戏。目的是探讨如何有效进行系统化思考。系统化的思考可以消除片面、局部思考的危机、融合自我超越、改善心智模式、建立共同远景,以及使组织释放出潜藏的巨大能量。需求变异放大现象被通俗地称为"牛鞭效应"。牛鞭效应指供应链上的信息流从最终客户向原始供应商端传递时,由于无法有效地实现信息的共享,信息扭曲而逐渐放大,导致各级需求出现越来越大的波动。教学设计如图4.18所示。

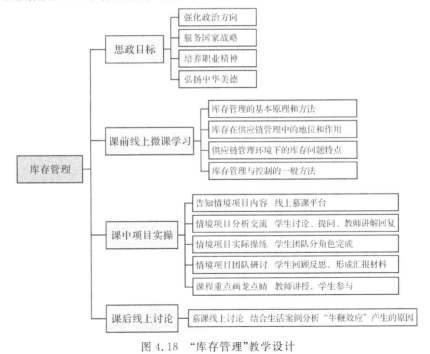

图4.18 "库存管理"教学设计

（2）教学案例

依据"啤酒游戏操作指南"，情境学习项目在出货时间延迟、资讯不足的产销模拟系统中进行。教师担任消费者，学生担任生产商、代理商、批发商、零售商等角色，最后以团队为单位计算各角色的利润、库存成本、缺货成本、订货量等。该情境学习项目能够强化学生沟通协调能力、团队合作能力以及岗位适应能力，培养学生的职业精神。游戏内，各角色需要按照"收货—接收客户需求—给客户货物—下订单"的顺序完成各周期工作，并统计相应数据。师生共同总结如何减少牛鞭效应带来的损害：减少供货周期；缩短计划周期（比如改月度计划为周计划）；缩短决策链条，以减少长时间等待下的变化的放大。假如每天偏差10%，检查周期是3天，就可以避免超过50%的实际偏差。如果实行即时供货制，实行供应商管理库存就可以有效地避免这些问题。告知学生不要迷信预测工具，要及时纠正错误。教师讲授预测三原理：预测永远是错误的；预测时间段越长，预测的结果与现实差距越大；差量预测比较精确。

（3）教学延伸

让学生结合生活案例分析牛鞭效应产生的原因，给出解决措施。结合新冠疫情期间出现的库存管理问题，例如抢购蔬菜、双黄连、口罩等，引导学生进行头脑风暴，通过剖析引导学生正确认识库存管理需要考虑的因素，以及如何有效地进行库存管理，并阐明在共产主义信仰和道德信仰的激励下，中国人民取得了这场特殊"战役"的胜利。结合供给侧结构性改革中的去产能、去库存、降成本等新热点，阐述我国中长期经济发展战略目标，使学生深刻理解库存管理与控制对国家战略实施的重要性。

（4）教学总结

通过该情境学习项目，学生深刻认识和领悟了树立全局意识、信息沟通以及建立战略合作伙伴关系的必要性，达到了课程思政目标。课堂情境学习项目实现了认知共鸣、理解共情和信念共振，最终达到课程内容和思政建设交融，理想信念自然内化的效果。"知之者不如好之者，好知者不如乐知者"，课程寓教于乐，使学生享受学习过程，乐于接受知识，提高综合素养。

3. 针对知识点3（物流配送的内涵及路线选取）的教学设计

（1）教学内容

配送是在经济合理区域范围内，根据客户要求，对物品进行拣选、加工、包装、分割、组配等作业，并按时送达指定地点的物流活动。可以看出配送虽然是从送货发展起来的，但现代物流的配送功能并不是简单的送货，日常接收快递只是物流配送的末端活动,配送是一种更加完善、高级的输送活动,其活动的内容是综合性的,是从物流节点到用户的一种特殊的送货形式。配送流程主要分为备货、理货、送货三个阶段。教学设计如图 4.19 所示。

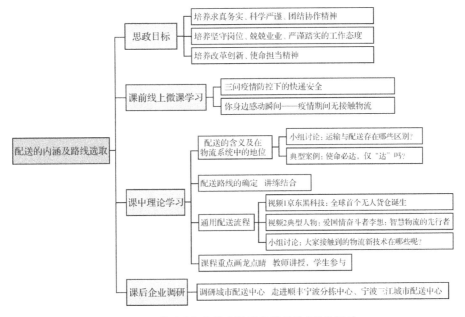

图 4.19 物流"配送的内涵及路线选取"教学设计

(2)教学案例

旅行商问题(travelling salesman problem,TSP)是数学领域中著名问题之一。假设有一个旅行商人要拜访 n 个城市,他必须选择所要走的路径,路径的限制是每个城市只能拜访一次,而且最后要回到原来出发的城市。路径的选择目标是该路径路程为所有路径之中的最小值。介绍求解 TSP 问题的枚举算法。通过视频"京东黑科技——全球首个无人货仓诞生"和"典型人物——智慧物流的先行者李想"直观展示教学内容。

(3)教学延伸

使学生了解城市配送流程,理解配送中心功能及设备。带领学生走进顺丰宁波分拣中心、宁波三江城市配送中心,近距离观察物流配送业务,倾听一线工作人员讲解。激发学生强烈的责任心和使命感,培养学生踏实勤奋、善思、善辩、善行的品质,培养有良知、有道德、有责任感的合格物流青年。

(4)教学总结

课程注重教学内容与中国国情的深度结合。首先,对比古今物流应用场景与创造的社会经济价值,使学生深刻领会国家发展战略和精神;其次,通过行业前端科技的视频影像资料,引导学生立鸿鹄志,勇于创新;最后,以国家科技工作者和行业典型工作者勇于攻坚克难、追求卓越的科研态度,激励学生勇做新时代科技创新排头兵,发扬敬业、精益、专注、创新的科研精神。

四、教学方法与实施

课程采用以学生为中心的线上线下 SPOC(small private online course,小规模限制性在线课程)混合教学模式。以"素材阅读—感性体验—理性领悟—滋养家国情怀—交通物流强国建设者"的渐进式教学方法,基于交互式生态系统理论,在智慧教室和线上课程支持的学习生态环境中,设计并实施了多种技术支持下的交互式课堂教学策略(图 4.20)。在交互式生态课堂设计与实施过程中,遵循技术、教学方法与文化的协调统一原则,力求实现线上线下课堂中各要素的协同共生、可持续发展,积极扩展课堂教学的范围,开展协同教育。教师在校内完成理论教学基础上,带领学生深入物流企业、制造企业等多种类型企业实地考察调研,发掘现实问题,进而指导学生进行物流方案设计,把研究成果应用于各级各类学科竞赛,突出创新性,增加挑战度。

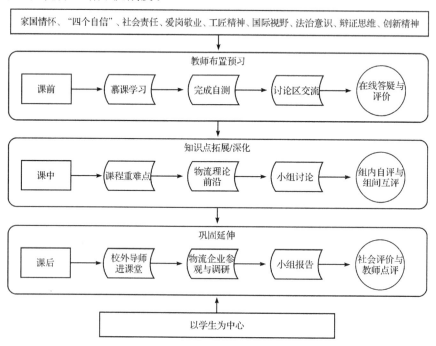

图 4.20 "物流学基础"课程思政线上线下混合式教学

五、特色及创新

遵循精准思政的理念。在教学内容设计中,精准识别教育对象"00 后"学生的思想特点,选取和物流业相关的时事热点图文和视频精准推送思政内容,通过"大象无形"的浸润式思政教育,精准选择思政方法,引导学生将个人规划与国家发展相结合,身体力行交通物流强国战略。

将教学内容与中国国情深度结合。促进专业课程与思政教育同频共振。使学生深刻认识到中国物流行业发展的巨大成就,并理性分析中国物流行业在设施规划、运输、仓储、信息化、管理绩效等各个方面的发展水平,培养学生爱国、励志、求真、力行的品质。

将"混合式教学"理念及方法引入课堂教学。采用"线上＋线下、课上＋课下、校内＋校外"多情景教学模式,基于交互式生态系统理论,在智慧教室和线上课程支持的学习生态环境中,设计并实施了多种技术支持下的交互式课堂教学策略,使思政元素既源于生产生活,又反过来指导学生工作生活,"方向上旗帜鲜明,方法上润物无声"。

案例五:中外结合　文化耦合　产教融合
——"品牌规划与理念"课程思政教学设计

课程名称	品牌规划与理念		
课程性质	专业模块课	授课对象	中德会展(2＋2)、广告(2＋2)专业大二学生
章节名称	1."文创国潮"引领品牌价值创造	2."科技兴国"助力民族品牌发展	3.本土文化品牌策划全案

一、切入课程思政的课程知识点

1.知识点 1

"文创国潮"引领品牌价值创造:品牌化传播即品牌价值观念的传递,通过介绍文创品牌及国潮品牌的相关案例,梳理中国文化和价值观念对中国品牌价值塑造的深刻影响,使学生了解当代中国消费者需求及中国品牌的价值创作要素,感知大国情怀、理解中国文化的核心哲学观、价值观。

2.知识点2

"科技兴国"助力民族品牌发展:中国工业的发展催生了强大的民族品牌,通过行业专家带来的真实案例解析,引导学生洞察中国市场发展现状,深刻体验改革成就,了解中国国情,感受"科技兴国"对民族品牌发展的深远影响。

3.知识点3

本土文化品牌策划全景:与宁波地域文化特色相结合,通过社会调查、情景体验和实地调研,使学生深度体验宁波文化特点,凝练文化特色,以品牌视角弘扬中国文化、传播宁波地域文化为立意点进行策划、提案和路演,培养学生实践精神和服务意识,完成知识和实践之间的真实转化。

二、课程思政目标

1.总体目标

课程以新文科建设和"国际化、创新应用型人才"需求为导向,秉持"中外结合、文化耦合、产教融合"的课程思政理念,将品牌专业知识与国家战略、市场发展趋势相结合,平衡专业技能与价值引领之间的关系,引导学生理解中国的"软实力"和中国"品牌出海"的创新潜力,培养学生"跨文化品牌人"的职业角色感、知行合一的实践精神和服务社会的自觉意识。

(1)知识目标:要求学生掌握品牌规划与品牌管理的基础理论知识;结合战略管理思维,把握品牌策略的总体逻辑和策略框架;掌握品牌定位分析策略、识别系统策划、品牌营销战略、品牌传播策略;熟悉提升品牌忠诚度管理的思维与方法。

(2)能力目标:使学生具备中英双语学习、沟通的能力,具备品牌策划、营销、管理的方案设计能力,具备战略性思维能力,提升表达沟通、团队协作能力。

(3)素质目标:拓宽学生的国际化视野,培养既具有家国情怀和使命担当又具有国际化专业素养的新时代品牌传播人、品牌管理人。

2.具体课程目标

(1)针对知识点1("文创国潮"引领品牌价值创造)的课程思政目标

使学生代入品牌传播人、品牌管理人的职业角色,从专业角度看待行业中不同品牌的价值创造问题。带领学生深入调查了解当代消费者需求、探索如"故宫文创"等领先国潮、文创品牌的价值创造之路,感受中国文化与地域文化的创新变革,以此深化学生的品牌强国理念、增强文化传承意识、根植弘扬中国文化的核心思想。

（2）针对知识点 2（"科技兴国"助力民族品牌发展）的课程思政目标

"科技创新锻造品牌实力。"通过行业真实案例解析,带领学生深入理解"中国创造"不断丰富"中国制造"的内涵,了解科技在我国品牌光辉发展历程中所发挥的重要作用,培养学生科技兴国、科技创新的意识。

（3）针对知识点 3（本土文化品牌策划全案）的课程思政目标

在教学实践中根植于民族文化、地缘地域文化,帮助学生了解本土文化的深厚底蕴,培养其家国情怀及文化自信,引导学生以塑造本土品牌国际化为己任,实现运用多元传播矩阵讲好中国品牌故事的职业目标。

三、知识点与思政教育结合的教学设计

1.针对知识点 1（"文创国潮"引领品牌价值创造）的教学设计

（1）教学内容

通过介绍中国文创品牌和当代国潮品牌的相关案例,梳理中国文化和价值观念对于中国品牌价值塑造的深刻影响。带领学生深入调查并了解当代消费者需求,探索如"故宫文创"等领先国潮品牌的价值创造之路,感受文化创新成果。

（2）教学案例

通过故宫文创、李宁、华为、蔚来等国内著名品牌案例帮助学生了解如何将中国文化融入品牌建设,探讨中国品牌的价值创作要素。

（3）教学延伸

课下带领学生参观宁波博物馆、天一阁,感受宁波地域文化特点。推荐学生阅读《文创品牌的秘密》《中国制造:国货新浪潮》等书籍,拓宽学生的知识领域及行业见解。

（4）教学总结

运用 CBL（case-based learning,以案例为基础的学习）教学模式,引导并启发学生围绕案例展开讨论,在授课过程中,通过课堂提问、小练习等互动环节,估量学生的接受能力,并以此适当调整授课的进度,进行启发式教学。使学生了解当代中国消费者需求及中国品牌的价值创作要素,感知大国情怀、理解中华文化的核心思想和观点。

2.针对知识点 2（"科技兴国"助力民族品牌发展）的教学设计

（1）教学内容

通过分析国内知名品牌,我国宏观及微观市场环境,了解我国市场环境之腾

飞,辩证看待国家发展之浪潮。对比国际环境,强调国际市场环境对国潮品牌的影响,使学生具备全球视野,接轨国际。

（2）教学案例

通过格力、方太、华为、小米等深耕技术创新领域的国内知名品牌案例分析,在掌握市场分析工具和技能的同时,让学生感受国民品牌情怀、技术等,增强文化自信。

（3）教学延伸

带领学生参访行业知名企业、参与国内外行业专家讲座,以使其拓宽视野、增强职业素养。推荐学生阅读《洞察力》《方太文化》等书籍,了解中国消费者和中国企业文化。

（4）教学总结

通过案例教学、理论讲授、翻转课堂、企业参访等强化学生对"科技兴国"的理解,增强学生的科技创新的意识,使学生深度体验改革成就,了解中国国情。

3.针对知识点3（本土文化品牌策划全案）的教学设计

（1）教学内容

品牌管理、规划、理念、设计基础知识回顾。前期调研要求学生探索宁波地域文化,了解本土深厚的文化底蕴,培养家国情怀及文化自信;成果以报告形式呈现,体现实践精神。对于品牌策划课题,要求学生以宁波地域文化为立意点,以品牌视角进行传播、策划、提案与路演,培养学生实践精神及服务意识。

（2）教学案例

以宁波渔文化、红帮文化、十里红妆婚嫁文化等地域文化内涵为切入点,带领学生了解文化对品牌内涵塑造的影响,引导学生根据地域地缘文化打造品牌核心的初心、愿景及使命,以此达成品牌化传播地域地缘文化的目标。

（3）教学延伸

通过实地走访合作企业、邀请企业导师指导、开展项目制课题实践,达到"知行合一"的教育目标,注重"知"的落实,发展"行"的落地。

（4）教学总结

采用OBE教育模式,接轨中国本土企业,使学生通过对企业运营和快速高效发展现状调研,了解真实中国国情,同时调研宁波当地文化特色,打造具有文化属性和符号的创意品牌。

四、教学方法与实施

教学团队注重挖掘思政元素,以人文素养、文化自信、科技兴国、中国智造、跨文化能力培养等为核心,秉持"中外结合""文化耦合""产学融合"的课程思政建设理念,落实立德树人根本任务。

1.课前筹备

在教学资源上深耕中德合力,产教联动的跨文化特色教学改革。

课程启用了全新的国际化教学团队,兼容中德学院的中国教师与德国大学的外国教师。教学团队具备双语优势,中西文化背景的融合使教师对专业理解更加深入,架起课程主导与学生主体之间的桥梁。在课程资源建设过程中,多采用外国原版教材及参考书,中德双方协同打造原创课件、教学视频等多种教学材料。沿用海外教学资源共享模式,鼓励学生自主钻研专业知识,增强学生学习自主性。同时以提高教学产能为目标,在课程内容外围打造"企业库、专家库、项目库"立体教学资源。在教学中实现了国际联通、行业联通、技术联通的多元联动教学模式。

2.课中教学

CDIO"做中学"与 BOPPPS 教学方法有机结合,强调职业角色。

运用 BOPPPS 教学方法、项目驱动法、案例教学法,并结合翻转课堂的方式,突出学生的课堂主体性;运用沉浸式教学模式(角色扮演、身份体验)等教学方式让学生代入国际化品牌传播人、品牌管理人角色,以此激发学生的行业敏感、专业热情、文化猎奇心理;在课题项目实践环节中,以 PBL 为先导,以 CDIO 理念为路径,让学生从经验中学、从实践中学,将专业理论在项目实践中激活,开展多维度评定与检测,以达到"知行合一",注重"知"的落实和"行"的落地。

3.课后评估

综合一体化评估体系,注重学生渐进式成长。

课程思政在于实现对学生思想的启迪与价值引领,这就决定了它的评价体系与一般意义上的教学评价有所不同。启迪和引领是一个动态的过程,而启迪与引领的实现程度则是相对可衡量和可描述的。课程在教学评价标准上,以综合性一体化的方式,注重学生的渐进式成长,关注学生在品牌传播领域知行合一的互相转化。通过主讲教师评价、教学团队评价、学生互评与个人评价的方式,探索多角度、多元化评价体系的具体实施方法(图 4.21)。

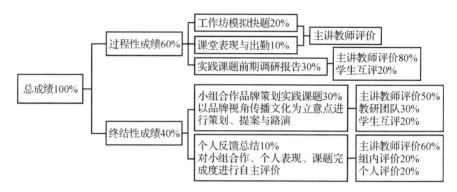

图 4.21 课程多角度、多元化评价体系

五、特色及创新

教学内容的选取秉持"国际创新思维"与"本土多元文化"结合的思政育人理念。教学团队通过材料凝练整合、内容再度创新的方式,多维度运用品牌领域的创新理论,重新梳理教学内容;将中国文化、宁波地域文化与课程内容相结合,设置以诠释宁波地域文化特点为主旨的实践课题,实现专业知识与思政元素的有机融合,引领学生价值取向,培植学生爱国情怀。

在育人环节中融入"家国情怀+文化自信+品牌强国+国际视野+工匠精神"。教学团队深度挖掘课程思政元素,将人文素养、文化自信、科技兴国、中国智造、跨文化传播等内容有机融入课程,同时帮助学生了解中国文化内涵,进一步促进中外文化的沟通与互融。

产教深度融合,项目真题实做,实现从理论到实践的真实转化。课程以 CDIO "做中学"教学法为导向,学生在行业导师的指导下完成真实项目制课题。改革教学方法,突出学生的课堂主体性;以沉浸式教学使学生代入品牌从业者的职业角色,激发学生的行业敏感,在实践中培养学生多维思考的创新实践能力和职业适应力。

案例六：精选思政素材　精炼课程设计
——"影视后期合成与特效"课程思政教学设计

课程名称	影视后期合成与特效		
课程性质	专业模块课	授课对象	网络与新媒体、新闻学专业 大三学生
章节名称	1.走进影视后期合成 与特效	2.AE实验教学	3.AE主题式项目实训

注：Adobe After Effects 简称"AE"，是一款图形视频处理软件。

一、切入课程思政的课程知识点

1.知识点 1

走进影视后期合成与特效。

2.知识点 2

AE实验教学（以文字效果为例）。

3.知识点 3

AE主题式项目实训。

二、课程思政目标

1.总体目标

课程遵循"以就业为导向、以教学为中心、以任务驱动培养学生职业能力为出发点"的理念，将思政元素与教学内容巧妙结合，以达到专业技能学习与思政育人共赢的目的。教学团队以"培养具有良好职业素养，较强实践能力、审美能力和创新能力的具备影视后期剪辑特效技术的高素质新媒体传播人才"为目标，在课程思政建设中从以下三个角度有机融入思政元素。

（1）课程精选思政素材，树立精品意识，培养学生的工匠精神。同时，注重训练学生的想象力、创造力，努力提升学生的艺术鉴赏能力和审美意趣。

（2）在课程实训主题的选择上积极寻找其与思政育人体系的结合点，增强学生的文化自信。

（3）在课程实训过程中要求学生具有自主学习和终身学习的意识，有不断学习和适应发展的能力；团队合作要求分工明确、各司其职，同时又各自发挥所长、协作支持，形成团队合力。

2.具体课程目标

（1）针对知识点 1（走进影视后期合成与特效）的课程思政目标

通过组织观摩分析宁波地域文化、抗击疫情、建党百年、中国传统文化等优秀影视作品，提升学生对影视艺术的认知和审美，增强学生的爱国主义情怀等；引导学生了解中国影视行业发展前沿，构建其对影视后期行业的准确认知，提升学生对影视作品的鉴赏分析能力，唤起学生对影视后期制作人的职业向往。

（2）针对知识点 2（AE 实验教学）的课程思政目标

课程的实验内容包括 AE 的时间轴动画、摄像机、灯光的运用、关键帧几何动画、文字特效、自带粒子特效、常规效果的运用、particular 粒子插件的运用、遮罩的运用、3D 场景制作、栏目包装等等。在 AE 实验教学中，教师通过挖掘蕴含"认知和审美""民族自豪感""文化自信""爱国主义情怀"等思政元素的实验素材，鼓励学生精益求精、锲而不舍地反复操作，在练习中自我突破、追求创新，突显工匠精神和求真务实的精神态度。

（3）针对知识点 3（AE 主题式项目实训）的课程思政目标

课程项目实训要求学生根据真实赛事进行创作，严禁抄袭，培养学生的知识产权意识，全面提高学生的审美和人文素养，传播社会主义核心价值观，增强文化自信。项目式体验感悟，实现价值引领。教师有意识地选取有助于价值引领的主题，学生通过项目学习形成对一个主题深入、细致的了解，从而达到内心的共鸣甚至洗礼，以及起到价值引领的效果。项目式团队合作，强化责任感。项目学习的核心环节是合作学习，要求小组内各个成员担负不同的职责，共同协作完成学习任务，每个成员的贡献都会影响团队的利益，这样可以更好地提升学生的责任感。项目式自主学习，提升终身学习的意识。项目学习要求学生掌握良好的学习方法并具有自主探究能力，养成终身学习的习惯。

三、知识点与思政教育结合的教学设计

1.针对知识点 1（走进影视后期合成与特效）的教学设计

（1）教学内容

课程导论内容走进影视后期合成与特效,包含影视后期行业认知、行业相关的视频理论及工作流程。

(2)教学案例

首先进行了我国影视后期行业的发展现状介绍。随着网络的逐渐普及,影视行业的发展也是越来越好。据统计,影视后期制作行业人才缺口达到 20 万人左右,其中影视后期合成和特效剪辑师、栏目包装师和微电影制作师最为缺乏。影视后期合成与特效是一门技术,同时也是一门艺术,学生应该从更科学的角度,对相关技术应用进行深入分析和探索,提升自身艺术修养,进而制作出更加高质量的影视作品。AE 适用于从事设计和视觉特技的机构(包括影视制作公司、动画制作公司、媒体电视台、个人后期制作工作室以及多媒体工作室等),目前主要应用领域为短视频、视频包装、影视广告以及电影电视剧特效合成等。

(3)教学延伸

小组课外收集"建党百年"短视频作品,分析作品中后期合成和特效的应用,通过作品认识影视后期对新媒体平台视频创作的重要性,并将分析报告提交至Moodle 平台。

(4)教学总结

学生在课程中初步认识了影视行业的特点、前沿发展、AE 的应用领域及学习思路等;具备了对影视作品的初步鉴赏与分析能力;理解了影视后期剪辑特效技术对新媒体传播的重要性。

2.针对知识点 2(AE 实验教学)的教学设计

(1)教学内容

包含软件基础、文字特效、调色、抠像、稳定与跟踪、摄像机运用和三维制作、图形动画、脚本动画、插件学习九个学习模块。教学团队录制了 40 个微课,这些微课视频时间短,却有明确的主题内容。课程利用现有微课资源,采用线上线下混合式教学模式,便于学生跨时空学习,提升学生自主学习和实践能力。

(2)教学案例

AE 文字特效,包括文本动画、舞动文字、路径文字、斑驳文字、文字预设,以及主题性文字动画设计。该内容教学流程及思政融合模式如图 4.22 所示。

图 4.22　课程教学流程及思政融合模式

（3）教学延伸

要求学生设计综合性的主题文字，尝试文字与其他特效的结合，制作更加丰富的文字动画视频。学生围绕主题收集资料，设计文字风格，运用软件创作精彩的文字效果，并将成果分享至 Moodle 平台。

（4）教学总结

文字特效的制作是影视合成技术中非常重要的一部分。文字不仅是影像设计元素，还是重要的信息传播载体。实验课堂巧妙设计案例导入，激发学生兴趣，发挥学生的主体作用，让学生全程参与、主动创新。不同的影视风格有不同的表现手法，教师应鼓励学生平时多看多想多做，学习并掌握多种文字特效的创建与编辑方法。

3. 针对知识点 3（AE 主题式项目实训）的教学设计

（1）教学内容

在课程实训教学中，教师针对性地设计主题式内容，学生以小组合作形式制作完成作品。为了让学生具有开阔的眼界、批判的思维、深切的人文关怀和正确的价值观，项目实训结合真实赛事，主要围绕"传播家乡地域文化，讲好家乡故事""传承传统文化和红色文化""讲好榜样故事"等主题开展。实训流程如下：①小组讨论确定选题，收集选题相关的资料及作品观摩分析；②构思写作脚本、拍摄准备素材;③作品修改剪辑;④作品修改定稿;⑤课堂分享研讨。

（2）教学延伸

项目结束后,组织学生再次观摩优秀作品,找出自身作品与优秀作品的差距,要求学生对优秀作品进行细致入微的分析,完成详细的观摩笔记。项目式教学以学生为中心,重在挖掘学生多方面的潜能,教师不再是负责传授知识的专家,而是项目探究过程的向导。项目式学习不追求成果的完美,而是注重学生的成长。

（3）教学总结

将实训主题结合真实赛事,巧妙契合思政元素,以作品质量强调精品意识。要求学生熟练运用 AE 软件中的特效;作品要将主题突出、创意新颖、结构完整;镜头素材质量高,画面颜色和谐,镜头转场流畅;文字要有设计感,特效运用合理且制作精细,具有较好的音画节奏。实训过程注重团队合作,为了强化实训过程的管理,提升学生的职业素养,学生课堂分享要求展示作品的同时再现团队合作的过程和反思,包括以下几方面的内容:①作品策划,定版的分镜头设计脚本,保留讨论记录;②素材准备,素材及获得途径及使用方法等;③制作特色,主要的制作技术要点说明;④难点与不足,分析制作中的问题及原因;⑤项目实训中的团队分工与合作说明。

四、教学方法与实施

发挥微课和 Moodle 平台的教学共享互动功能,开展课前、课中和课后线上线下混合式教学(图 4.23),培养学生发现问题、分析问题、解决问题的能力。强化教学手段的多元性,突出教学过程的互动性,拓展教学内容的延展性。同时通过 Moodle 平台发布大量的课外资源,实时更新行业动态、技术标准,开阔学生的视野。

1.课前预热

将内容分为九大知识模块,每个知识模块的案例学习采用微课教学。学生线上通过观看微课预习,确认重点和难点。

2.课中实操

教师实操演示重难点,学生实验练习,作品线下展示与评价。

3.课后拓展

每个模块学习结束,鼓励学生回看微课、做到举一反三,完成综合设计实验。

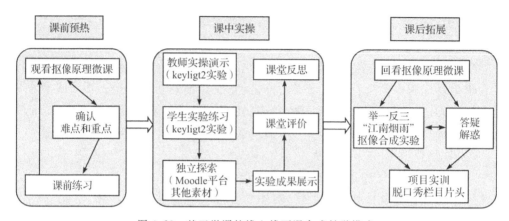

图 4.23 基于微课的线上线下混合式教学模式

五、特色及创新

录制原创课程微课,挖掘课程思政教学资源库。课程录制的 40 个微课短小却有明确的主题内容。思政教学资源库包含视频类资源,涵盖真实案例库、图形图像库、音乐音效库等,方便学生自主学习与实践。

注重实验案例知识的迁移,实现课程思政目标的拓展。对课程实验案例的选取注重与技术点对接,要求学生反复操作,精益求精,树立精品意识。在此基础上,课程的综合性实验设计立足实现思政目标的拓展,培养学生发散思维和创新能力,增强学生的专业实践技能,以创作优秀思政主题作品。

立足项目实训,强化工匠精神。"工匠精神"就是要对职业敬畏、对工作执着、对产品负责,极度注重细节,不断追求完美和极致。项目实训与教学相结合,契合思政主题,真题真做,提升学生实践能力,做到"学生线下合作创作,线上分享互评,优秀作品课堂线下展播并推优参赛"。

完善课程考核,创新课程思政评价体系。影视后期创作是一个集体协作的过程,教师在课程考核阶段将个人贡献与团队成果结合评价,这有利于培养学生的团队合作意识和集体主义精神。

案例七:引入史实　延伸哲理
——"无机及分析化学"课程思政教学设计

课程名称	无机及分析化学		
课程性质	专业基础课	授课对象	生物、环境和食品类专业学生
章节名称	1.核外电子运动状态模型	2.酸碱滴定曲线的绘制	3.测量或计量中的误差和有效数字

一、切入课程思政的课程知识点

1.知识点1

核外电子运动状态模型。

2.知识点2

酸碱滴定曲线的绘制。

3.知识点3

测量或计量中的误差和有效数字。

二、课程思政目标

1.总体目标

(1)使学生通过学习化学史实和化学家事迹,领悟理论知识背后的科学家们的艰苦研究历程以及他们的爱国、敬业、严谨、诚信、奉献等精神,增强学生家国情怀,使其树立勇于探索、严谨求实的科学态度与诚实守信的做人准则。

(2)使学生通过学习专业知识,感受无处不在的辩证唯物主义世界观和方法论,并坚持和运用这些立场观点认识问题、分析问题、解决问题。

(3)带领学生学习专业知识在环境保护、生命健康、食品安全等领域的应用,并开展"绿水青山就是金山银山""化学与生命健康""化学与食品安全"专题讨论,使学生重视课程知识在专业行业、实际生产生活中的应用,增强学生专业自豪感、职业认同感和社会责任感。

2.具体课程目标

(1)针对知识点 1(核外电子运动状态的模型)的课程思政目标

①要求学生领悟辩证唯物主义认识论:实验发现—理论推理—建立模型……实验发现—理论推理—修正模型/提出新模型……

②要求学生树立辩证唯物主义的否定之否定观。

(2)针对知识点 2(酸碱滴定曲线的绘制)的课程思政目标

①要求学生认识到量的积累达到一定程度才能形成质的飞跃,任何成绩的取得,都是长时间努力工作不断积累的结果。

②要求学生形成严谨求是的学习方法和科学的研究态度。

(3)针对知识点 3(测量或计量中的误差和有效数字)的课程思政目标

①要求学生领悟严谨、诚信、实事求是的科学态度和科学精神。

②要求学生树立诚实守信的做人准则。

三、知识点与思政教育结合的教学设计

1.针对知识点 1(描述核外电子运动状态的模型)的教学设计

(1)教学内容

核外电子的运动状态的有关知识,包括氢原子光谱、玻尔理论、微观粒子的特征及其运动规律、氢原子的量子力学模型。

(2)教学案例

在科学发展过程中,人们对原子核外电子运动的探索从来没有停止过。核式行星模型是卢瑟福在 α 粒子轰击金箔实验的基础上提出的,推翻了他的导师汤姆生提出的实心葡萄干蛋糕模型,继承了原子呈电中性的合理成分。但这个模型存在严重不足,那就是绕核运行的电子会不断连续地释放能量,最终坠入原子核,这与原子结构稳定但原子光谱为线状光谱的实验事实相矛盾。为解释这些矛盾,卢瑟福的学生玻尔于 1913 年从普朗克的量子学说和爱因斯坦的光子学说中获得灵感,在继承卢瑟福的有核模型的基础上,将量子力学的特征纳入原子模型的描述中,并提出圆形轨道理论。玻尔理论成功解释了氢原子光谱,其计算结果与实验数据精确吻合。但该理论仍然把电子看成在确定轨道上运行的经典粒子,因此无法解释氢原子光谱中更精细的结构,也无法给出多原子光谱的理论说明。1926年,薛定谔提出了电子云模型。支撑此模型的科学假说和实验有:德布罗意电子波假说,戴维孙-革末电子衍射实验,以及海森堡提出的测不准原理。薛定谔摒弃

了玻尔用"粒子"描述电子的模型,提出用"波函数"描述电子运动状态。

向学生提出课后思考:薛定谔电子云模型无法解释氢原子的电子由 2p 跃迁至 1s 轨道时得到两条靠得很近的谱线,科学家又是用其他什么模型来修正的?学习了电子运动模型的发展历程后,你有什么体会?

(3)教学延伸

梳理核外电子运动模型的发展,不难发现科学家们经历了依据前人的实验和假设,提出自己的假设并用实验检验的探索过程。当遇到困境时,科学家们又在新的实验基础上,提出新的假设……就这样不断循环、向前发展。向学生阐明这正是我们需要学习的辩证思维过程与方法。其次,辩证的否定观。卢瑟福推翻了他的导师汤姆生的实心葡萄干蛋糕模型,继承了原子呈电中性的合理成分,提出核式行星模型;而他的学生玻尔又在继承有核模型的基础上提出圆形轨道理论;薛定谔在玻尔的基础上用"波函数"描述电子。模型的更替说明肯定因素使得模型存在,否定因素促成模型被替代;否定是模型发展的重要环节,也是新旧模型联系的环节;而否定的实质是"扬弃",即新模型对旧模型既批判又继承。最后,模型的每一次发展都呈现出螺旋式上升的总趋势,即经过否定之否定之后不是出发点的"回复",而是更高阶段的"回复"。

(4)教学总结

通过学习核外电子运动模型的发展过程,要求学生论证证据与模型建立及发展之间的关系,正确理解并描述核外电子的运动特点;在课中以及课后作业中有机融入思政元素,使学生领悟事物发展是前进性和曲折性的统一,并得到工作、学习和生活上的启示。前途是光明的,但道路是曲折的;一帆风顺只是美好的愿望,挫折就在前面;教育处于挫折期间的学生明白大方向总是朝前的,要赶紧振作起来,只要不放弃,坚持下去,事情总是在变得比以前更好。

2.针对知识点2(酸碱滴定曲线的绘制)的教学设计

(1)教学内容

酸碱平衡和酸碱滴定中酸碱滴定曲线的绘制有关知识,包括强酸碱滴定过程中 pH 值的计算、强碱滴弱酸过程中 pH 值的计算、滴定突跃以及指示剂选择。

(2)教学案例

由 0.10 mol/L NaOH 滴定 20.00mL 的 0.10 mol/L HCl 计算后绘制的滴定曲线图可知,当滴定剂的加入量从 0.00mL 增加到 19.98mL 时,滴定剂的加入量增加了 19.98mL,而溶液的 pH 值从 1.00 增加到 4.30,增加了 3.30;而当滴定剂加入量从 19.98mL 增加到 20.02mL 时,也就是说此时滴定剂加入量只增加了

0.04mL,溶液的 pH 值却从 4.30 一下子增加到 9.70,增加了 5.40;而当继续增加滴定剂的量时,pH 值的变化又趋于缓慢。在整个滴定过程中,化学计量点前后±0.1%范围内 pH 值的急剧变化区间称为酸碱滴定突跃范围。

以 0.10mol/L NaOH 溶液滴定 20.00mL 同浓度醋酸溶液为例,讨论强碱滴定一元弱酸的滴定曲线及指示剂的选择。由计算绘制的滴定曲线发现,强碱滴定弱酸的滴定曲线形状与强碱滴定强酸相比有所不同。其中滴定突跃范围变小。同样的滴定浓度,由于醋酸是弱酸,滴定开始前溶液中的氢离子的浓度就低,所以曲线起点高。虽然仍然存在滴定突跃,但 pH 值只是从 7.74 增加到了 9.70。

向学生提出课后思考:当酸碱浓度降低为 0.01mol/L 时,突跃范围如何变化?总结在已学的内容中,有哪些知识点体现了"量变引起质变"? 你有哪些启发?

(3)教学延伸

引导学生由此体会质量互变规律,量变是一种连续的、不显著的变化,质变是事物根本性质的变化(滴定突跃),是由一种质的形态向另一种质的形态的突变。事物的发展从量变开始,当量变达到一定的界限时,量变就转化为质变。在新质的基础上又开始了新的量变,循环往复以至无穷,这构成了事物无限发展的过程。课程中"溶度积规则""元素周期律"等知识点也无不蕴含着质量互变规律,教师由此上升主题高度,提出中国梦本质也是量变到质变的发展过程,引导学生思及自身发展,通过不断学习以提升个人素质。

(4)教学总结

通过讲练结合使学生学会计算酸碱滴定过程中每一点的 pH 值,掌握变化规律,并能合理选择指示剂。引导学生通过延伸思政教学思考并领悟质量互变的唯物辩证思维,树立"坚持用心滴入每一滴,梦想的终点一定会在自己手中"的信念,认识到在科学研究和工作过程中任何成绩的取得,都是长时间努力工作不断积累的结果,以理论联系实际作为自身认识、分析和处理问题遵循的最根本的指导原则和思想基础。教育学生平时要重视量的积累,注意事物细小的变化,不可揠苗助长、急于求成,对于消极因素,要防微杜渐;同时又要根据事物的发展进程,不失时机地促使事物由量变到质变的转化。

3. 针对知识点 3(测量或计量中的误差和有效数字)的教学设计

(1)教学内容

化学计量、误差与数据处理中测量或计量中的误差和有效数字的有关内容,包括误差分类、误差和偏差的表征、准确度与精密度的关系以及提高分析结果准确度的方法。

（2）教学案例

在化学史上，有一个与误差有关的故事。1785年，卡文迪许做了一个实验，将电火花通过寻常空气和氧气的混合体，想把其中的氮全部氧化掉，产生的二氧化氮用苛性钾吸收。经过三个星期的实验，他发现还有一个体积不超过原来空气的 1/120 的微小空气泡未被吸收。对于这一重要的微小差异，卡文迪许本人和其他科学家并没有给予重视和继续研究，反而错误地推论，假如电火花通过的时间再继续延长的话，就不会有残余空气泡的存留。1892年，瑞利经过长达十年的测定，宣布氢和氧的原子量之比实际上不是 1：16，而是 1：15.882。他还测定了氮的密度，发现从液态空气中分馏出来的氮，跟从亚硝酸铵中分离出来的氮，密度有微小但却是不可忽略的偏差。从液态空气中分馏出来的氮，密度为 1.2572 g/cm³，而用化学方法从亚硝酸铵直接得到的氮，密度却为 1.2505 g/cm³，两者数值相差极小，从小数点后第三位起不相同。但他并没有放弃这些微小的差异，和化学家莱姆塞一起研究，重复卡文迪许的实验，终于发现了一种新的化学元素——氩。

（3）教学延伸

"一切科学上的最伟大的发现，几乎都来自精确的量度"，这是英国著名科学家瑞利的名句。他一生中花费了大量的精力以严谨的精神去从事精确的实验测量，以进行严格的定量研究（尽可能地减小误差）。我国著名的物理化学家、化学教育家黄子卿通过艰苦、严谨的研究，于 1935 年精确测定水的三相点温度，为 (0.00980 ± 0.00005)℃（压强为 0.610kPa）。这是热力学上的重要数据，被国际温标会议采纳，定为国际温度标准之一，他也因此在 1948 年被选入美国的《世界名人录》。

（4）教学总结

在科学实验中，微小差异（实际上就是系统误差）常常严重地歪曲实验的真正结果，从而导致错误的结论，延缓文明的发展。课程以氩元素发现史引出误差，接着在误差和偏差的表征、误差和偏差的表征、准确度与精密度的关系以及提高分析结果准确度的方法专业知识中融入科学精神和科学态度等思政元素。让学生明确误差是客观存在的，了解分析过程中误差产生的原因及其规律、采取减少误差的有效措施，以使测定结果尽量接近真实值是分析工作者的重要任务。

四、教学方法与实施

1.课前阶段

分层自学，补齐短板（线上）：学生根据学习指导手册的任务清单线上学习必备的概念和理论；通过测试评价预习效果，线上提交学习困惑。

2.课中阶段

集中导学,提升问题解决能力(线下):教师以案例引出问题和目标(案例是预习反馈的疑难点或是实际应用),以问题引出解决方法(教师刺激回顾,启发式讲授,学生主动思考),以解决方法形成基本概念和原理(升华归纳普适性原理),以原理指导问题解决(讨论解决更具挑战性的新问题)。教学过程以问题为线,将碎片化的知识点串联融合,形成解决策略;全程以雨课堂平台为辅助,组织课堂实时评测、抢答、作业提交等活动。

3.课后阶段

自选强学,拓展延伸(线上+线下):学生选做基础作业(基本概念和基本理论)或挑战作业("化学为用"阐述知识点应用或相关科技前沿、热点问题,培养学生探究能力;"挑错检漏"给教材和教辅资料找错或检查漏洞,培养学生批判思维),必做应用练习(知识梳理以及应用问题解决练习),进行多形式的互动讨论。

五、特色及创新

基于培养具有爱国、敬业、严谨、诚信、奉献等精神以及辩证唯物主义世界观和方法论的"生物、环境和食品类"应用型人才的定位,设定教学目标。聚焦"物质结构与性质、化学平衡与转化、定量分析与检测"等专业知识,挖掘学科知识蕴含的思政元素和思政案例,设计典型素材融入方式,使学生的道德修养得到提升,逐步形成正确的世界观、人生观和价值观。

"课前分层自学+课堂集中导学+课后自选强学"的混合式分层教学设计,既充分利用"线上"资源辅助学生预习、复习、测试、讨论和拓展,又利用"线下"课堂,从实际案例出发引导学生按知识点深度参与问题解决式学习,并深度融入"科学精神、辩证唯物观以及专业行业思维"相关思政案例,充分激发学生内在学习动力,实现多元教学目标。

"过程和结果"相结合的评价方法贯穿教学过程的每一个阶段和每一项任务,全面保障知识、能力和价值目标的达成。

案例八:观 听 做 感——"陈设艺术设计"课程思政教学设计

课程名称	陈设艺术设计		
课程性质	专业核心课	授课对象	环境设计专业大二、大三学生
章节名称	1.宋韵陈设艺术风格	2.民宿陈设艺术设计	3.陈设定制设计

一、切入课程思政的课程知识点

1.知识点1

宋韵陈设艺术风格:掌握宋代陈设艺术的风格特征,并能熟练应用于设计中。

2.知识点2

民宿陈设艺术设计:解析优秀的民宿室内陈设艺术设计案例,学习陈设艺术设计思维和应用手法。

3.知识点3

陈设定制设计:掌握陈设定制设计流程,了解陈设定制的痛难点,学习解决定制过程中出现问题的方法。

二、课程思政目标

1.总体目标

课程将思政元素融入课程体系,通过融入学科前沿信息和社会发展需求动态,引导学生正确认识中国的传统文化,重视传统文化,指引学生树立正确的历史观、民族观、国家观、文化观,培养学生的使命感和爱国主义精神。通过课程任务驱动、项目化训练,培养学生的工匠精神和职业道德感,提升其理论联系实践的能力。通过思政教育的有机融入,使学生在具备专业能力的基础上,树立正确的世界观、人生观和价值观,坚定积极健康的理想信念,不断提高思想道德素养,以及服务国家、服务人民的社会责任感,培养德智体美劳全面发展、堪当民族复兴大任的社会主义建设者和接班人。

2.具体课程目标

(1)针对知识点 1(宋韵陈设艺术风格)的课程思政目标

引导学生通过讨论梳理宋韵陈设艺术风格的设计要点,理解中华优秀传统文化多样的表达方式,理解日本的"枯山水""侘寂风"等艺术风格都是源于中国宋代的禅宗文化和理学观念,明确传承和创新中国陈设艺术的意义,加深对中华民族非凡技艺和历史创举的认识,树立"国强则民强"理念,厚植家国情怀,鼓励学生传承并发扬中华优秀传统文化,激发学生的使命感。

(2)针对知识点 2(民宿陈设艺术设计)的课程思政目标

通过实际设计案例分析,使学生深刻体会"绿水青山就是金山银山"的绿色发展理念,多角度感悟乡村中丰富多元的文化特质和地域精神,挖掘当地历史、文化和民俗,启发文化创意理念;联系我国乡村振兴战略,引导学生树立远大志向,坚定用设计实践创造经济价值、推动农村高质量发展的理想,同时用设计传播新的理念和生活方式,对乡村文化、艺术审美、生活方式、文明传播发展起到示范效应及提升作用,促进乡村文化的嬗变和振兴。

(3)针对知识点 3(陈设定制设计)的课程思政目标

以实地考察、实训落地等培养学生刻苦耐劳的精神,涵养其缘事析理、实事求是的学风,增强其理论联系实践的能力;通过"观、听、做、感"等活动潜移默化地使学生感悟工匠精神的精髓,进而使用马克思主义的世界观和方法论指导解决问题;引导学生在设计实践中遵守职业道德和职业规范,弘扬和践行"工匠精神"。

三、知识点与思政教育结合的教学设计

1.针对知识点 1(宋韵陈设艺术风格)的教学设计

(1)教学内容

宋代陈设艺术风格的色彩搭配、空间营造、家具造型、陈设摆件的特征。

(2)教学案例

引入热播的电视剧《清平乐》,创设与课程相关的、尽可能真实的情境,立体化解析宋代室内陈设艺术风格特征,展示我国传统陈设艺术文化的精华。宋韵美学在我国历史中有很大的成就,这一时期的室内陈设也反映了这一独特的艺术审美,主要体现在以下几个方面。①室内色调:宋韵风格在色彩上讲究对比,通常以同一色相不同明度的颜色作为主色调,再搭配上与主色调相反的配色,这样的冷暖对比搭配,整体风格古朴、庄重,让空间更显气韵通达。②空间营造:宋韵风格

大多采用简洁硬朗、横平竖直的线条,室内的空间效果不仅宽阔大气而且还富有层次感,给人视觉上和空间上无限的遐想。③宋代家具:远看朴实,细品却有更深层次的韵律,家具设计中融入了宋人的文化情操和审美理念;装饰风格极为素雅,家具不作大面积雕刻,最多在局部画龙点睛,以质朴造型取胜、少有繁缛装饰。④陈设摆件:宋代人的生活非常讲究,行动起居中出现了各种精致的小玩意,比如香炉、铸铁茶壶等等,与现代人追求的生活美学以及讲究个人品位的生活态度极为一致;但宋代插花艺术不同于现代生活中常见的复杂形式,呈现素净的花瓶和简洁文雅的花艺形式。

（3）教学延伸

宋代家居陈设极具书卷气,是一种"生活化里有情调"的审美。宋韵之美,重意尚韵,是极简中的至美。宋朝的极简审美遥遥领先西方,甚至影响了后世千百年,很多国家的文化和美学潮流都能在宋代器物中找到源头。如今在现代室内设计中大行其道的"侘寂风",就是当年宋代审美和禅宗思想传到日本后,形成了所谓大朴若拙的"侘寂之美"。而宋代的极简风格,同样与当代艺术精神相契合。简单、朴素的意境美,这正是现代人们回归自然、回归生活的精神追求。

（4）教学总结

"绚烂之极归于平淡"的宋韵美学,成就了宋代室内陈设艺术质朴、清淡、典雅的理性美。"宋韵风格"是最早的极简风,简洁却不离烟火气,这是中华美学精神的独特韵味,它不把"文艺范"置于高雅的"云端",而强调世俗生活中自有真谛,知者自知,不待外求。今人传承中华传统美学,要紧的也是打造这种富有当代生活气息的"文化"——一种令人愿意长久沉浸其间的文化。

2.针对知识点2(民宿陈设艺术设计)的教学设计

（1）教学内容

民宿陈设艺术的设计思维、应用手法。

（2）教学案例

对接我国乡村振兴战略,引入设计赋能乡村的概念,以"美丽乡愁"主题乡村民宿设计项目为例,演示如何将民宿打造成一个承载人文个性与乡情乡愁的场所,一个展现传统工艺与地域文化的场所。①设计理念:一个能留住"乡愁"的民宿,"有根、有魂、有趣",保留民居的原真性,展现当地的乡土人情和风俗习惯,激发游客对当地文化生活的好奇。②设计定位:将当地文化基因和地域特征融入其中,创造一种江南乡村的"野园"气息。③色彩搭配:以低饱和度色彩为主要色彩基调,突出整体的端庄大气、沉稳和内敛;同时,运用一些颜色明快的装饰,营造传统的意境,追求一种修身养性的雅境。④陈设元素:在室内家具、景观盆栽、装饰艺术等选择上,采用当地的本土物件,增加民宿空间与本土文化的连接,体现了设计师对老宅、对乡村的"匠心"。

(3)教学延伸

项目建成后引来了不少人来下辖村,对破损农舍进行修复和改造,作为自住或经营用房,项目为下辖村带来了新的居民。在乡村旅游产业的带动下,曾经破败的农舍正在被一间间修复,曾经衰落的乡村正逐步重新展现生机。

(4)教学总结

好的民宿是人文、空间、和服务交织的场所,设计师需要因地制宜,在设计中体现当地文化和乡野生活,但是在体现"乡愁"的同时又要提供舒适的居住环境,优质的住宿服务。与酒店千篇一律的设计完全不同,民宿陈设艺术能给游客带来完全不同的感知和体验,并且可以在陈设艺术设计中融入文化元素,让游客更直观深刻地体验当地的历史文化和民俗风情,倾听这个城市的故事。

3. 针对知识点3(陈设定制设计)的教学设计

(1)教学内容

陈设定制设计流程,定制过程中出现问题的解决方法。

(2)教学案例

以陈设定制方案落地制作时遇到的痛难点问题为切入点,让学生对陈设定制设计流程有所了解,流程中每一个环节、每个细节都需要仔细推敲,否则会影响到后续的环节。陈设定制设计流程主要有以下几个环节。①概念方案阶段:和客户交流深入,了解客户的需求、生活习惯、喜好、预算等,以便于确定概念方案的风格主题和功能需求;同时也要引导客户说明什么样的设计最符合他们的需求,给出合适的概念方案。②方案细化:在客户的需求基础上,做个性化的创意设计,使方案更精准地反映客户的个性格调和生活品质。③审核图纸:仔细核对图纸,确定方案中的空间细节尺寸,避免因尺寸不对影响最终效果。④设计制作:不管是选材,还是打色板,都需要跟客户去确认,选择性价比高且最合适的方案落地。⑤成品验收:带上材料清单审核成品的颜色、材料等,对于验收过程中发现的小问题,要认真修改、反复核对、精心打磨,直到成品完全符合原本的设计意图。

(3)教学延伸

教育学生在陈设定制设计流程中,与客户交流时,要有意引导客户,让他们知道自己想要什么样的设计,准确把握客户的特定需求,创造全新的设计理念,使设计作品"千人千面",在满足客户个性品位的基础上,打造出可行的、更优的、新颖的设计方案;与厂家的沟通,要仔细审核定制工艺,精准给出制作方案。引导学生在整个过程中,对每件产品、每道工序都要抱有精益求精、追求极致的职业品质,将作品打造成精品;对制作过程中出现的问题,要秉持初心,运用平时积累的知识和技能,妥善解决,一步步地去打磨,直至将"制作"升级为"精作"。

(4)教学总结

只有养成了严谨的职业态度和工作作风,对每个细节都不放松,尤其是设计方案、图纸交底、材料定样、油漆定色等,所有环节亲力亲为,一个好的陈设定制设计方案才能完美地诞生、落地。

四、教学方法与实施

1. 课前阶段

学生利用线上教学资源,根据课前导学自主学习相关教学资料完成相应的课前练习,对自主学习过程中遇到的问题,通过线上论坛与其他学生、教师讨论。

2. 课中阶段

教师针对线上学习的情况,在教学中通过引入具体陈设艺术设计案例来深入讲解知识点以及设计应用,同时融入课程思政,穿插学生提问、学生回答、教师补充和评价,激发学生学习兴趣和热情;利用小组研讨、设计练习等方式,帮助学生学习设计应用的方法和手段,并利用学生间能力的差异,引导学生相互学习、取长补短。理论模块的教学采用以任务为导向,教师通过提出问题引发学生思考深化知识点,通过问题讨论拓展学生思路,通过练习任务的反馈让学生看到自己的问题和弱点,促使学生进一步学习;实践模块的教学采用以设计项目为导向,教师通过开展设计实践,增强学生对知识点的把握,提高整体教学效果。

3. 课后阶段

学生通过线上虚拟实验室、设计工作室、实训基地、设计现场等不同教学场地参与到设计实践中,或通过参加学科竞赛巩固和应用专业知识、开阔视野;通过微信群、课程平台和线下深度讨论,在校内导师、企业导师协同指导下完成作业。同时课程设置了多元评价方式增强学生对知识点的把握。

五、特色及创新

因事而化,坚持产出导向。课程结合应用型人才培养的特点,以及"互联网+教学"的时代特色,将思政内容与专业知识充分融合,引入实际项目,使学生从设计构思到落地执行全面参与其中。每堂课都有相应的教学设计来检测思政目标和教学目标的达成情况,以在强化知识和培养技能的同时,引导和激发学生专业报国志向。

因时而进,紧跟时代步伐。聚焦专业前沿知识和时事热点,精选思政元素,立足中华优秀传统文化,引入乡村振兴战略的伟大创新和成就,培养学生的工匠精神,提升学生设计技能,引导学生从形式和文化的角度看待中国陈设艺术设计的独特之处,增强文化认同和文化自信。

因势而新,善用教学方式。为了消除专业教育与思政教育"两张皮"的现象,教学团队利用"亲近感染"这一原理,通过多种教学方法将影视作品、实际案例调研以及常见的实践问题引入课程,安排校内导师、企业导师协同授课指导,在线上、教室、实训基地、设计现场等不同教学场地,创设开放、活跃、有体验、有趣味的教学环境,这更容易让学生接受并产生激励作用,增加其对地方文化认同和地域自豪感,进而激励学生的民族认同和民族荣誉感。

案例九:讲故事 品故事 评故事
——"建筑设计 3"课程思政教学设计

课程名称	建筑设计 3		
课程性质	专业核心课	授课对象	建筑学专业大二学生
章节名称:	1.主题策划	2.概念设计	3.设计深化、表达及交流

一、切入课程思政的课程知识点

1.知识点 1

主题策划:立足地域文化或热点事件,开展调研,策划一个有意义(值得纪念、歌颂、体验、警示……)的主题,为之设计一个博物馆或纪念馆建筑。

2.知识点 2

概念设计:围绕主题,基于调研,通过头脑风暴,收集创作"线索";通过归纳分析,找到博物馆或纪念馆建设设计创新的"切入点";通过草图或案例示意图,勾勒出创新设计的空间意向、大致效果;通过自主学习,针对创新设计的主要技术挑战提出应对策略。

3.知识点 3

设计深化、表达及交流:在主题和作品的双重"感召"下,深化设计方案,自主学习各种表现软件,最大程度地完成建筑作品的效果表达,用建筑作品"讲"好百年故事。通过不同阶段的成果展评,实现"讲故事""品故事""评故事"。

二、课程思政目标

1.总体目标

课程通过"主题博物馆建筑"课题设计训练,提高学生用建筑作品"讲"好百年故事的能力,唤醒学生的家国情怀、文化自信和时代自豪感,激发学生的创新设计热情。引导学生深入学习既定(或自选)的地域文化、历史事件、特色物产等,使学生通过调研加深理解,并深度挖掘其正面价值,将其转化为建筑语言,并不断提高这种将文脉转化为建筑语言的能力,在今后的职业生涯中成为尊重当地传统文脉的建筑师。

2.具体课程目标

(1)针对知识点 1(主题策划)的课程思政目标

激发学生的历史责任感。结合主题博物馆建筑设计的特殊要求,引发学生对地域文化和历史遗存的关注。

(2)针对知识点 2(概念设计)的课程思政目标

培养学生创新思维和创新能力。在主题的"感召"下,激发学生创新设计动力,使学生自主学习掌握创新设计方法、开展创新设计实践、完成概念设计,写好"用建筑作品讲好百年故事"的脚本。

(3)针对知识点 3(设计深化、表达及交流)的课程思政目标

增强学生的文化自信。通过"讲故事""品故事""评故事",用建筑作品讲好百年故事,厚植学生的家国情怀,增强文化自信和时代自豪感。

三、知识点与思政教育结合的教学设计

以针对知识点 1(主题策划)的教学设计为例。

(1)教学内容

首先确定主题初步选择的基本原则,使主题对学生具有"感召力",这样的主题才能激发学生创作创新的动力。其次,确定进一步筛选主题的原则——"四度一性",即作者熟悉度、对象明确度、地域匹配度、大众认知度、意义积极性。最后,通过互动式研讨,筛选、确定每个学生的设计主题。

（2）教学案例

①主题与"时事热点"——连家船民上岸

有家住太湖畔的学生想以家乡的渔民为主题开展创作，但苦于群体较广，不易聚焦，主题缺乏"感召力"。教师鼓励学生结合当时的社会热点"连家船民上岸工程"，聚焦这个特殊渔民群体"上岸安居"的历史转变，创作一个博物馆。学生顿时感受到了主题的强大"感召力"，奋力创作。最终，学生完成了作品"连家船博物馆"（图4.24）。该作品见证了连家船民"脱贫安居"的喜悦，保留了连家船民"历史记忆和生活痕迹"，提供人们"忆苦思甜"的场所，启发人们对未来"水上生态社区"的新畅想。

图 4.24　连家船博物馆入口透视图

（2018 级学生吴宏振、童泽远制作）

②主题与"地域文化"——越剧与嵊州

对于熟悉家乡戏曲（越剧）的学生，教师鼓励学生结合其家乡（嵊州）的地域文化开展创作。学生创作热情高涨，调研过程联系了很多家乡亲友，结合自身生活感受和记忆，创作起来得心应手，最后围绕"唱腔、妆容、场所、互动"等方面准确把握了越剧的独特魅力。最终，学生用作品"越剧博物馆"（图4.25）为家乡戏曲做了最好的代言。

图 4.25　越剧博物馆入口透视图

（2011 级学生冯元制作）

③主题与"创新视角"——西洋乐器钢琴

有学生特别喜欢钢琴,想创作一座钢琴博物馆,但开始没能很好地回答为什么要在国内打造一个西洋乐器博物馆的问题。我们鼓励学生打开思路,思考与钢琴相关的"中国骄傲",比如享誉世界钢琴演奏家、钢琴品牌等。最终,学生聚焦家乡(宁波)的世界级钢琴品牌"海伦钢琴"开展创作,其作品"钢琴博物馆"(图 4.26)不但表现了钢琴的典雅和优美,还展现了宁波作为东方大港的"开放包容姿态",以及宁波制造业精益求精的"工匠精神"。

图 4.26　钢琴博物馆入口透视图
(2016级学生沈妍笑、张佳璐制作)

(3)教学延伸

开展课外合作学习,按照学生自定的主题,相近主题的学生合并成组,便于合作学习。小组同学合作开展课外研讨与调研,深度挖掘主题相关的线索,以丰富"讲故事"的素材。

(4)教学总结

优秀建筑不但集中展示了当时的优秀工程技术,还反映了当地的人文艺术特色。除此以外,博物馆类型的建筑还展示着影响深远的人物、成果和事迹。这些优秀建筑历经数百年,最终变成可触摸的历史,讲述着"百年故事"。

四、教学方法与实施

1.课前微课预习(线上)

学生通过 MOOC 平台的 SPOC 课程,预习"概念设计"的系列微课视频,了解下次课的教学内容。

2.课中集中研讨(线下)

教师回顾预习内容,解答难点。学生汇报主题及创作意向,展开集中研讨,这一方面是为了集思广益,帮助学生确定主题,另一方面也是为了更广泛地落实课程思政,扩大受益面。老师引导、总结每次研讨,帮助学生梳理设计方向、推进设计进度。

3.课后自主实践(线上线下混合式)

学生课前按任务书要求开展设计实践,线下推进设计进度;线上复习 MOOC 平台的 SPOC 课程的"概念设计"系列微课视频;发现问题小组合作解决,或者通过课程钉钉群向教师求助。

五、特色及创新

教学内容创新。"讲好故事"是优秀建筑设计的重要指标之一,但传统的建筑设计系列课都以建筑类型设计为训练重点,对学生"讲故事"能力缺少专门的训练。课程以博物馆类型的建筑为载体,以"讲百年故事"为目标,突出训练学生在建筑设计中的主题创作能力,同时在"讲故事"的过程中融入思政元素。

主体创新。在教师的课内引导下,以主题的"感召力"为导向,让学生自定主题,以此发掘学生心中的故事。教师在研讨过程中把握方向,鼓励学生深挖线索,加以整理,让学生成为讲故事的主体。在把学生从被动"听故事"转换到主动"讲故事"的角色过程中,更好地落实课程思政。

教学手段创新。课程采取线上线下混合式教学。除了以"研讨式"教学为主的线下课堂教学,教学团队还制作了系列微课视频,对"讲故事"的方法做深入浅出的介绍,通过中国大学 MOOC 平台创建 SPOC,将微课视频、优秀案例库、任务书、表达范式、评价指标、专题讨论区等课程内容在线发布,让学生可以在线"提前预习""随时复习""互动讨论"。

案例十:强化职业素养 工匠精神
——"供配电技术"课程思政教学设计

课程名称	供配电技术		
课程性质	专业模块课	授课对象	电气工程及其自动化专业大二学生
章节名称	1.电力系统与供配电技术的基础知识	2.电能质量的提高	3.高压一次二次线路仿真实验

一、切入课程思政的课程知识点

1. 知识点 1

电力系统与供配电技术的基础知识。

2. 知识点 2

电能质量的提高。

3. 知识点 3

高压一次二次线路仿真实验。

二、课程思政目标

1. 总体目标

课程贯彻国家"立德树人"的教育方针,结合学校"应用型人才培养"办学定位和"新工科"建设,设定培养总体目标:通过理论和实验教学,使学生掌握工业与民用电力用户供电系统的基本理论、工程设计方法和运行管理基本知识,获得电气工程师基本技能的训练,为学生毕业后从事供配电领域的研究、设计、维护与运行等技术工作打下良好基础;注重基本理论与工程设计问题相结合,突出培养学生掌握复杂供电问题的工程设计理念、规范要求并将其实际应用的能力,使学生具备从事电气工程专业领域工作的职业技能;"工匠精神"内核驱动下的课程思政与教学有机融合,培养学生良好的合作精神和爱岗敬业的职业素养。

2. 具体课程目标

(1)针对知识点 1(电力系统与供配电技术的基础知识)的课程思政目标

使学生具备坚定正确的政治方向、爱国情怀和较高的政治素质。结合我国电力的发展历史,展现中国电力人的首创精神、奋斗精神和进取精神,让学生切身体会到国家发展和科学技术是紧密相连的。

(2)针对知识点 2(电能质量的提高)的课程思政目标

使学生掌握国家标准与行业规范,提高电气安全法律意识,具备从事电气工程专业领域工作的职业技能。

(3)针对知识点 3(高压一次二次线路仿真实验)的课程思政目标

将工匠精神的培养与课程教学紧密结合,在实训、实验过程中培养学生专注、敬业、精益的职业素养精神,在实验中要求学生仔细接线,规范操作,与实际工作紧密相连。引导学生养成耐心、细心、一丝不苟、专业敬业、精益求精的品格,为今后就业创业打下坚实的素质基础。

三、知识点与思政教育结合的教学设计

1. 针对知识点1(电力系统与供配电技术的基础知识)的教学设计

(1)教学内容

电力系统的基本概念、电力系统的电压、电力系统的中性点接地方式、用户供电系统及供电要求、供电工程设计的主要内容和程序。

(2)教学案例

电力系统是指发电、输电及配电的所有装置和设备的组合。我国发电系统的类型有火力发电、水力发电、风力发电、核发电等,电力系统的地区性特色明显,以火力发电为主,各种发电系统的工作原理不同且各具优缺点,今后清洁能源是发展趋势。电力网由输电、配电的各种装置和设备,变电站,电力线路组合而成,中国的特高压输电技术目前已是全球第一,在其他国家普遍还在使用500kV高压输电网络时,中国已经建设了1100kV特高压输电网络,效率提高了30%。电力系统的标称电压是指用以标志或识别系统电压的给定值,包含发电机的标称电压,电力变压器的标称电压和设备的标称电压的有相关规定和计算方法。电力系统中性点接地方式是指电力系统电源中性点(变压器或发电机的三相绕组星形连接时的中性点)与(局部)地的连接方式。电力系统的中性点接地方式是一个综合的技术问题,它与系统的供电可靠性、人身安全、设备安全、过电压保护、继电保护、通信干扰及接地装置等问题有密切的关系。电力负荷按照负荷性质分为一级、二级、三级负荷,三级负荷各自对供电电源有相应要求,设计和使用中负荷的等级十分重要。

(3)教学延伸

结合我国电力的发展历史,特别是中国的特高压输电技术世界第一,让学生切身体会到国家发展和科学技术是紧密相连的,激发其民族自豪感。使学生在具备专业能力的基础上,树立正确的人生观和价值观,坚定理想信念,不忘初心,为祖国科技发展而努力学习。注重学生工程伦理教育,培养学生精益求精的大国工匠精神,激发学生科技报国的家国情怀和使命担当。

(4)教学总结

学生了解了电力系统的构成、运行特点及发展趋势,低压配电系统载流导体

的配置,用户供电系统的构成,分布式电源的概念,供电工程设计内容及程序;熟悉了电力系统的标称电压和中性点接地方式,低压配电系统接地形式;理解了电力系统中发电机和变压器额定电压的有关规定、电力系统各种中性点接地方式的运行特点;掌握了电力负荷分级方法及其对供电电源的要求。

　　2.针对知识点2(电能质量的提高)的教学设计

　　(1)教学内容

　　电能质量的衡量标准,电力系统的频率调整方法,电压偏差、电压波动和闪变,高次谐波,三相不平衡产生的原因及危害。

　　(2)教学案例

　　电能质量包括频率偏差、电压偏差、电压波动与闪变、三相不平衡、暂时或瞬态过电压、波形畸变(谐波)、电压暂降、中断、暂升以及供电连续性等。在现代电力系统中,电压暂降和中断已成为最重要的电能质量问题。电力系统频率偏差是指电力系统频率的实际值与标称值之差。电力系统频率偏差主要反映发电有功功率与消耗的有功功率(包括负荷、厂用电以及电网中有功功率损耗)之间的平衡关系。同时也反映频率控制的技术水平。电网容量越大,负荷相对变化越小,则频率控制越容易。电压偏差是系统某点的实际运行电压相对系统标称电压的偏差相对值,产生电压偏差的主要原因是正常的负荷电流或故障电流在系统各元件上流过时所产生的电压损失。电压波动是指系统电压方均根值(有效值)一系列的变动或连续的改变。闪变是指电压波动引起灯光照度不稳定造成的视(觉)感(受)。谐波分量是指一个非正弦周期电气量的傅里叶级数式中阶次大于1的分量,其频率为基波(周期量的傅里叶级数的一次分量)频率的整倍数,也称为高次谐波。随着现代工业的高速发展,电力系统的非线性负荷日益增多。非线性负荷产生的谐波电流注入电网,使公用电网的电压波形产生畸变。电力系统正常运行时三相电路经常出现一些不平衡状态,这是由于三相负荷的不平衡以及电力系统元件参数三相不对称。这类不平衡有别于不对称故障状态。

　　(3)教学延伸

　　电力系统的电能质量标准体现了国家的综合实力。国家电网有限公司深入贯彻习近平总书记“北京冬奥会是我国重要历史节点的重大标志性活动,是展现国家形象、促进国家发展、振奋民族精神的重要契机”[160]指示精神,坚持“绿色、共享、开放、廉洁”的办奥理念,全力支持国家体育事业发展,全力配合北京冬奥组委,积极履行官方合作伙伴责任义务,加快建设“三型两网”世界一流能源互联网企业,为举办一届“精彩、非凡、卓越”的冬奥盛会贡献。国家电网认真践行绿色办奥理念,打造奥运绿电交易平台,确保奥运场馆 100% 使用清洁能源供电,向世界各地朋友展现我国推进能源生产和消费革命、服务全球减排和可持续发展的决心和成就。冬奥会充分展示"电力中国,绿色能源"的大国形象。

(4)教学总结

学生了解了电能质量的衡量标准、电力系统的频率调整方法;理解了电压偏差、电压波动和闪变、高次谐波、三相不平衡产生的原因及危害;掌握了电压偏差的调节方法、电压波动和闪变的抑制方法、电动机起动引起的电压下降校验、高次谐波的抑制方法。

3. 针对知识点 3(高压一次二次线路仿真实验)的教学设计

(1)教学内容

电气主接线图的认识、进线备投(明备用)及自适应实验、母联备投(暗备用)及自适应实验、无时限电流速断保护实验、带时限电流速断保护实验、微机定时限过电流保护实验、反时限过电流保护实验

(2)教学案例

因为高压系统的实验受到设备和安全的限制,学生不能直接进行高压系统的实验操作,以低压开关柜仿真高压系统进行仿真实验和操作。实验有两部分内容:其一,针对教学内容前三项知识点的主接线仿真实验,使学生熟悉实验装置电气主接线模拟图,理解实验装置电气主接线模拟图的设计理念,掌握进线备投的原理和工作方式;其二,针对教学内容后四项知识点的二次线路过电流保护及其继电保护参数整定实验,使学生掌握无时限电流速断保护的原理、计算和整定的方法,带时限电流速断保护的特点,定时限过电流保护的原理和整定计算的方法以及三段式保护的参数整定。

(3)教学延伸

要求学生在操作使用中严格按照国家标准与行业规范,培养学生的电气安全意识;在实验中仔细接线,规范操作,与实际工作紧密相连,培养学生专注、精益求精的职业素养。将工匠精神的培养与课程教学紧密结合。

(4)教学总结

学生掌握了供配电系统一、二次电路电器元件及接线结构,加深了对其工作原理的理解;熟悉变配电所电气操作步骤,理解了供电系统无功补偿装置机理;掌握了过电流保护及其继电保护参数整定方法,理解供电系统电气安全的实现途径;具备了实验设计初步能力、一定的动手能力、对实验结果分析判断与总结能力、撰写实验报告能力。

四、教学方法与实施

1.课前阶段

教师通过雨课堂平台布置预习要求,学生观看视频,完成线上的预习测试,对基本概念有初步了解。在参加线下课时,学生可以带着问题进入课堂,提高自主学习目的性。

2.课中阶段

采用 BOPPPS 教学模式,以教学目标为导向,以学生学习为中心。借助雨课堂平台将沉闷的传统课堂变成有趣味性的互动课堂,增加案例研讨,实现由教师为主体向学生为主体的转变,大大提高课堂效率。

3.课后阶段

学生完成慕课中客观题作业,在讨论区发帖,并通过雨课堂平台递交主观题作业,教师通过雨课堂平台总结报告、作业情况,以及回复学生在平台上的提问,监控整个教学过程。

五、特色及创新

递进式、项目化、模块化的教学内容设计。面向产业,课证结合,体现国家注册电气工程师专业考试大纲要求,覆盖国家供配电专业考试大纲,为学生参加国家电网的专项考试、电工进网作业许可证(高压类)考试、注册电气工程师考试打下坚实基础。

采用"雨课堂＋BOPPPS＋线上线下混合式"教学模式。充分体现"学中做"与"做中学"教学理念,激发学生学习兴趣,切实提高学生自主学习能力和素质。

思政元素融入教学全过程。通过寻找"最美电力人"活动,在理论和实践、课内和课外、过程和考核全程融入"工匠精神"为内核的思政元素,培养学生细心、敬业、精益求精的职业素养。

案例十一：形式多样化 思政荣誉化
——"数据库技术"课程思政教学设计

课程名称	数据库技术		
课程性质	专业核心课	授课对象	计算机科学与技术专业大三学生
章节名称	1.数据库概述	2.数据库访问技术	3.数据库安全与保护

一、切入课程思政的课程知识点

1. 知识点1

数据库技术的概述、发展与学科前沿知识。

2. 知识点2

数据库的访问、操纵、控制与测试用例。

3. 知识点3

数据库的安全保护与完整性结构。

二、课程思政目标

1. 总体目标

"数据库技术"是计算机科学与技术、软件工程、大数据等信息技术专业学生的核心课程。课程意在使学生在掌握数据库技术专业知识的同时,引导学生建立良好的职业道德观念,尤其是作为信息技术人员务必要遵守的网络道德。要求学生具备大数据下的网络舆情分析判读能力,尊重知识产权,不抄袭、剽窃别人的作品;帮助学生树立正确的人生观,价值观,特别是当前西方势力在信息技术领域对我国实施"卡脖子"的事件频繁发生的背景下,培养学生勇于挑战自我、积极奋发拼搏、刻苦学习专业知识的精神,鞭策学生努力成为"知识强、情怀深、思维新、视野广、自律严、人格正"的新时代中国青年,毕业后为祖国争光、出力,为中华民族的伟大复兴贡献自己力量。

2.具体课程目标

(1)针对知识点 1(数据库技术的概述、发展与学科前沿知识)的课程思政目标

通过国内外数据库技术发展的对比,了解我国目前存在的技术不足,与外国对我国的"卡脖子"领域,让学生感觉到当前我国在数据库技术领域的长处与不足,培养学生爱国家、爱专业、爱学习的情怀,以及为实现中华民族伟大复兴不懈奋斗的使命感和责任感。

(2)针对知识点 2(数据库的访问、操纵、控制与测试用例)的课程思政目标

教育学生在大数据背景下遇到突发事件应如何分析掌握网络舆情,明确自己的判断。培养学生的创新思维和应变能力,提高其"透过现象看本质"的分析能力。

(3)针对知识点 3(数据库的安全保护与完整性结构)的课程思政目标

教育学生学会自我保护,预防网络诈骗,掌握保护自己的应用系统安全的技能,并以此带动周边亲友共同做好信息安全防护,特别是在面对国外各种敌对势力对我国的觊觎和谣言诽谤时,要学会识别,并运用所学的专业知识进行防护。

三、知识点与思政教育结合的教学设计

1.针对知识点 1(数据库技术的概述、发展与学科前沿知识)教学设计

(1)教学内容

数据库技术概述,数据库技术的发展现状,以及我国数据库领域目前存在的不足,我国被"卡脖子"的关键技术。

(2)教学案例

①目前国内市场数据格局及国产数据库所占的市场份额

2019 年中国关系型数据库软件市场规模为 13.4 亿美元。其中,传统部署模式市场规模为 7.9 亿美元,公有云模式市场规模为 5.5 亿美元,整体市场同比增长 30.8%。国外数据库占有率达到 66.8%,国产数据库份额明显不足。

结论:当前我国传统数据库在国内市场份额还不足两成,许多大型软件的数据库仍以国外的数据库为主,这使得我国在经济等诸多领域存在着严重的安全隐患,未来几年我国应如何发展?

②国产数据库在传统领域被"卡脖子"的关键技术

数据库是中国长期以来被严重"卡脖子"的关键技术。多年来,国内数据库市场一直是外国品牌的天下,Oracle、IBM 和微软被称为数据库行业的三巨头。特别是对资金充足的客户来说,IT 架构必选"IOE"组合,"I"是指 IBM 公司的小型机,

"O"是指 Oracle 公司的数据库,"E"是指 EMC 公司的集中式存储,"IOE"组合就是当年 IT 架构的黄金搭档,Oracle 在国内数据库市场占据垄断地位。

结论:目前我国大型的数据库管理系统仍然以欧美为主,而像银行、税务等使用的一些大型软件,都离不开大型数据库的支持,则这恰是外国对我们千方百计实施"卡脖子"的技术。使用非国产数据库,一方面是价格高昂,另一方面是安全问题,这对我国是严重的隐患,我国如何解决"卡脖子"的技术?

③十年磨一剑——国产阿里云数据库 OceanBase 诞生

OceanBase 是由蚂蚁集团完全自主研发的企业级分布式关系数据库,始创于2010 年。经过十年的研发,该数据库目前已领军云领域数据库技术。引入OCEANBASE 创始人阳振坤的传奇经历。

结论:近几年以阿里云数据库为首的"云数据库"开发异军突起,特别是在电商领域,我们已领先世界,这是我们的长处,也是上一代科学工作者艰辛努力的成果,下一步,我国要在传统大型数据库方向有所突破,彻底解决"卡脖子"的技术。

(3)教学延伸

要求学生针对当前我国传统数据库发展的形式,以及外国对我们"卡脖子"的技术来展开相关的"学科热文"学习,并形成"讨论报告"提交到平台上,报告作为课程思政考核的一项成绩。

(4)教学总结

学生通过学习数据库技术的专业背景知识以及发展现状,了解国内数据库发展的不足以及国外对我们"卡脖子"的技术,教师以学科热文与热点讨论的形式,引导学生增强为实现中华民族伟大复兴不懈奋斗的使命感和责任感,厚植爱国家、爱专业、爱学习的情怀。

2.针对知识点 2(数据库的访问、操纵、控制与测试用例)的教学设计

(1)教学内容

主要介绍数据库的访问、数据库的操纵,数据库的控制以及大数据背景下的数据库用例。

(2)教学案例

①大数据背景下网络谣言的应对

通过该案例对大数据背景下网络谣言预警技术进行相关介绍,指导学生运用数据库技术等专业技术工具有效应对网络谣言、识别信息真伪。典型例证:疫情背景下的一些谣言分析,包括散布在不同渠道的信息分析与识别,个人手机、电脑等电子产品的信息识别。

②宁波市五项社保基金审计案例报告

该案例介绍了浙江万里学院与宁波市审计局联合对宁波市各区县五项社保基金进行审计,是利用数据库外部访问技术来实现内部审计查询的典型案例,它也是我校产学研项目的一个成功案例,该五项社保审计系统为学院独立开发,并在审计期间仅医保一项就查获了数百万元的违规事件,该案例被审计署授予优秀案例奖(目前宁波市审计局仍然在使用该系统)。

结论:该案例是数据库技术在现实生活中的具体应用,通过该案例,让学生了解所学的数据库技术知识在现实生活中的实际应用与发挥的重大价值,从正面引导学生将数据库技术应用到现代生活各个领域,为社会服务。

③宁波船务代理有限公司船务代理项目案例

该案例是浙江万里学院为宁波船务代理有限公司开发的船务代理系统项目,当时参与的团队包括4位计算机学院的教师,10位学生,该案例是学院首次以大规模师生团队的形式承揽的外部开发项目,其中主要是数据库开发应用,项目历时9个月,至今宁波船务代理有限公司仍然在使用该系统处理业务。通过该案例将师生团队合作克服困难、解决疑难技术等方面的经历介绍给学生,让学生了解为企业开发项目经历过程,养成良好的团队合作精神,以及锲而不舍的钻研品质。

结论:这是学院第一个大规模团队对外开发服务的案例,其中包括任务定义、需求分析、总体设计、任务分工、困难解决、团队协作等多项步骤,教师详细描述了软件开发的全部过程,为学生的团队合作、共同开发提供了宝贵的经验,该案例荣获2021年浙江省优秀教学案例。

(3)教学延伸

为配合学生专业知识与思政教育的需要,教学团队开发了针对学生数据库访问及控制命令的进阶训练系统。学生可通过闯关、进阶训练,来达到对知识的掌握和实现自我超越。

(4)教学总结

结合专业知识学习,通过引入相关的应用案例,辅以自主开发的"进阶性训练系统"的实战,来激发学生学习专业知识的热情,鼓励学生追求探索、勇于攻关、不断挑战自我。

3.针对知识点3(数据库的安全保护与完整性结构)的教学设计

(1)教学内容

主要介绍数据库的安全保护、数据库的完整性设计、大数据背景下如何使自己的系统免受侵害、必要的安全保护措施等等。

（2）教学案例

①网络病毒的隐形入侵——勒索病毒诈骗

该案例主要是介绍 2021 年网络勒索病毒的隐形入侵,造成了我国多台计算机系统破坏,其中 2021 年末学校也遭受了该病毒的入侵,它造成了一部分服务器及教师机的文件损毁。教师针对网络病毒的隐形化入侵,介绍相关的病毒特征及应对措施,教会学生如何应对各类网络化的病毒,使自己和他人的电子设备免受不法侵害。

结论:病毒离我们并不遥远,个人电脑可能会遭到各类黑客、病毒的攻击,我们要学会如何运用专业知识做好预防与诊断处理。

②某学校校园网共享空间资源教室遭遇网上侵入破坏

该案例主要是介绍某学校校园网共享空间资源教室遭遇来自学校内部学生的网络侵入,大量教师资源数据被删除,该事件造成了比较大的损失。教师以此来引导学生,莫要用掌握的专业技术知识来做一些违法乱纪的行为。

③电子系统安全防范与密码保护

该案例主要介绍的是对于目前学生常用的微信、钉钉、QQ、网银等软件工具,如何进行密码保护,以及如何预防网络诈骗,做好安全防范等措施。

（3）教学延伸

教学团队自主开发了"网络技术攻防大擂台",以"思政擂台"的方式来让学生主动参与网络安全保护训练,提高学生的防范意识与应对技能。

（4）教学总结

学生了解了数据库、操作系统、常用软件系统的安全保护分析,以及一些网络黑客、病毒、诈骗等案例。教师以此来引导学生学会用数据库技术安全保护的措施来保护自己和他人的电子信息,使学生具备安全防范的专业技能。

四、教学方法与实施

1. 课前阶段

结合一些专业知识,教学团队通过自主研发的"智能化网上实验系统",为学生提供了"学科热文"的在线学习,以此来引导学生了解国内外前沿的数据库技术知识,以及我国目前在传统数据库方面存在的不足,还有外国对我们"卡脖子"技术,为学生后续的专业知识打下基础。

2. 课中阶段

要求学生结合专业知识点以及当前的热点问题,如大数据下的舆情问题、网络诈骗安全保护等问题,开展小组讨论,并形成讨论报告,将报告提交到"智能化实验系统"的"热点讨论"中,报告作为课程考核的一部分。

3.课后阶段

教学团队通过"智能化网上实验系统"为学生在课后提供了"进阶式训练系统",并开设了"安防大擂台-思政擂台"供学生进行攻防训练。同时在课程结束时,教师还设定了"数据库之星"的荣誉证书,以此来奖励学习达标的学生,调动学生在课后参与学习课程知识的积极性,培养学生勇于挑战自我、积极奋发拼搏、刻苦学好专业知识的精神,以及学好专业知识的自豪感与荣誉感。

五、特色及创新

内容隐形化。思政课程思政建设过程中讲求"内容隐形化",即学生不会感到课程思政是单纯的思政教育,教师通过专业知识与思政元素的融合,使学生在学习中自然地接受思政教育。

形式多样化。课程采用了"思政热文""思政辩论""思政擂台""思政进阶""思政颁勋"等多种形式,教师灵活地应用教育理念,让学生主动感知、主动参与、积极进取。

考核智能化。课程将思政元素纳入考核体系,对学生的思政活动进行智能化评判并动态统计。

思政荣誉化。教师对思政达标的学生授予"数据库之星"荣誉奖章,以此激发学生的荣誉感,激励学生不断进步。

参考文献

[1] 刘建军.课程思政:内涵、特点与路径[J].教育研究,2020(9):28-33.

[2] 习近平.习近平谈治国理政(第三卷)[M].北京:外文出版社,2020:329.

[3] 汤苗苗,董美娟.高校课程思政建设存在的问题及对策[J].学校党建与思想教育,2020
(11):54-55.

[4] 教育部关于印发《高等学校课程思政建设指导纲要》的通知(教高〔2020〕3 号)[EB/
OL].(2020-06-01)[2023-07-30].http://www.moe.gov.cn/srcsite/A08/s7056/2020
06/t20200603_462437.html.

[5] 李家俊.将思想政治工作贯通于高水平人才培养体系[N].光明日报,2019-06-28(6).

[6] 习近平.坚持中国特色社会主义教育发展道路培养德智体美劳全面发展的社会主义建
设者和接班人[N].人民日报,2018-09-11(1).

[7] 习近平.加快建设教育强国为中华民族伟大复兴提供有力支撑[N].人民日报,2023-
05-30(1)

[8] 教育部思想政治工作司.加强和改进大学生思想政治教育重要文献选编(1978—2014)
[M].北京:知识产权出版社,2015.

[9] 高德毅,宗爱东.从思政课程到课程思政:从战略高度构建高校思想政治教育课程体系
[J].中国高等教育,2017(1):43-46.

[10] 闵辉.课程思政与高校哲学社会科学育人功能[J].思想理论教育,2017(7):21-25.

[11] 吴月齐.试论高校推进"课程思政"的三个着力点[J].课程教学,2018(1):67-69.

[12] 何玉海,于志新.新时代推进高校"课程思政"建设的四个维度[J].思想理论教育导
刊,2021(2):132-136.

[13] 许硕,葛舒阳."思政课程"与"课程思政"关系辨析[J].思想政治教育研究,2019(6):
84-87.

[14] 徐兴华,胡大平.推进课程思政需要把握的几个重要问题[J].中国大学教育,2021
(5):60-64.

[15] 石书臣.正确把握"课程思政"与思政课程的关系[J].思想理论教育,2018(11):57-61.

[16] 邱仁富."课程思政"与"思政课程"同向同行的理论阐释[J].思想教育研究,2017(4):109-113.

[17] 王景云.论"思政课程"与"课程思政"的逻辑互构[J].马克思主义与现实,2019(6):186-191.

[18] 王丽华.高职院校"思政课程"与"课程思政"协同育人模式构建的逻辑理路探究[J].中国职业技术教育,2019(18):71-75.

[19] 韩喜平,肖杨.课程思政与思政课程协同育人的"能"与"不能"[J].思想理论教育导刊,2021(4):131-134.

[20] 习近平.习近平谈治国理政(第二卷)[M].北京:外文出版社,2017.

[21] 邱伟光.课程思政的价值意蕴与生成路径[J].思想理论教育,2021(7):10-14.

[22] 张大良.课程思政:新时期立德树人的根本遵循[J].中国高教研究,2021(1):5-9.

[23] 胡术恒.论课程思政中知识传授与价值引领的融合——基于罗素教育目的观的分析[J].思想教育研究,2020(2):117-122.

[24] 刘鹤,石瑛,金祥雷.课程思政建设的理性内涵与实施路径[J].中国大学教学,2019(3):59-62.

[25] 徐蓉.深刻认识全面推进高校课程思政建设的价值目标[J].马克思主义与现实,2020(5):176-182.

[26] 聂迎娉,傅安洲.意义世界视域下课程思政的价值旨归与根本遵循[J].大学教育科学,2021(1):71-77.

[27] 高燕.课程思政建设的关键问题与解决路径[J].中国高等教育,2017(Z3):11-14.

[28] 孙杰,常静.高校加强"课程思政"建设现实路径选择[J].中国高等教育,2018(23):15-17.

[29] 肖香龙,朱珠."大思政"格局下课程思政的探索与实践[J].思想理论教育导刊,2018(10):133-135.

[30] 陈始发,张丽.论全面提升高校教师课程思政建设能力[J].马克思主义与现实,2020(5):183-189.

[31] 夏增民,晁晓影.思政课教师参与课程思政建设的路径探索[J].课程思政教学研究,2022(1):32-41.

[32] 李羽佳."课程思政"网络教育平台建设的实践探索[J].学校党建与思想教育,2020(12):47-49.

[33] 王清梅,钱俊伟.我国高校体育课程思政建设价值、困境与优化路径[J].体育文化导刊,2023(6):97-103.

[34] 纪纲,程昔武."课程思政"理念融入财务管理课程教学方法论[J].佳木斯大学社会科学学报,2022(4):229-231.

[35] 黄小梅.课程思政融入专业英语课堂教学方法探析——评《大学英语思政导学教程》[J].中国高校科技,2021(7):107.

[36] 王春鸽.课程思政融入"高等数学"教学的探索[J].教育教学论坛,2022(34):89-92.

[37] 罗仲尤,段丽,陈辉.高校专业课教师推进课程思政的实践逻辑[J].思想理论教育导刊,2019(11):138-143.

[38] 杨建超.协同育人理念下高校"课程思政"改革的理性审视[J].南通大学学报(社会科学版),2019(6):121-128.

[39] 胡洪彬.课程思政:从理论基础到制度构建[J].重庆高教研究,2019(1):112-120.

[40] 高德胜,聂雨晴.论马克思主义学院在课程思政改革中的实践价值[J].思想政治教育研究,2020(1):77-82.

[41] 杨光云.高职院校"思政课程"走向"课程思政"存在的问题及对策研究[J].吉林省教育学院学报,2022(6):45-48.

[42] 李旭芝.高校"课程思政"存在的问题及解决路径研究[D].河北:河北师范大学,2020:23-26.

[43] 习近平.习近平著作选读(第一卷)[M].北京:人民出版社,2023.

[44] 布鲁姆.走向封闭的美国精神[M].缪青,宋丽娜,等译.北京:中国社会科学出版社,1994:18.

[45] 阿普尔.意识形态与课程[M].黄忠敬,译.上海:华东师范大学出版社,2001.

[46] 习近平.做党和人民满意的好老师[N].人民日报,2014-09-10(2).

[47] 习近平首次点评"95"后大学生[N].人民日报,2017-01-03(2).

[48] 张华.课程与教学论[M].上海:上海教育出版社,2000:234.

[49] 习近平.把思想政治工作贯穿教育教学全过程开创我国高等教育事业发展新局面[N].人民日报,2016-12-09(1).

[50] 习近平在北京大学师生座谈会上的讲话[N].人民日报,2018-05-03(2).

[51] 中共中央马克思恩格斯列宁斯大林著作编译局.马克思恩格斯全集(第四十六卷)(下)[M].中共中央编译局,译.北京:人民出版社,1980:20.

[52] 中共中央马克思恩格斯列宁斯大林著作编译局.马克思恩格斯文集(第一卷)[M].北京:人民出版社,2009.

[53] 中共中央马克思恩格斯列宁斯大林著作编译局.马克思恩格斯文集(第四卷)[M].北京:人民出版社,2009:302.

[54] 中共中央马克思恩格斯列宁斯大林著作编译局.马克思恩格斯文集(第九卷)[M].北京:人民出版社,2009:99.

[55] 祝青山.功利性价值取向的伦理正当、缺憾与超越[J].河南师范大学学报(哲学社会科学版),2013(2):42-45.

[56] 贺来.如何在追求"理想"的过程避免自我戕害[J].社会科学研究,2016(1):1-7.

[57] 毛泽东.毛泽东选集(第三卷)[M].北京:人民出版社,1991:864.

[58] 李蕉,方霁.课程思政中的"思政":内核、路径与意蕴[J].思想教育研究,2021(11):

108-113.

[59] 李洪修,陈栎旭.知识社会学视域下课程思政的内在逻辑与实现路径[J].大学教育科学,2022(1):28-34.

[60] 王占魁.阿普尔批判教育研究的理论来源[J].华东师范大学学报(教育科学版),2012(2):10-18.

[61] 吴恺.论科学对个体认知能力提升的价值[J].武汉理工大学学报(社会科学版),2015(2):203-208.

[62] 徐光启.徐光启集[M].王重民,辑校.上海:上海古籍出版社,1984:287.

[63] 唐钺.唐钺文集[M].北京:北京大学出版社,2001:59.

[64] Pritchard D, Millar A, Haddock A. The Nature and Value of Knowledge:Three Investigations[M]. Oxford:Oxford University Press,2010:82.

[65] 中共中央马克思恩格斯列宁斯大林著作编译局.列宁全集(第三十九卷)[M].北京:人民出版社,2017:334-335.

[66] 蒋廷黻.中国近代史[M].北京:民主与建设出版社,2020:2.

[67] 肖光文,李晓瞳.新时代坚持党对意识形态工作的领导权:基本依据、价值意蕴和实现路径[J].思想教育研究,2022(7):66-72.

[68] 习近平.习近平谈治国理政(第四卷)[M].北京:外文出版社2022:274.

[69] 习近平.在哲学社会科学工作座谈会上的讲话[N].人民日报,2016-05-19(2).

[70] 雷晓欢.当代资本主义民主理念及其批判[J].马克思主义研究,2022(5):145-154.

[71] 中共中央马克思恩格斯列宁斯大林著作编译局.马克思恩格斯选集(第三卷)[M].北京:人民出版社,2012:873.

[72] 习近平.紧紧围绕坚持和发展中国特色社会主义学习宣传贯彻党的十八大精神[J].求是,2012(23):3-8.

[73] 弗莱雷.被压迫者教育学[M].顾建新,赵友华,何曙荣,译.上海:华东师范大学出版社,2001:28.

[74] 习近平.思政课是落实立德树人根本任务的关键课程[J].求是,2020(17):4-16.

[75] 杨金铎.中国高等院校"课程思政"建设研究[D].吉林:吉林大学,2021:105.

[76] 习近平.在全国党校工作会议上的讲话[M].北京:人民出版社,2016:8.

[77] 中国大百科全书总编辑委员会.中国大百科全书·政治学[M].北京:中国大百科全书出版社,1992:501.

[78] 张驰,王燕.对大学生政治认同教育的几点思考[J].学校党建与思想教育,2018(4):26-28.

[79] 李玉滑.把家国情怀装入大学毕业生的行囊[N].光明日报,2023-07-10(02).

[80] 习近平.在庆祝中国共产主义青年团成立100周年大会上的讲话[N].人民日报,2022-05-11(2).

[81] 毛泽东.毛泽东选集(第一卷)[M].北京:人民出版社,1991:3.

[82] 俞吾金.意识形态论[M].上海:上海人民出版社,1993:130.

[83] 联合国教科文组织国际教育发展委员会.学会生存:教育世界的今天和明天[M].北京:教育科学出版社,1996:118.

[84] 习近平.紧紧围绕坚持和发展中国特色社会主义学习宣传贯彻党的十八大精神[N].人民日报,2012-11-19(2).

[85] 习近平.在同各界优秀青年代表座谈时的讲话[N].人民日报,2013-05-05(02).

[86] 习近平的文化情怀[N].人民日报,2022-05-12(1).

[87] 习近平.在知识分子、劳动模范、青年代表座谈会上的讲话[N].人民日报,2016-04-30(2).

[88] 习近平.在中央党校建校 80 周年庆祝大会暨 2013 年春季学期开学典礼上的讲话[N].人民日报,2013-03-03(2).

[89] 习近平.坚持中国特色世界一流大学建设目标方向为服务国家富强民族复兴人民幸福贡献力量[N].人民日报,2021-04-20(1).

[90] 习近平.论坚持全面依法治国[M].北京:中央文献出版社,2020:180.

[91] 习近平.坚定不移走中国特色社会主义法治道路为全面建设社会主义现代化国家提供有力法治保障[J].求是,2021(5):4-15.

[92] 习近平.青年要自觉践行社会主义核心价值观[N].人民日报,2014-5-5(02).

[93] 本书编写组.习近平总书记教育重要论述讲义[M].北京:高等教育出版社,2020:50.

[94] 中共中央马克思恩格斯列宁斯大林著作编译局.马克思恩格斯全集(第十卷)[M].中共中央编译局,译.北京:人民出版社,1998:254.

[95] 中共中央马克思恩格斯列宁斯大林著作编译局.马克思恩格斯全集(第二十三卷)[M].中共中央编译局,译.北京:人民出版社,1972:664.

[96] 拉普.技术哲学导论[M].刘武,译.沈阳:辽宁出版社,1986:103.

[97] 中共中央马克思恩格斯列宁斯大林著作编译局.马克思恩格斯文集(第二卷)[M].中共中央编译局,译.北京:人民出版社,2009:580.

[98] 习近平.文明交流互鉴是推动人类文明进步和世界和平发展的重要动力[J].求是,2019(9):4-10.

[99] 习近平.为建设世界科技强国而奋斗[N].人民日报,2016-06-01(2).

[100] 樊春良,张新庆.论科学技术发展的伦理环境[J].科学学研究,2010(11):1611-1618.

[101] 维纳.人有人的用处[M].陈步,译.北京:商务印书馆,1978:150.

[102] 中共中央办公厅国务院办公厅印发《关于加强科技伦理治理的意见》[EB/OL].(2022-03-20)[2023-07-30].https://www.gov.cn/gongbao/content/2022/content_5683838.htm.

[103] 习近平.在科学家座谈会上的讲话[N].人民日报,2020-09-12(2).

[104] 中共中央办公厅国务院办公厅印发《关于进一步弘扬科学家精神加强作风和学风建

设的意见》[EB/OL].(2019-06-11)[2023-07-30].http://www.gov.cn/zhengce/
2019-06/11/content_5399239.htm.

[105] 阎琨,吴菡,张雨颀.社会责任感:拔尖人才的核心素养[J].华东师范大学学报(教育
科学版),2021(12):28-41.

[106] 美国科学促进会.科学素养的设计[M].夏葵苏,夏耕,译.北京:科学普及出版社,
2005:249.

[107] 中共中央马克思恩格斯列宁斯大林著作编译局.马克思恩格斯选集(第一卷)[M].
北京:人民出版社,1995:580.

[108] 习近平.在全国劳动模范和先进工作者表彰大会上的讲话[N].人民日报,2020-11-
25(2).

[109] 习近平.向全国广大劳动群众致以节日的祝贺和诚挚的慰问[N].人民日报,2023-05-
01(1).

[110] 高中华,赵晨,付悦.工匠精神的概念、边界及研究展望[J].经济管理,2020(6):192-208.

[111] 两会民生主题记者会上,人社部部长王晓萍带来了哪些好消息?[EB/OL].(2024-
03-09)[2024-03-25]http://www.mohrss.gov.cn/SYrlzyhshbzb/zhuanti/jinbaogongch
eng/jbgcshehuibaozhangka/jbgcshbzkmeitijujiao/202403/t20240314_514936.html.

[112] 习近平.在庆祝"五一"国际劳动节暨表彰全国劳动模范和先进工作者大会上的讲话
[N].人民日报,2015-04-29(2).

[113] 习近平.大力弘扬劳模精神劳动精神工匠精神培养更多高技能人才和大国工匠
[N].人民日报,2020-12-11(1).

[114] 许家烨.论课程思政实施中德育元素的挖掘[J].思想理论教育,2021(1):70-74.

[115] 中国共产党第十九届中央委员会第六次全体会议文件汇编[M].北京:人民出版
社,2021.

[116] 习近平.在文艺工作座谈会上的讲话[N].人民日报,2015-10-15(2).

[117] 中共中央马克思恩格斯列宁斯大林著作编译局.马克思恩格斯全集(第三卷)[M].
中共中央编译局,译.北京:人民出版社,2002:207.

[118] 朱达."知行新说":高校思政课的新探索[J].宁波通讯,2020(1):53-54.

[119] Piaget J. Science of Education and the Psychology of the Child[M]. New York: The
Vin King Press,1971:137.

[120] 中共中央马克思恩格斯列宁斯大林著作编译局.列宁选集(第四十五卷)[M].北京:
人民出版社,1990:249.

[121] 邓小平.邓小平文选(第二卷)[M].北京:人民出版社,2006:108.

[122] 王先谦.荀子集解[M].北京:中华书局,1996:347.

[123] 荀况.荀子[M].方勇,李波译,注.北京:中华书局,2015:463.

[124] 张猛猛,徐雄伟.中国共产党教师观的百年演进、核心意蕴及主要特色[J].教师教育

研究,2022(1):108-113.

[125] 毛泽东.湘潭教育促进会宣言[J].湖南党史通讯,1985(7):25.

[126] 习近平向全国广大教师致慰问信[N].人民日报,2013-09-10(1).

[127] 习近平向全国广大教师和教育工作者致以节日祝贺和诚挚慰问[N].人民日报,
2020-09-10(1).

[128] 中华人民共和国教师法(修订草案)(征求意见稿)[EB/OL].(2021-11-29)[2023-07-
30].http://www.moe.gov.cn/jyb_xwfb/s248/202111/t20211129_583188.html.

[129] 习近平.全面贯彻落实党的教育方针努力把我国基础教育越办越好[N].人民日报,
2016-09-10(1).

[130] 教育部.2022年全国教育事业发展统计公报[EB/OL].(2023-07-05)[2024-03-25].
http://www.moe.gov.cn/jyb_sjzl/sjzl_fztjgb/202307/t20230705_1067278.html.

[131] 陶行知.行知书信集[M].合肥:安徽人民出版社,1981:109.

[132] 万玉凤.教育部出台《纲要》对高校课程思政建设作出整体设计和全面部署——如何
将思政之盐融入课程大餐[N].中国教育报,2020-06-10(1).

[133] 邓小平.邓小平文选(第三卷)[M].北京:人民出版社,2006:63.

[134] 习近平.在庆祝中国共产党成立95周年大会上的讲话[J].求是,2021(8):4-20.

[135] 教育部等七部门印发《关于加强和改进新时代师德师风建设的意见》健全师德师风
建设长效机制[EB/OL].(2019-12-16)[2023-07-30].http://www.moe.gov.cn/jyb_
xwfb/gzdt_gzdt/s5987/201912/t20191216_412125.html.

[136] 戴圣.礼记[M].胡平生,张萌译.北京:中华书局,2017:403.

[137] 吴式颖,李明德.外国教育史教程(第三版)[M].北京:人民教育出版社,2015:73.

[138] 何源.高校专业课教师的课程思政能力表现及其培育路径[J].江苏高教,2019(11):
80-84.

[139] 沈壮海.在思想政治工作体系中理解和推进课程思政[J].教育研究,2020(9):
19-23.

[140] 习近平.之江新语[M].浙江:浙江人民出版社,2007:244.

[141] 黄合,黄金.宁波:"知行新说"进高校[EB/OL](2019-11-11)[2023-07-30].http://
zj.cnr.cn/zlfg/20191111/t20191111_524852757.shtml.

[142] 浙江万里学院.关于印发浙江万里学院全面推进课程思政"六个一"项目建设方案的
通知(浙万院党〔2018〕5号)[Z].

[143] 中共中央马克思恩格斯列宁斯大林著作编译局.马克思恩格斯文集(第五卷)[M].
北京:人民出版社,2009:208.

[144] 蒋建军."五个聚焦"构建"大思政"工作新格局[Z].浙江省教育厅公众号"教育之江"
之"高校书记校长谈课程思政"栏目,2022-01-07.

[145] 中国大百科全书总编辑委员会.中国大百科全书·教育卷[M].北京:中国大百科全

书出版社,1985:1.

[146] 张方方.课程思政要站在时代的高度[N].光明日报,2020-07-14(13).

[147] 项贤明.教育学原理[M].北京:高等教育出版社,2019:163-166.

[148] 浙江万里学院.关于进一步加强和改进思想政治工作的实施方案(浙万院党〔2017〕21号)[Z].

[149] 浙江万里学院.浙江万里学院课程思政建设实施方案[Z].

[150] 王伟忠,朱美燕.善用"生活思政"全面推进"大思政课"建设[EB/OL].(2023-04-12)[2023-07-30].http://www.rmlt.com.cn/2023/0412/670961.shtml.

[151] 蒋建军,等.新时代高校日常思政工作创新研究[M].上海:上海交通大学出版社,2022:43.

[152] 习近平.在新时代东北振兴上展现更大担当和作为奋力开创辽宁振兴发展新局面[N].人民日报,2022-08-19(1).

[153] 宁波市教育局、中共宁波市委宣传部、共青团宁波市委员会关于在学校思想政治理论课中加强红色文化教育的实施意见(甬教德〔2021〕216号)[EB/OL].(2021-09-01)[2023-07-30].http://www.ningbo.gov.cn/art/2021/9/1/art_1229095999_1702490.html.

[154] 习近平.坚持党的领导传承红色基因扎根中国大地走出一条建设中国特色世界一流大学新路[N].人民日报,2022-04-26(1).

[155] 习近平.以信息化培育新动能用新动能推动新发展以新发展创造新辉煌[N].人民日报,2018-04-23(1).

[156] 杨秀秀.万里学院:思政融入艺术课[N].浙江教育报,2018-05-21(3).

[157] 韩宪洲.深化"课程思政"建设需要着力把握的几个关键问题[J].北京联合大学学报,2019(2):1-6,15.

[158] 蒋占峰,刘宁.高校教师提升课程思政育人能力的价值意蕴、现实挑战与逻辑进路[J].中国大学教学,2022(3):70-76.

[159] 浙江万里学院.根据关于印发浙江万里学院第五轮岗位设置与聘任工作指导意见的通知(浙万院人〔2022〕13号)[Z].

[160] 国家体育总局编写组.深入学习习近平关于体育的重要论述[M].北京:人民出版社,2022:8.

后　记

　　历时两年,《新时代高校课程思政建设的创新实践》终于付梓成书了。本书是浙江万里学院长期深耕课程思政建设的改革成果,是学校课程思政研究中心集体智慧的结晶,是广大教师落实"立德树人"根本任务的样本。

　　浙江万里学院是较早提出"大思政"育人理念的高校之一,把课程思政作为"大思政"育人体系重要组成部分。学校自 2017 年启动实施课程思政"六个一"工程,坚持"五育并举",建立并持续深化"课程思政"与"生活思政"互嵌互融机制,形成了"模块互嵌+元素互融"课程体系、"思政小课堂+生活大课堂"教学体系、"全员参与+专兼结合"师资队伍、"知行合一+多元发展"评价体系,构建起"思政课程+课程思政+日常思政+生活思政"四维联动的大思政育人格局。

　　实践是理论的源泉。孜孜探索和不懈实践基础上的经验总结与理性思考弥足珍贵。本书立足学校多年来的课程思政建设创新实践,将理论与实践结合,对新时代课程思政教育、课程思政建设的基本理论问题和实践问题进行了深入的思考,提出了诸多独到的见解,书中既有具体实施方法的经验分享,更有深入的理性思索和理论阐发,对广大思政工作者和高校课程思政建设,具有一定启发和借鉴意义。

　　本书由浙江万里学院副校长马建荣研究员领衔编著,得到了学校党委书记蒋建军教授的深入指导。本书各部分执笔人分别是:前言,马建荣、王建明;第一章,刘阅;第二章,肖意贞、祝青山;第三章,马建荣、张实龙、肖意贞、林怡;第四章,林怡等。文中参阅和汲取了前贤时俊的智慧成果,在此一并表示感谢!

　　课程思政是一项基础性、长期性、系统性的工程,如何在"全要素"体系中夯实课程思政、如何推进课程思政资源的共建共享、如何构建院本特色的"课程思政"教育体系、如何评价课程思政的实际成效等,这些都是需要我们持续深入研究和建设的问题。立足实践总结,方能行稳致远,此书的价值也在于此,与广大同仁共勉!